中国跨国企业机会构建研究

Research on Constructing Opportunity in Chinese Multinational Enterprises

张超敏　许晖◎著

中国经济出版社
CHINA ECONOMIC PUBLISHING HOUSE
·北京·

图书在版编目（CIP）数据

中国跨国企业机会构建研究 / 张超敏，许晖著. --北京：中国经济出版社，2023.1

ISBN 978-7-5136-7146-0

Ⅰ.①中… Ⅱ.①张… ②许… Ⅲ.①跨国公司-企业管理-研究-中国 Ⅳ.①F279.247

中国版本图书馆CIP数据核字（2022）第200606号

责任编辑　张梦初
责任印制　马小宾
封面设计　任燕飞

出版发行　中国经济出版社
印 刷 者　河北宝昌佳彩印刷有限公司
经 销 者　各地新华书店
开　　本　710mm×1000mm　1/16
印　　张　16.75
字　　数　220千字
版　　次　2023年1月第1版
印　　次　2023年1月第1次
定　　价　78.00元
广告经营许可证　京西工商广字第8179号

中国经济出版社 网址 www.economyph.com **社址** 北京市东城区安定门外大街58号 **邮编** 100011

本版图书如存在印装质量问题，请与本社销售中心联系调换（联系电话：010-57512564）

前　言

近年来，在“VUCA”特征愈加凸显的新全球化时代，企业赖以生存的海外市场环境与发展路径遭到破坏，这给中国跨国企业在海外市场快速扩张与国际化成长带来了新的挑战。尤其是在全球竞争日趋被时间、空间以及资源等束缚的情况下，中国跨国企业为了避免或转移在发达市场中的竞争威胁与劣势，已经开始将海外市场重点瞄准到一些制度薄弱、风险未知，但市场增长潜力巨大的其他新兴市场。相比于在发达市场进行战略资产寻求，中国跨国企业在新兴市场拓展上更具有明显的市场寻求动机。但现实中，由于“外来者”和“后发者”身份，当新的市场机会出现时，会直接被在市场上耕耘已久的发达市场跨国企业或东道国本土企业优先占据。然而，值得关注的是，由于在国内相对不成熟市场环境下的经营实践与成长经验，使中国企业培育了在相似市场环境、制度背景下生存和发展的特殊能力，它们并不完全遵循“机会发现—机会捕获”这一传统路径，而是通过主动“构建”机会的方式，创造性地将信息搜寻所感知到的潜在机会集转变并开发为现实、具体的市场机会，以此激活已“锁定”的市场与客户资源或者创造新的市场需求，这成为中国企业在其他海外新兴市场实现快速成长的关键路径之一。

尽管现有研究探讨了中国企业国际市场拓展路径选择与驱动因素，为理解中国企业国际化成长提供了有益的理论洞见。然而，这些研究大多建立在海外市场环境同质性基础上，基于中国跨国企业向全球市场拓展情境，并没有区分与验证发达市场和新兴市场情境的差异性，进而导致现有理论对于中国企业在其他海外新兴市场的快速成长的解释力度有限。在信息搜寻研究方面，现有研究主要聚焦于图书情报或创业领域，更加强调搜寻工具、设备的应用或者信息加工处理方式，对于国际商务领域背景下中国跨国企业信息搜寻的内在微观机制仍关注不足，且信息搜寻与机会之间的具体作用关系仍存在一定分歧。在机会构建研究方面，现有研究大多聚焦在理论思辨层面或者要素上的探讨，鲜有文献对机会构建的内在机制及其对企业国际化成长作用关系的内在逻辑做出有益解释。

本书立足于新兴市场情境，基于市场寻求动机提炼并检验了“信息搜寻—机会构建—国际化成长”的理论框架，揭示了中国企业在海外新兴市场快速成长的内在机理。本书主要研究观点：第一，中国跨国企业信息搜寻为其机会构建提供了模糊的、广泛的潜在机会集，市场端搜寻、技术端搜寻和制度端搜寻对机会构建的作用关系存在一定差异。第二，中国跨国企业通过快速连接、超预期匹配与反思这三个关键的机会构建行动，能够将信息搜寻所感知到的潜在机会集转变并开发为现实、具体的市场机会。此外，基于构建过程特征，将机会构建划分为套利机会构建和创新机会构建两种模式，并且在信息搜寻与国际成长绩效之间起到部分中介效应。第三，风险承担在信息搜寻与机会构建之间具有调节效应且呈现出较大的差异性，即风险承担对市场端搜寻、制度端搜寻与其创新机会构建起到正向调节作用，对制度端信息搜寻与套利机会构建起到负向调节作用。第四，制度复杂性对于机会构建与国际成长绩效之间具有调节效应且呈现出较大的差异性，即制度复杂性对于套利机会构建与其成长速度具有调节效应，对成长潜力没有起到调节作用；而对创新机会构建与其成长速度没有调节作用，却对成长潜力起到正向调节效用。

本书理论贡献主要体现在四个方面：第一，立足于新兴市场情境，本书提炼并检验了“信息搜寻—机会构建—国际化成长”这一理论框架，揭示了中国企业在其他海外新兴市场快速成长的内在机理，拓宽了传统国际商务理论的解释边界。第二，基于内容属性，将信息搜寻划分为市场端搜寻、技术端搜寻和制度端搜寻，探讨了中国跨国企业信息搜寻的动因、模式及其对机会构建的作用关系，并从信息多维性质出发，为平衡现有不一致结论提供了新的解释思路与边界条件。第三，对于中国企业机会构建的研究，进一步打开了如何将潜在机会集转变为现实具体机会这一“黑箱”，从过程观出发，提炼了快速连接、超预期匹配和反思这三个关键行动，从实践层面弥补了现有研究大多聚焦在理论思辨层面或要素上探讨的不足。第四，对于风险承担和制度复杂性情境因素的探讨，揭示了不同情境下信息搜寻、机会构建与成长绩效之间作用关系的差异性，将抽象的情境因素予以量化检验，进而补充了中国企业对其他海外新兴市场拓展情境因素考量不足所造成的理解上的偏差。

张超敏

2022年5月1日

目 录

第一章 绪论……………………………………………………1

第一节 研究背景……………………………………………………1

第二节 研究问题的提出……………………………………………9

第三节 研究目的与意义……………………………………………12

第四节 研究内容与方法……………………………………………17

第五节 研究的创新点………………………………………………22

第二章 理论基础与文献综述……………………………………25

第一节 中国跨国企业国际市场拓展的相关理论研究……………25

第二节 信息搜寻的相关理论研究…………………………………36

第三节 国际机会构建的相关理论研究……………………………45

第四节 企业成长性的相关理论研究………………………………55

第五节 文献评述……………………………………………………65

第三章 探索性案例研究…………………………………………69

第一节 研究方法……………………………………………………69

第二节 研究发现……………………………………………………78

第三节 结论与讨论…………………………………………………111

第四章　概念模型构建与研究假设发展 ······ 122

第一节　概念模型构建及其理论逻辑 ······ 122

第二节　研究假设发展 ······ 130

第五章　研究设计与小样本测试 ······ 147

第一节　问卷设计 ······ 147

第二节　小样本测试 ······ 153

第六章　实证分析与模型检验 ······ 167

第一节　研究数据的收集与特征描述 ······ 167

第二节　数据质量评估 ······ 172

第三节　实证分析 ······ 178

第七章　研究结论与展望 ······ 198

第一节　研究结论与启示 ······ 199

第二节　研究局限性及未来展望 ······ 210

附　录 ······ 214

参考文献 ······ 217

后　记 ······ 250

图目录

图1.1　本书整体结构与内容安排框架……19

图1.2　本书的研究技术路线……21

图2.1　新兴市场跨国公司国际扩张领域的知识框架……26

图2.2　新兴市场跨国企业的全球扩张：跳板理论……31

图2.3　基于信息的创业机会建构框架……40

图2.4　企业信息搜寻策略模型……41

图2.5　现实和感知机会综合模型……53

图2.6　机会构建过程……54

图2.7　企业成长综合模型……61

图2.8　跨国企业成长的基础决定因素……63

图3.1　多案例分析的迭代过程……76

图3.2　机会构建的理论特征、实践要素及维度表现……95

图3.3　中国跨国企业信息搜寻微观机制……112

图3.4　中国跨国企业机会构建内在机制……115

图3.5　中国跨国企业在新兴市场的成长性实现机制框架……118

图4.1　信息搜寻、机会构建及其对国际化成长的作用关系概念框架……125

图4.2　实证研究模型框架……145

图6.1　信息搜寻对国际机会构建的结构方程模型（模型1）……181

图6.2　信息搜寻对套利机会构建的结构方程模型（模型2）……181

图6.3　信息搜寻对创新机会构建的结构方程模型（模型3）……182
图6.4　国际机会构建对国际成长绩效的结构方程模型（模型4）……183
图6.5　套利机会构建对国际成长绩效的结构方程模型（模型5）……183
图6.6　创新机会构建对国际成长绩效的结构方程模型（模型6）……184
图6.7　国际机会构建对信息搜寻与国际成长绩效中介效应分析……185
图6.8　套利机会构建对信息搜寻与国际成长绩效中介效应分析……187
图6.9　创新机会构建对信息搜寻与国际成长绩效中介效应分析……188

表目录

表2.1　OLI理论模型与LLL分析框架比较……28
表2.2　乌普萨拉模型初始模型与三次修订模型对比……29
表2.3　关于制度基础观主要流派观点……32
表2.4　信息搜寻的内涵界定……36
表2.5　机会的综合概念定义……46
表2.6　机会本源相关观点比较……48
表2.7　国际机会相关概念界定……49
表2.8　国际机会和创业机会比较……50
表2.9　国际机会（IO）构建的跨边界行动……53
表2.10　企业成长性研究的理论脉络……56
表3.1　案例研究中的理论生成、理论拓展和理论检验……70
表3.2　案例企业基本情况……73
表3.3　案例数据类型、来源与编码……75
表3.4　中国跨国企业市场端信息搜寻类型典型证据援引……80
表3.5　中国跨国企业技术端信息搜寻类型典型证据援引……85
表3.6　中国跨国企业制度端信息搜寻类型典型证据援引……90
表3.7　中国跨国企业在新兴市场套利机会构建过程典型证据援引……97
表3.8　中国跨国企业在新兴市场创新机会构建过程典型证据援引……102
表3.9　中国跨国企业在新兴市场的国际成长绩效典型证据援引……108

表3.10　套利机会构建与创新机会构建模式异同……117
表4.1　研究假设汇总……146
表5.1　信息搜寻的测量条目……149
表5.2　国际机会构建的测量条目……150
表5.3　国际成长绩效的测量条目……151
表5.4　风险承担的测量条目……152
表5.5　制度复杂性的测量条目……153
表5.6　信息搜寻量表的CITC和信度分析……156
表5.7　信息搜寻量表的KMO值和Bartlett's球形检验……156
表5.8　信息搜寻量表的探索性因子分析结果……157
表5.9　国际机会构建量表的CITC和信度分析……158
表5.10　国际机会构建量表的KMO值和Bartlett's球形检验……159
表5.11　国际机会构建量表的探索性因子分析结果……159
表5.12　国际成长绩效量表的CITC和信度分析……160
表5.13　国际成长绩效量表的KMO值和Bartlett's球形检验……161
表5.14　国际成长绩效量表的探索性因子分析结果……161
表5.15　风险承担量表的CITC和信度分析……162
表5.16　风险承担量表的KMO值和Bartlett's球形检验……162
表5.17　风险承担量表的探索性因子分析结果……163
表5.18　制度复杂性量表的CITC和信度分析……163
表5.19　制度复杂性量表的KMO值和Bartlett's球形检验……164
表5.20　制度复杂性量表的探索性因子分析结果……164
表5.21　正式调查问卷中研究变量的测项条目……165
表6.1　中国跨国企业特征描述性统计……169
表6.2　研究变量的描述性统计……170
表6.3　研究变量及其维度信度检验汇总……172
表6.4　信息搜寻的收敛效度分析结果……174

表6.5 国际机会构建的收敛效度分析结果……175
表6.6 国际成长绩效的收敛效度分析结果……176
表6.7 风险承担的收敛效度分析结果……176
表6.8 制度复杂性的收敛效度分析结果……177
表6.9 整体模型中变量的区别效度分析结果……177
表6.10 整体模型变量间相关性系数……179
表6.11 信息搜寻—国际机会构建结构方程模型的拟合指标一览表……180
表6.12 国际机会构建—国际成长绩效结构方程模型的拟合指标一览表……183
表6.13 国际机会构建中介效应结构方程模型的拟合指标一览表……185
表6.14 套利机会构建中介效应结构方程模型的拟合指标一览表……186
表6.15 创新机会构建中介效应结构方程模型的拟合指标一览表……187
表6.16 风险承担对信息搜寻各维度与套利机会构建的调节效应分析……190
表6.17 风险承担对信息搜寻各维度与创新机会构建的调节效应分析……191
表6.18 制度复杂性对机会构建各维度与成长速度的调节效应分析……192
表6.19 制度复杂性对机会构建各维度与成长潜力的调节效应分析……193
表6.20 研究假设结果归纳……196

第一章 绪论

本书从中国跨国企业在其他新兴市场扩张的现实背景出发，聚焦于中国跨国企业在新兴市场拓展过程中在动机选择、决策方式以及具体行动上所表现出的独特性，阐述本书的现实背景与理论背景。在此基础上，概括并提出本书的研究问题，明确研究目标与研究框架，并对全书的内容安排、研究方法与技术路线进行说明，最后，提炼本书的理论意义、实践意义与研究创新点。

第一节 研究背景

本节基于国际商务理论研究的现实情况，对比中国跨国企业在新兴市场中的拓展实践，阐述本书的现实背景和理论背景。

一、现实背景

（一）中国跨国企业逐渐成为全球贸易发展的新引擎

伴随着全球经济和政治格局的深刻变化，国际社会正处于变革和发展的关键时期。一方面，逆全球化思潮、单边主义以及逐渐抬头的保护主义对国际秩序与多边贸易体制造成强烈冲击，中国企业的海外投资环境日趋严峻，全球政治、经济、金融等各类短期或长期风险叠加并加速传导，国际市场运营环境的易变性、不确定性、复杂性以及模糊性特征日益显著；另一方面，当今世界正处在数字经济与工业经济交叉更迭过渡期，新一轮科技和产业革命方兴未艾，云计算、大数据、人工智能、5G等技术蓬勃发展，全球价值链正在深度重塑，世界正处于百年未有之大变局中。其中，最为闪耀的是以中国为代表的新兴经济体的快速崛起（Buckley et al.，2018）。2019年，世界投资报告显示来自发展中国家和新兴经济体的对外直接投资占全球对外直接投资的比重已超过60%（UNCTAD，2020），世界权力中心开始向非西方世界转移，越来越多的新兴市场企业在本土及全球市场上与发达经济体企业展开全面竞争，这对传统国际化理论思考与实践提出了新的挑战。

以中国为代表的新兴市场跨国企业逐渐成为全球贸易发展的新引擎（Estrin et al.，2018）。作为新兴市场企业的典型代表，中国企业正处在世界政治经济格局发生深刻变革与新时代中国特色社会主义交叉背景下，"双循环"发展新格局和"一带一路"倡议两大国家战略叠加，为中国企业充分参与国际市场竞争，并实现快速成长创造了千载难逢的历史机遇。从宏观上看，构建以"国内大循环为主体、国内国际双循环相互促进"的新发展格局，有利于推动企业在更高水平上实现动态均衡；"一带一路"倡议则更加凸显中国企业国际进程中新的增长模式和理念，进而为应对逆全球化思潮和世界经济形势所带来的挑战提出"中国方案"。2017年，习近平总书记在世界经济论坛开幕式上指出："中国的发展是世界的机遇，中国是世界经济全球化的受益者，更是贡献者。"[①]2020年，中国GDP首次超过100万亿元大关，对世界经济增长的贡献率超过35%，这一数字相当于美国（16.1%）和欧盟28国（16.6%）的总和，并连续14年成为世界经济增长的第一引擎。

从微观上看，中国企业在一个极其复杂且相互冲突的社会环境下实现快速成长，经济转型所特有的社会、技术、组织、制度等环境要素使其成长更具复杂性与不确定性，但同时也提供了多种潜在的发展机会（Luo et al.，2011）。中国企业依靠成本优势和国内市场空间赢得快速成长，企业的规模不断扩大、研发水平和制造能力也有大幅度提升。随着国际化进程不断推进，

① 2017年1月17日，国家主席习近平在瑞士达沃斯国际会议中心出席世界经济论坛2017年年会开幕式上发表的主旨演讲。

越来越多的中国企业参与到国际市场竞争当中，它们在不断识别与捕获海外市场机会中快速崛起，甚至成为“无人区”里的探索者。2019年《财富》杂志世界500强榜单上，有129家中国跨国企业上榜，数量上首次超过美国；2020年《财富》杂志世界500强榜单上，中国上榜企业达133家，继续领跑500强榜单。中国企业依靠其独特的资源禀赋和特殊能力，正在超越既定轨道和认知范围，重构全球竞争版图。

（二）中国跨国企业在新兴市场拓展面临新的机遇与挑战

近年来，在“VUCA”[①]特征愈加凸显的新全球化时代，企业赖以生存的海外市场环境与发展路径遭到破坏，给中国企业在海外市场快速扩张与国际化成长带来了新的挑战。尤其是在全球竞争日趋被时间、空间以及资源等束缚的情况下，中国企业为了避免或转移在发达市场中的竞争威胁与劣势，已经开始将海外市场重点瞄准到一些制度薄弱、风险未知，但市场增长潜力巨大的其他新兴市场。而伴随着国际市场拓展方向与战略重心转移，中国企业在其他海外新兴市场将面临着新的机遇与新的挑战。

在机遇方面，从国家层面看，一方面，我国政府积极参与新兴市场国家之间的政府、非政府各类组织，如亚太经合组织、中国和中东欧“16+1”峰会、金砖国家峰会以及中非合作论坛等，这就为中国企业在新兴市场投资提供了坚强后盾；另一方面，我国政府积极强化与周边国家自贸区建设，如中国—中亚自贸区、东盟自贸区以及中蒙俄经济走廊、孟中印缅经济走廊等，尤其在“一带一路”倡议下，2013—2020年，我国“一带一路”沿线新兴市场境外经贸园区年均增速高达45.6%，为中国企业在新兴市场拓展创造了良好的区域环境。从企业自身讲，在国内相对不成熟市场环境下的经营实践与成长经验，使中国企业具备了在相似市场环境、制度背景下生存和发展的能力，而环境相似性在减少协调成本、规避成本以及其他交易成本等方面发挥了重要作用，进而降低了中国企业进入海外市场的门槛。

① “VUCA”是指组织将处于“不稳定”（Volatile）、“不确定”（Uncertain）、“复杂”（Complex）和“模糊”（Ambiguous）状态之中。

在挑战方面，相比于发达市场或者国家，由于新兴经济体市场情境的独特性，导致中国企业在海外市场拓展中可能面临更大的难题（Sarta et al.，2020）。一方面，由于新兴市场国家大部分正处于社会经济转型期，政府更迭频繁、新旧二元体系交叉迭代，一定程度上造成社会、政治以及制度等方面发展不均衡、不确定性（Marano et al.，2017），大部分新兴市场国家充斥着以关系网络为基础的非正式制度，加上政府腐败、强制操纵以及市场机制模糊甚至缺失，导致市场运营偏离原来预定轨迹。根据透明国际发布的《2020清廉指数排名CPI》，非洲、中东以及拉丁美洲等新兴市场国家远低于平均水平，甚至部分国家处在倒数行列。另一方面，受地缘政治影响，新兴市场部分国家政局动荡，恐怖事件等频发以及由此诱发的一系列连锁反应，尤其是新冠肺炎疫情在部分新兴市场国家已处于濒临失控边缘，这进一步增加了中国企业在新兴市场的预测与控制难度。例如，缅甸由于政治局势变化致使中缅密松大坝工程和中缅合资的莱比塘铜矿项目被叫停；利比亚政局持续动荡影响了中国铁建在利比亚的3个铁路项目。此外，由于地理位置和历史原因，大部分新兴市场国家存在错综复杂的民族与宗教矛盾，传统习俗、文化信仰以及价值观等差异较大，中国企业也常常遭受多元文化冲突的迫害（Raveh et al.，2017）。因此，在新的机遇与新的挑战共存下，中国企业如何在新兴市场快速成长成为亟待解决的关键问题。

（三）市场机会成为中国跨国企业在新兴市场扩张的关键因素

21世纪初，以中国为代表的新兴市场跨国企业的快速崛起吸引了来自国际商务、战略管理等领域研究学者的广泛关注（Luo and Tung，2007；Cuervo-Cazurra，2012；Ramamurti and Hillemann，2019；谢洪明等，2019；魏江等，2020）。这些跨国企业通过直接并购、战略联盟、技术许可等方式，帮助企业获得先进技术、品牌资产以及市场渠道等关键战略资产，进而加速了企业的国际化成长。例如，中国的吉利汽车收购了瑞典的沃尔沃公司、联想集团并购了美国IBM公司PC业务、印度的塔塔汽车收购了福特旗下的捷豹和路虎两大品牌、印度铝业并购了世界最大轧制铝产品生产商——诺贝丽斯，而这一系列扩张行动的核心在于新兴市场跨国企业向发达市场或国家进行战略资产寻求。

近十年来，新兴市场国家相继进入经济社会改革的深水区。一方面，大规模政治、经济、制度等变革带动本国经济快速发展的同时，也极大地刺激了市场需求潜力，创造出难以预估的潜在市场。以电力行业为例，南亚、东南亚地区电力基础设施薄弱，电力设备与电力线路老化严重，尤其是印度，预计到2030年印度市场用电需求将达到95万千瓦；在中亚地区，仅塔吉克斯坦一国用电需求量就达到250亿千瓦时。在巨大的市场缺口与发展潜力驱动下，吸引了来自世界各国企业的竞相争夺，2018年，海尔实施智慧家庭战略，并将企业战略核心聚焦在印度市场，第二年就实现在印度总体业务增幅超过30%的目标；近年来小米集团也将海外业务布局核心放在南亚、非洲以及中东欧等新兴市场国家，并占据了其中15个国家或地区智能手机前5名的市场份额。另一方面，为了更好地刺激经济发展，这些新兴市场国家通过制定一系列鼓励或者优惠政策（如税收减免、税率降低等），并努力营造良好的营商环境，以此吸引中国企业在海外新兴市场的投资意愿。自莫迪执政以来，印度政府积极强化“印度制造”概念，连续出台多项支持或鼓励的政策，并通过税收等优惠政策来吸引外资企业在印投资。因此，在新兴市场拓展过程中，中国企业如何把握好市场机会，成为揭示中国跨国企业在新兴市场实现快速成长的关键要素。

二、理论背景

（一）市场寻求动机为解释中国跨国企业在新兴市场实现快速成长奠定了逻辑基础

随着国际化进程的不断推进，越来越多的中国企业在参与国际市场的竞争中实现快速成长，甚至部分企业已成为“无人区”里的探索者（吴晓波等，2019）。现有研究关于新兴市场跨国企业的成长性探讨主要集中在内生性成长、收购性成长以及网络化成长这3个方面（Mathews，2017；Peng et al., 2018)。例如，从收购性成长来讲，以中国为代表的新兴市场跨国企业积极地进行战略资产寻求，通过购买全球成熟技术、收购或者兼并所需优势业务的相关企业等行动，加速缩小与在位企业之间的距离(Mathews，2017；Luo and Tung，2017)。然而，尽管这些研究对于理解中国跨国企业如何实现快速成长提供了有益的见解，但这些研究大多建立在海外市场环境同质性基础上(Alon et al.，2018；Buckley et al.，2018)，并没有区分与验证中国跨国企业在发达市场和新兴市场实现成长的差异性，而不同情境的差异性对于预期研究结果相差较远甚至背道而驰(Luo and Zhang，2016；Ramamurti and Williamson，2019)。

随着世界范围内的新兴市场国家相继进入改革深水区，越来越多的学者关注新兴市场企业在其他海外新兴市场以及不同区域/国家扩张行为的特殊性(Kotabe and Kothari，2013，2016；Luo and Tung，2017；陈衍泰等，2021)。Kotabe和Kothari(2016)基于中国和印度跨国企业的案例研究，认为新兴市场跨国企业实现国际化快速成长，一方面得益于在发达市场进行资产寻求，以获取和吸收关键资源，进而建立自身优势；另一方面得益于其转向其他新兴市场进行市场寻求，进入传统跨国企业尚未开发的市场领域进行套利活动。Luo和Tung(2017)进一步强调，以中国为代表的新兴市场跨国企业的国际市场拓展遵循双重路径：投资于发达市场更多是战略资产寻求，而投资于其他新兴市场或发展中经济体，更多是为了寻求市场机会，涉及较少的跳板行为(Gubbi and Elango，2016；Luo and Tung，2017)。事实上，在国内相对不成熟的市场环境中的经营实践与成长经验，也使中国企业培育了在相似市场环境、制度背景下生存和发展的特殊能力(Ramamurti，2012)。例如，在成本和速度、学习和联动方面具有优势以及将制度劣势转化为优势的能力等(Elango and Pattnaik，2007；Ramamurti，2012；Hoskisson et al.，2013)。这些企业能够比竞争对手更快、更好地向市场推出新产品，通过成本和速度优势来撬动海外市场机会，进而实现企业快速成长(Awate et al.，2012)。因此，基于新兴市场情境下，市场寻求动机为解释中国跨国企业在其他海外新兴市场实现快速成长提供了底层逻辑与关键线索。

（二）中国跨国企业在新兴市场的拓展实践，重新引发学者对机会获取方式的深入讨论

国际商务研究倾向于将“机会”描述为企业跨边界寻求利润的可能性，将机会视为进入新市场的可能性（Williams and Gregoire，2015；Reuber et al.，2018），重点考虑进入哪个市场、何时进入等能够给企业带来预期的经济价值（Williams and Gregoire，2015）。相比于在发达市场进行战略资产寻求，中国企业在新兴市场拓展更具有明显的市场寻求动机（Kotabe and Kothari，2016；Luo and Tung，2017）。现实中，由于“外来者”和“后发者”身份，当出现新的市场机会时，会直接被在市场上耕耘已久的发达市场跨国企业或东道国本土企业优先占据（许晖、单宇，2019）。然而，在国内相对不成熟的市场环境中的经营实践与成长经验，也使得企业培育了在相似市场环境、制度背景下生存和发展的特殊能力，它们并不完全遵循“机会发现—机会捕获”这一传统路径，而是通过主动“构建”机会的方式，创造性地将信息搜寻所感知到的潜在机会集转变并开发为现实、具体的市场机会，以此激活已“锁定”的市场与客户资源或者创造新的市场需求。机会构建是发现或者创造了一种情境，即企业跨越并整合来自多个国家的情境因素，通过企业主导行动来引入新产品、服务及组织方式等，最终改变经济活动的一种表现形式，这种改变经济活动体现在对潜在市场机会的开发或创造一种新的市场需求（Mainela et al.，2014；Oyson and Whittaker，2015）。

现有研究主要从认知和行为视角对机会构建进行了探讨：认知视角相关学者认为，机会构建是通过企业家创造性思维、社会技巧以及内生性的方式构建出来的（Suddaby et al.，2014；斯晓夫等，2016）；行为视角的学者认为，机会构建是一个对话过程，需要其他参与主体共同开发，通过企业家主导行动和互动来改变经济活动的一种表现形式（Mainela et al.，2014），但这些研究大多聚焦在机会构建的理论抽象层面或者思辨层面的探讨。近年来，随着企业实践的不断拓展，越来越多的学者基于“认知—行为”的整合视角对机

会构建进行了深入探讨。已有研究指出，由于感知到的国际机会通常是广泛的、模糊的，只能代表潜在机会，为了使这些潜在机会可以被开发并成为进入国际市场的基础，就必须通过企业家认知与行动来转变并开发为现实、具体的市场机会，这一过程涉及了客户、产品以及能力三大要素（Oyson and Whittaker，2015）。尽管这些研究将机会构建由理论思辨层面向实践层面初步推进，但对于客户、产品以及能力等要素涉及的具体行动以及要素之间内在逻辑关系并没有阐述。因此，通过解构中国企业在其他海外新兴市场拓展的全过程，识别出企业机会构建的内在机制与构建模式，以便提炼适合中国企业在其他新兴市场的机会获取新的手段和方式。

（三）在"VUCA"特征愈加凸显背景下，要求研究者重新审视信息搜寻的重要性以及与机会之间的作用机制

信息是企业生存与发展的关键资源之一（Sleptsov and Anand，2008；Hsieh and Kelley，2016），能否有效地搜集和解读信息对于企业战略决策与机会构建至关重要（Makadok and Barney，2001；Shepherd et al.，2012；Bergh et al.，2018）。然而，在"VUCA"特征愈加凸显的新全球化时代，一方面，由于外部变化的速度快、非线性以及不可预知性等特征（Cuervo-Cazurra，2012），企业越来越难以获得支持企业决策的有效信息（沈涛等，2015）。尤其是在新兴市场，嵌入情境的复杂性，也致使有价值的信息隐蔽性更高（Ãkerman，2015）。另一方面，相对于发达市场跨国企业与东道国本土企业而言，由于"外来者"和"后发者"身份，中国企业在海外新兴市场往往面临着高度的信息不对称，企业无法获取较为完整的信息甚至处于信息缺失的境地（杜晓君等，2015）。进而导致企业不能充分评估东道国环境变化、潜在风险以及市场机会，企业随时面临着被淘汰的风险（Zhu and Sardana，2020）。

现有研究对信息搜寻的内涵以及搜寻模式划分做出了有益探讨，明确了信息搜寻是支撑企业复杂决策的前提，是发现或创造机会的关键环节，能够帮助组织有效地应对外部环境动态变化与不确定性挑战（Shepherd et al.，2012；Ãkerman，2015）。然而，涉及信息搜寻与机会识别或构建之间具体作

用关系时，尽管现有研究从减少信息不对称、提供决策支撑以及刺激创意产生等方面强调信息搜寻是机会识别或构建的基础（Gielnik et al.，2014；Hsieh and Kelley，2016；李雪灵等，2009），但部分结论仍存在一定分歧甚至矛盾（Ãkerman，2015；纪炀等，2019）。例如，Hsieh 和 Kelley（2016）认为，企业信息获取和搜寻有助于企业更好地识别创新机会；但 Gielnik 等（2014）研究发现，信息收集越多，可能越抑制企业的创造性思维，并不会对机会创新产生显著影响。随着研究的不断深入，相关学者指出，这些产生分歧或者矛盾结论的一个潜在原因可能是没有完全捕捉到信息或者知识的多维性质（Fletcher and Harris，2012；Ãkerman，2015；Bergh et al.，2018），而不同内容或维度信息对于机会所起的作用也不尽相同（王倩，2011）。因此，从信息多维性质出发，进一步探讨信息搜寻与机会构建之间的作用关系，对于平衡现有矛盾结论提供了新的解释思路与边界条件。

第二节　研究问题的提出

在全球竞争日趋为时间、空间以及资源等束缚的情况下，中国跨国企业为了避免或转移在发达市场的竞争威胁与劣势，已经开始逐步将国际化活动扩张到一些制度薄弱、风险未知但市场潜力巨大的其他海外新兴市场。相比于在发达市场进行战略资产寻求，中国跨国企业在新兴市场拓展更具有明显的市场寻求动机（Kotabe and Kothari，2016；Luo and Tung，2017）。现实中，由于“外来者”和“后发者”身份，当出现新的市场机会时，它（新的机会）会直接被在市场上耕耘已久的发达市场跨国企业或东道国本土企业优先占据（许晖、单宇，2019）。然而，在国内相对不成熟市场环境中的经营实践与成长经验，使中国企业培育了在相似市场环境、制度背景下生存和发展的特殊能力，它们并不完全遵循“机会发现—机会捕获”这一传统路径，而是通过主动“构建”机会的方式，创造性地将信息搜寻所感知到的潜在机会集转变并开发为现实、具体的市场机会，以此激活已“锁定”的市场与客户资源或者创造新的市场需求。然而，现有关于信息搜寻的研究主要聚焦在图书情报或创业领域探讨，更加强调搜寻工具、设备的应用或者信息加工处理方式（Shepherd et al.，2012；Liu and Zou，2019；张玉利等，2020），对于国际商务领域背景下中国企业信息搜寻的内在微观机制仍关注不足。与此同时，尽管现有文献从认知、行为以及“认知—行为”整合角度对机会构建进行了探讨，但大多聚焦在机会构建的理论思辨层面或者要素上的探讨（Mainela et al.，2014；Suddaby et al.，2014；Oyson and Whittaker，2015；斯晓夫等，2016）。关于中国跨国企业如何将潜在机会集转变并开发为现实、具体的市场机会并作用于企业国际化成长的“黑箱”仍未得到有益解释。

在系统搜集、梳理并提炼中国跨国企业相关理论与研究基础上，考虑到中国跨国企业在新兴市场拓展过程中受到组织内、外部环境具体情境因素的共同影响，为了更系统地对研究问题展开探究，本书将研究问题分解为3个子问题，具体如下：

第一，中国跨国企业信息搜寻的动因以及搜寻维度如何划分？中国跨国企业的信息搜寻如何影响企业机会构建？现有关于信息搜寻主要基于图书情报或创业管理领域探讨，这些研究更加强调搜寻工具、设备的应用或者对信息处理方式的探讨（Wilson，2006；Vaghely and Venkataraman，2010；Liu and Zou，2019；张玉利等，2020）。从国际商务领域来看，企业在海外市场的信息搜寻主要用来评估东道国环境变化，识别客户潜在需求（Fornes and Cardoza，2012；杜晓君等，2015），其信息搜寻过程更加侧重于搜寻渠道获取、搜寻信息类型，但现有研究对于中国企业信息搜寻微观机制仍然缺乏。此外，尽管现有研究强调了信息搜寻是机会识别与构建的基础（Hsieh and Kelley，2016），但部分结论仍存在一定分歧甚至矛盾（Åkerman，2015；纪炀等，2019）。因此，有必要针对中国跨国企业在新兴市场信息搜寻所表现出来的特征，提炼信息搜寻动因与划分维度，并考察不同维度上的信息搜寻对机会构建所起到的作用关系，这对于聚焦图书情报和创业领域的信息搜寻研究向国际商务领域延伸具有重要意义。

第二，中国跨国企业在新兴市场的机会构建过程机制与构建模式如何？中国跨国企业的机会构建对于信息搜寻与其国际化成长之间的关系有何作用？现有文献对机会构建的探讨主要从认知、行为以及“认知—行为”角度展开，并且研究焦点大多集中在机会构建的理论思辨层面或者要素上的探讨（Suddaby et al.，2014；Mainela et al.，2014；Oyson and Whittaker，2015；斯晓夫等，2016）。事实上，由于“后发者”和“外来者”身份，当新兴市场出现新的市场机会时，它（新的机会）会直接被在市场上耕耘已久的发达市场跨国企业或东道国本土企业优先占据（许晖、单宇，2019）。中国企业并不能完全遵循“发现机会—捕获机会”这一传统路径，而是要打破原有的竞争规则，通过不断地监测、搜寻外部环境变化信息，敏锐地感知到潜在的发展空间，并通过主动“构建”机会的方式，创造性地将潜在机会集转变并开发为现实、具体的市场机会，以此激活已“锁定”的市场与客户资源或者创造新的市场需求。因此，对于机会构建过程机制与构建模式的探讨，揭示了中国跨国企业将信息搜寻所感知到的潜在机会集转变为现实、具体的市场机会这一过程，能够进一步将机会构建从理论思辨层面或要素上的探讨向实践层面研究的迁移与深化。同时，进一步明确机会构建在信息搜寻与其国际化成长之间所起到的重要作用。

第三，风险承担和制度复杂性作为关键情境变量如何影响中国跨国企业的信息搜寻、机会构建与其国际化成长的关系？本书立足于新兴市场情境，一方面，国际市场的机会构建涉及跨越、整合来自多个国家情境因素，并通过企业家主导行动来引入新商品、服务以及组织方式等（Shane and Venkataraman，2000；Reuber et al.，2018），尤其是在环境复杂的新兴市场，企业无法确定引入的新的手段、新的目的或者新的“手段—目的”是否一定满足市场需求与客户需要，这些发源于相对不成熟市场的中国企业，为了实现追赶甚至超越，其在机会构建过程中更多考虑“可承受损失”，而非预期收益，企业本身就具有风险承担性、冒险性等特征（Wales，2016）；另一方面，新兴市场国家大多处于社会经济转型期，政府更迭频繁、新旧制度体系更迭，政治制度、法律法规以及市场机制缺失所导致的制度缺陷（Marano et al., 2017）和政府干预、法律模糊以及非公平竞争因素带来的制度危害（Meyer and Peng, 2016），使得身处其中的中国企业面临异常复杂的制度环境（Marano et al., 2017）。因此，基于中国跨国企业自身特质与新兴市场独特情境特征考量，将抽象的研究情境量化到组织层面的风险承担和环境层面的制度复杂性，能够更科学地审视中国跨国企业在新兴市场实现快速成长的微观机理，并响应了近期国内外学者对于加深新兴市场情境因素考量的呼吁（Luo and Zhang, 2016；Ramamurti and Williamson，2019；吴小节等，2019）。

第三节　研究目的与意义

本节将针对上述的现实背景与理论背景，以及本书所概括的具体研究问题，阐述本书的研究目的与研究意义。

一、研究目的

本书主要在国际商务、国际创业领域相关理论基础上，整合信息搜寻、机会构建与企业成长性的相关研究，借助于规范的定性与定量相结合的分析方法，立足于中国跨国企业在新兴市场的拓展实践，探讨中国跨国企业在其他海外新兴市场实现快速成长的内在机理，并系统总结研究成果的理论价值与实践应用价值。具体而言，本书预期达到的目标包括以下几点：

第一，揭示中国跨国企业信息搜寻内在机制，进一步明确信息搜寻对机会构建的作用关系。在系统梳理信息搜寻相关文献基础上，立足于中国跨国企业在新兴市场拓展过程中所表现出来的特征，提炼中国跨国企业在新兴市场的信息搜寻内在机制。与此同时，从信息内容维度考量，进一步检验信息搜寻对机会构建的作用关系，这就为平衡现有关于信息搜寻与机会之间部分结论分歧、相互矛盾等观点提供了新的解释思路与边界条件。

第二，提炼中国跨国企业在新兴市场的机会构建内在机制与构建模式。重点关注中国跨国企业在新兴市场拓展过程中市场机会寻求活动表现，挖掘企业如何将信息搜寻所感知到的潜在机会集转变并开发为现实、具体的市场机会，厘清企业机会构建过程中所涉及的关键要素。基于过程观视角，提炼中国跨国企业机会构建的内在机制，归纳并总结机会构建模式。同时，分析中国企业不同机会构建模式对其国际化成长的作用机制，进一步检验机会构建在信息搜寻与其国际成长绩效之间的中介效应。

第三，识别影响中国跨国企业在新兴市场拓展的情境因素，探讨组织内、外部情境因素对其国际化成长的作用关系。基于中国跨国企业在新兴市场的拓展实践，引入组织内、外部情境因素，探讨不同情境下中国跨国企业的信息搜索、机会构建与国际成长绩效之间的关系变化。一方面，基于中国企业在海外市场拓展过程中所表现出来的特征，选取风险承担作为组织层面的情境变量，探讨风险承担在信息搜寻与机会构建之间的调节作用；另一方面，基于新兴市场独特情境特征，选取制度复杂性作为环境层面的情境变量，探讨制度复杂性在机会构建模式与国际成长绩效之间的调节作用。

第四，立足于新兴市场情境，构建中国跨国企业实现快速成长的理论框架。相比于在发达市场进行战略资产寻求，中国跨国企业在新兴市场拓展时更具有明显的市场寻求动机。本书参照国际商务、国际创业领域相关理论，尝试分析信息搜寻与机会构建在推动中国企业在其他海外新兴市场实现快速成长方面所体现出来的重要作用，将市场寻求作为逻辑起点，提炼并构建“信息搜寻—机会构建—国际化成长”的理论框架，并通过大样本实证分析方法进一步验证理论框架的普适性，为拓展中国跨国企业的理论解释边界提供新的视角。

二、研究意义

（一）理论意义

本书基于国际商务、国际创业领域相关理论研究，在深入探究中国跨国企业的信息搜寻、机会构建与其国际化成长问题基础上，进一步挖掘理论解释逻辑，并考量中国跨国企业自身特质与新兴市场独特情境特征，修正和补充现有理论基本假定和解释逻辑。本书的理论意义主要体现在以下3个方面。

第一，基于市场寻求动机提炼的“信息搜寻—机会构建—国际化成长”的理论框架，能够为解释中国跨国企业在新兴市场拓展中快速成长的现象提供理论依据。现有文献从内生性成长、收购式成长以及网络化成长等角度的探讨（Peng et al.，2018；Tan et al.，2020），为理解中国跨国企业如何实现快速成长提供了有益见解，但这些文献大多建立在海外市场环境同质性基础上（Alon et al.，2018；Buckley et al.，2018），基于中国跨国企业向全球市场拓展情境，并没有区分与验证发达市场和新兴市场情境的差异性，而不同情境的差异性对于中国企业的成长路径选择也会有所不同甚至相差甚远（Luo and Zhang，2016；Ramamurti and Williamson，2019）。结合Luo和Tung（2017）、Gubbi和Elango（2016）的研究，并深度扎根于中国企业在其他海外新兴市场拓展实践基础上，认为中国跨国企业并不完全遵循“机会发现—机会捕获”这一传统路径，而是通过主动“构建”机会的方式，创造性地将潜在机会集转变并开发为现实、具体的市场机会，并作用于企业成长。本书立足于新兴市场情境下提炼的“信息搜寻—机会构建—国际化成长”理论框架，能够补充现有文献忽略海外市场情境差异所造成理解上的偏差，并响应了近期国内外学者关于拓宽传统国际商务理论框架解释边界的呼吁（Buckley et al.，2018；毛基业、李亮，2018）。

第二，基于信息搜寻与机会构建的研究，能够深度挖掘中国跨国企业将信息搜寻所感知到的潜在机会集转变并开发为现实、具体的市场机会的内在机制，并贡献于机会构建从理论思辨层面或要素上的探讨向实践层面研究的迁移与深化。现有关于机会构建的探讨主要从认知、行为以及“认知—行为”角度展开，相关研究大多聚焦在机会构建的理论思辨层面或者要素上的探讨（Suddaby et al.，2014；Mainela et al.，2014；Oyson and Whittaker，2015；斯晓夫等，2016），并未探讨机会构建过程或构建具体行动。事实上，由于“外来者”和“后发者”身份，当新兴市场出现新的市场机会时，会直接被在市场上耕耘已久的发达市场跨国企业或东道国本土企业优先占据。然而，在国内相对不成熟的市场环境中的经营实践与成长经验，也使中国企业培育了在相似市场环境、制度背景下生存和发展的特殊能力，它们并不完全遵循“机会发现—机会捕获”这一传统路径，而是通过主动“构建”机会的方式，创造性地将信息搜寻所感知到的潜在机会集转变并开发为现实、具体的市场机会。本书基于过程观视角，通过提炼机会构建的内在机制，归纳机会构建模式，贡献于机会构建从理论思辨层面或要素上的探讨向实践层面研究的迁移与深化，一定程度上也响应了Mainela等（2014）提出的以“互动”为重点的国际机会构建路径。

第三，将风险承担和制度复杂性作为情境因素，纳入中国跨国企业在新兴市场成长的实现机制中，推进中国跨国企业信息搜寻、机会构建与国际成长绩效之间作用关系的权变效应研究。本书立足于中国跨国企业在其他海外新兴市场拓展实践，一方面，相比于发达市场跨国企业的“风险规避”特征，这些发源于相对不成熟市场的中国跨国企业（Buckley et al.，2018），为了实现追赶甚至超越，其在机会构建过程中考虑的是“可承受损失”，而非预期收益，企业本身就具有风险承担性、冒险性特征（Wales，2016）；另一方面，基于新兴市场国家大多处于社会经济转型期，政府更迭频繁、新旧制度体系更迭，企业面临异常复杂的制度情境（Marano et al.，2017）。本书基于中国跨国企业特质与新兴市场独特情境特征考量，将抽象的研究情境量化到风险承担和制度复杂性，推进了中国跨国企业信息搜寻、机会构建与国际成长绩效之间作用关系的权变效应研究，同时也弥补了现有研究对于中国跨国企业在新兴市场拓展由于情境因素考量不足所造成理解上的偏差。

（二）实践意义

我国“一带一路”倡议和“双循环”战略的提出，为中国企业充分参与国际市场竞争创造了千载难逢的历史机遇，与此同时，也正由于国际化进程的不断深入，中国企业在国际市场面临的环境更为复杂、投资区位空间分离程度更大以及目标客户需求更为多元，这就对中国企业提出了更高的要求。本书立足于新兴市场情境，针对中国跨国企业的信息搜寻与机会构建对其国际化成长的研究，有助于提升企业对环境变化的敏感性，为中国跨国企业在其他海外新兴市场把握并构建机会提供工具性框架和指导性措施，本书的实践意义主要包括以下3个方面：

第一，为中国跨国企业制定科学合理的国际市场战略和市场决策提供经验借鉴与理论指导。在“VUCA”特征愈加凸显的新全球化时代下，企业赖以生存的海外市场环境与发展路径遭到破坏，科学合理地制定市场战略并有效实施是中国跨国企业区别于竞争对手的首要任务，也是企业更好地适应海外市场环境的关键所在。相比于在发达市场进行战略资产寻求，中国跨国企业在新兴市场拓展更具有明显的市场寻求动机。本书立足于新兴市场情境，探讨了中国跨国企业信息搜寻与机会构建之间的关系，并基于中国跨国企业特质与新兴市场独特情境特征，识别和提炼了企业信息搜寻方式、机会构建机制与模式等关键要点，有助于指导中国跨国企业厘清市场战略制定的科学逻辑，找准适合企业资源/能力与环境相匹配的成长路径。

第二，为中国跨国企业在“VUCA”特征愈加凸显的国际环境中把握国际机会提供理论支持与工具指导。当今世界正经历百年未有之大变局，以易变性、不确定性、复杂性和模糊性为特征的国际市场运营日益显著。然而，环境不确定性带来风险的同时，也给中国跨国企业海外市场拓展提供了机会。通过对市场环境中的信息保持高度警觉，并依靠其在母国环境背景下培育的特定优势与资源禀赋，使其能够有效地感知与捕获到海外新兴市场所蕴藏的机会。本书基于中国跨国企业在新兴市场的拓展实践，识别出快速连接、超预期匹配与反思这3个机会构建的关键行动，为中国跨国企业在新兴市场把握与捕获机会提供有力抓手，更成为在与发达市场跨国企业以及东道国本土企业竞争中实现突围的有效手段之一。

第三，为中国跨国企业培育竞争优势、实现国际化快速成长提供概念工具与理论参考。中国跨国企业培育竞争优势，实现国际化快速成长，不仅意味着成长速度的加快，更是要克服低端价值链锁定，实现成长潜力的跃升。在新兴市场情境下，中国跨国企业不能简单重复传统跨国企业的发展路径，而是要随着外部环境变化实现企业能力的“进化”。中国跨国企业不仅要具备对市场环境扫描和信息搜寻能力，帮助企业提高对市场趋势的预测和判断，更要对变化的市场快速做出反应，以提前配置机会构建所需资源。本书基于中国跨国企业在新兴市场的市场寻求动机，以“构建机会”作为企业在新兴市场实现快速成长的关键路径，在信息搜寻和机会构建不断迭代与循环中增强企业竞争优势，实现成长速度与成长潜力双重提升。

第四节 研究内容与方法

为深度地对本书的研究问题进行探讨与研究，达到预期的研究目标，形成完整的研究体系，本节将针对各章节具体的研究内容以及拟采用的研究方法、技术路线等进行系统性阐述。

一、研究内容

本书主要包括绪论、理论基础与文献综述、探索性案例研究、概念模型构建与研究假设发展、研究设计与小样本测试、实证分析与模型检验、研究结论与展望7个章节的研究内容。

第一章，绪论。本章首先针对中国跨国企业国际市场拓展的现实背景与理论背景进行梳理和分析，在此基础上概括并提出本书的研究问题。其次，根据研究问题明确本书的研究目标、安排本书研究内容与框架，设计并选取与研究问题相契合的、科学的研究方法。最后，阐述本书的理论意义与管理实践启示，并就本书所涉及的创新点进行详细的阐述。

第二章，理论基础与文献综述。本章主要围绕解决研究问题和展开研究内容所涉及的理论基础进行系统回顾及针对性述评，以期明确后续研究遵循的理论方向和逻辑框架。具体而言，首先，对中国跨国企业国际市场拓展的相关理论进行了系统梳理，分析了国际商务经典理论与新兴理论对于中国跨国企业的适配性解释；同时，对中国跨国企业在新兴市场拓展的动机、新兴市场内涵、范围以及特征等方面进行了系统性阐述。其次，聚焦本书的核心变量，对信息搜寻、机会构建与企业成长性研究的内涵界定、理论脉络、影响因素等方面进行有针对性的回顾。最后，针对现有研究不足与空白之处进行评述，为后续研究的开展提供理论指引。

第三章，探索性案例研究。本章采用多案例的研究方法设计，在分析过程中遵循复制逻辑，并注重从素材、数据中提炼构念、构建理论。具体地，本部分结合对4家案例企业相关负责人的访谈、观察等一手数据和企业内、外部等二手资料，并对不同来源的数据进行归纳分析，解释4家中国跨国企业在新兴市场拓展过程中的信息搜寻方式、机会构建过程的内在机制与潜在逻辑，并识别出信息搜寻、机会构建以及国际成长绩效的具体维度，进而搭建本书的理论分析框架。

第四章，概念模型构建与研究假设发展。本章主要根据文献梳理与案例研究的结果，阐述概念模型的理论逻辑，同时引入组织层面风险承担和环境层面制度复杂性作为调节变量，最终搭建了信息搜寻、机会构建与国际化成长之间的作用关系与影响机理的整体概念模型。然后，以现有研究为理论指引，尝试从理论层面解释本书关键构念之间的潜在逻辑和作用机理，并提出本书理论模型中相关变量或构念之间的假设关系，为下一步实证检验提供理论支撑。

第五章，研究设计与小样本测试。本章主要针对理论模型所确定的核心变量，开展问卷设计与小样本测试。具体而言：首先，结合现有相关研究和案例研究结果对核心变量进行操作化定义、维度划分并确定相应的测度量表；其次，参照标准化的问卷设计流程，针对研究变量及其维度设计初始调研问卷；最后，在小范围内选取并收集部分典型样本数据，并通过探索性因子分析对初始调研问卷进行修正和净化，确立正式调研问卷。

第六章，实证分析与模型检验。本章根据第五章小样本测试所确定的研究量表与正式问卷，进一步扩大问卷的收集范围，并对研究内容所涉及变量以及变量间关系进行系统性分析与检验。首先，整理所收集的问卷数据，并对调研数据的基本特征进行描述性统计分析和相关说明；其次，运用验证性因子分析对问卷调研获得的数据进行检验，对信息搜寻、机会构建、成长绩效以及风险承担、制度复杂性这2个调节变量进行信度与效度的评估；最后，应用科学的数据分析工具（AMOS 23.0、SPSS 22.0）对研究模型中相关变量之间的相关性、中介效应、调节效应等作用关系进行系统性检验，并对检验结果进行阐释与说明，为研究结论的提炼提供科学、可靠的分析基础。

第七章，研究结论与展望。本章主要对前面章节的分析内容和研究结论进行概括与总结，提炼本书主要研究结论，并阐述本书研究的理论贡献以及对中国跨国企业海外市场拓展，尤其是在新兴市场拓展的实践启示。同时，本章还探讨了研究过程存在的一些不足之处，并对未来研究改进方向进行了阐述与展望。本书整体内容逻辑框架如图1.1所示。

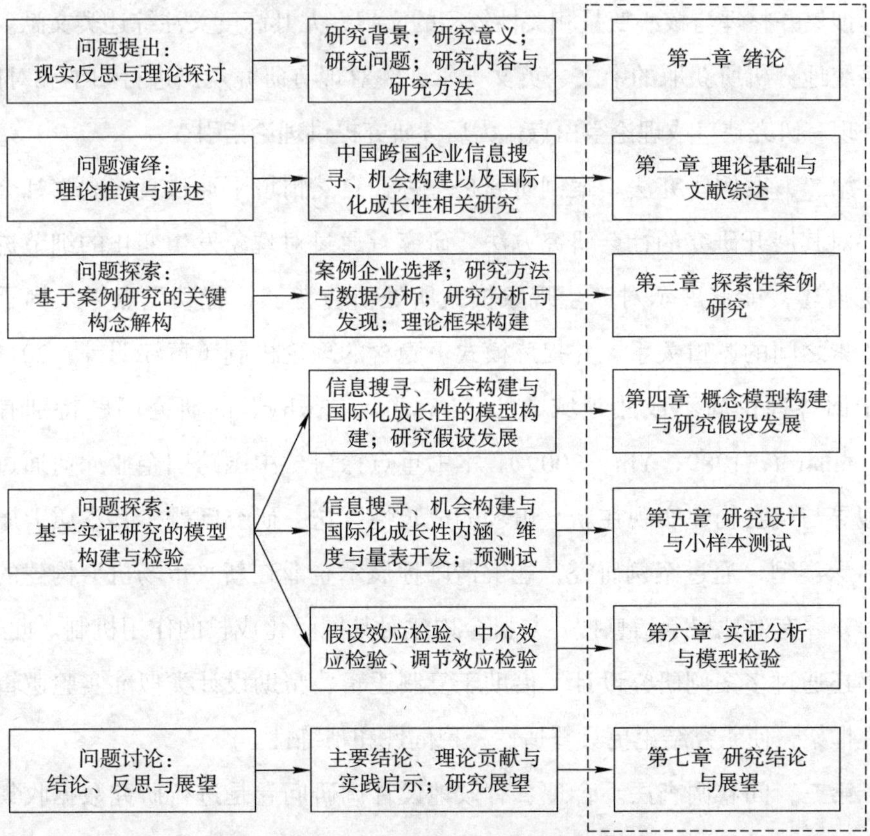

图1.1 本书整体结构与内容安排框架

二、研究方法

本书涉及的研究方法主要包括文献分析法、案例研究法、问卷调查法、实证分析法。在文献分析基础上，以深度访谈和案例研究为切入点，提炼本书的理论分析框架，利用大样本实证分析法对数据进行检验，以验证本书的理论框架以及相关变量、构念间的关系，并提炼研究结论。

第一，文献分析法。围绕本书的核心关键词信息搜寻、机会构建、国际化成长、风险承担、制度复杂性，利用维普（VIP）、中国知网（CNKI）、Elsevier、EBSCO、SpringerLink、Willey等中英文数据库进行文献筛选与收集。与此同时，对国外重点期刊，如JIBS、AMJ、AMR、SMJ、MIR、JBV、SEJ等以及《管理世界》《南开管理评论》《管理科学学报》等国内核心期刊进行模糊性的文献检索，搜集并整理与核心变量相关性较高的文献，尤其高度关注综述类文献。通过系统地分析所获取的中文、英文文献，并对现有研究观点进行归纳和对比，寻找现有研究缺口或理论空白点，为后续研究提供理论指引。

第二，案例研究法。案例研究是一种在自然情境下通过直接观察社会现象并对其展开研究的社会研究方法。研究者通过对现象发生变化的细节进行丰富描述，能够展示对产生现象模式所处情境特征、行动重点以及揭示各个要素之间的逻辑关系，并提炼模式下隐含的理论机制（黄江明等，2011），对于回答理论尚不成熟领域中的“how”与“why”的研究问题特别有效（Eisenhardt，1989；Yin，2009）。本书重点探讨“中国跨国企业如何通过信息搜寻与机会构建实现在新兴市场的成长性”这一研究问题，其本质上属于“how”类型，通过案例研究，能够清晰地展示企业在新兴市场机会构建的全过程，并有效地揭示信息搜寻与机会构建对其国际化成长的作用机制。此外，本书还通过多案例研究设计，借助于复制逻辑，帮助设计类似准实验逻辑的研究框架，使研究结论更具普适性、稳健性和精练性。

第三，问卷调查法。合理、有效地设计调研问卷是进行研究数据收集与获取的重要前提，问卷设计的科学性、规范性和严谨性对于统计分析结果至关重要。在梳理核心变量、构念测量量表基础上，结合本书的研究情境和案例研究结论，对现有量表进行适当调整，并邀请本领域专家对量表的科学性进行探讨，对问卷题项的表述、题项设计逻辑等方面也积极征求实践者的意见与建议，并在此基础上设计与完善调查问卷。

第四，实证分析法。应用AMOS 23.0、SPSS 22.0等统计分析软件，对通过问卷收集的数据特征进行描述性统计分析和相关说明，并对本书的核心变量——信息搜寻、机会构建、国际成长绩效、风险承担以及制度复杂性进行验证性因子分析并评估其信度与效度。同时，采用结构方程模型对研究模型的核心变量之间的相关性、中介效应、调节效应等关系进行系统检验，并根据数据结果来检验本书提出的研究假设，为研究结论的提炼提供科学、可靠的分析基础。

本书主要按照“研究主题确定→理论回顾与文献梳理→模型构建与维度识别→研究假设发展→相关量表开发→小样本测试→统计分析→研究结论与展望”的脉络展开研究，其技术路线图如1.2所示。

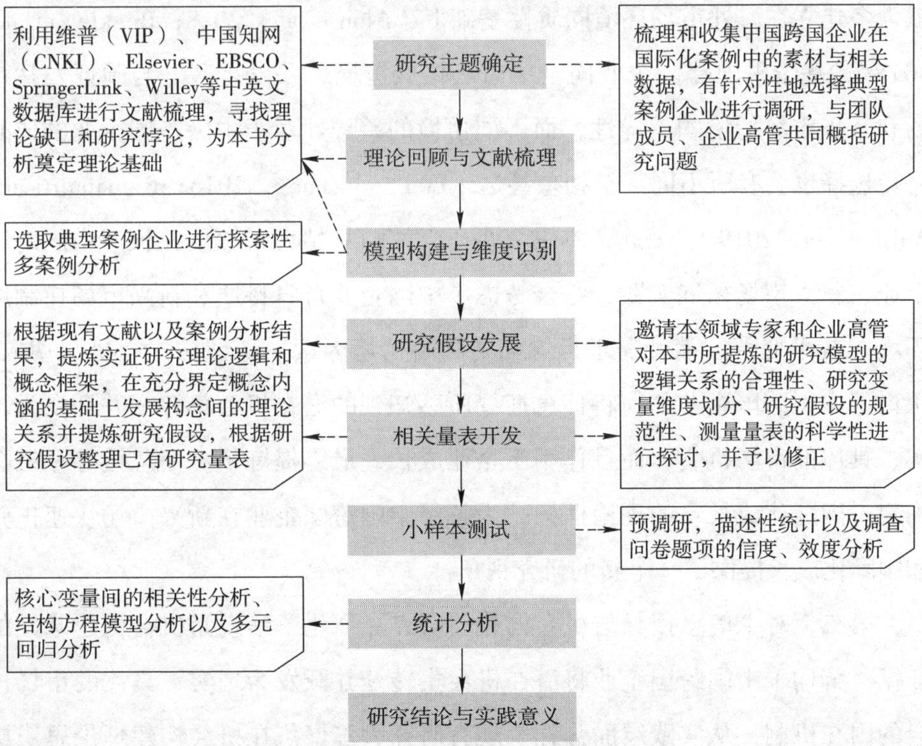

图1.2 本书的研究技术路线

第五节　研究的创新点

本书立足于新兴市场情境，聚焦中国跨国企业在其他新兴市场运营过程中在动机选择、决策方式与具体行动上所体现的独特特征，解释、追踪并整合国际商务、国际创业等相关理论与研究成果，提炼中国跨国企业在新兴市场实现快速成长的理论框架与研究范式，本书创新之处主要体现在以下几个方面。

第一，本书立足于新兴市场情境，基于市场寻求动机提炼了“信息搜寻—机会构建—国际化成长”的理论框架，揭示了中国跨国企业在新兴市场实现快速成长的内在机理，并深化了有关企业成长性的研究。现有文献从内生性成长、收购式成长以及网络化成长等角度的探讨（Peng et al.，2018；Tan et al.，2020），为理解中国跨国企业快速成长提供了有益见解，但这些文献大多建立在海外市场环境同质性基础上（Alon et al.，2018；Buckley et al.，2018），基于中国跨国企业向全球市场拓展情境，并没有区分与验证发达市场和新兴市场情境的差异性，而不同情境的差异性对于中国跨国企业的成长路径选择也会有所不同甚至相差甚远（Luo and Zhang，2016；Ramamurti and Williamson，2019）。因此，本书立足于新兴市场情境，深度扎根于中国跨国企业在新兴市场拓展实践，综合考虑了中国企业自身特质和新兴市场在制度环境、技术变革、消费需求等方面的独特情境因素，从“构建”机会切入，探讨了中国跨国企业如何将信息搜寻所感知到的潜在机会集转变并开发为现实、具体的市场机会，而且作用于企业成长，最终提炼了“信息搜寻—机会构建—国际化成长”的理论框架，为解释中国跨国企业在新兴市场快速扩张和国际化成长提供了一个新的研究视角。

第二，对于信息搜寻与机会构建的研究，强化了信息是机会构建基础的证据，解构了中国跨国企业将潜在机会集转变并开发为现实、具体的市场机会的内在机制，从实践层面弥补了现有研究大多聚焦在机会构建理论思辨层面或要素上的探讨的不足。一方面，关于信息是机会构建的基础与前提已经得到研究者的广泛认同（Baron and Ensley，2006；Grégoire et al.，2010），但本书基于探索性案例研究，进一步解释了不同维度信息搜寻与机会构建模式之间的内在逻辑与作用关系，一定程度上丰富并强化了信息与机会之间关系的探讨研究；另一方面，现有文献对机会构建的探讨主要从认知、行为以及"认知—行为"角度展开，研究焦点大多集中在机会构建的理论思辨层面或者要素上的探讨（Suddaby et al.，2014；Mainela et al.，2014；Oyson and Whittaker，2015；斯晓夫等，2016）。本书通过解构中国跨国企业在新兴市场拓展实践过程，基于过程观视角，打开了企业如何将信息搜寻所感知到的潜在机会集转变并开发为现实、具体的市场机会这一"黑箱"，将机会构建相关研究从理论思辨向实践层面迁移与深化。

第三，基于中国跨国企业特质与新兴市场独特情境考量，本书将过于笼统、抽象的研究情境具体量化到组织层面的风险承担和环境层面的制度复杂性，检验了不同情境因素对于信息搜寻、机会构建与国际成长绩效的影响，进一步解释了中国跨国企业在新兴市场实现快速成长的边界条件。对于中国跨国企业国际化情境的研究主要从组织与环境两个层面展开：从组织层面上讲，现有研究主要从对称性假设的外来者劣势、时序性假设的后发者劣势以及身份性假设的来源国劣势等方面提出了一些有益见解（Madhok and Keyhani，2012；Marano et al.，2017；杜晓君、蔡灵莎，2016；吴冰等，2018；魏江等，2020），但这些研究更多将其视为一种背景引入条件，而且很难实证测量（Amankwah-Amoah and Debrah，2017；Zhang et al.，2018）。此外，这些背景前提建立在中国企业向发达市场扩张或者与发达经济体跨国企业相比，对于中国跨国企业在新兴市场拓展情境是否适配仍未得到验证。从环境层面讲，已有研究也大多基于海外市场整体特征考量（Alon et al.，2018；Buckley et al.，2018），或者单独考虑发达市场情境（Banerjee et al.，2015），很少涉及对新兴市场独特情境特征的考量（Marano et al.，2017）。本书基于企业特质与新兴市场独特情境考量，认为中国跨国企业在新兴市场的拓展情境可以归纳为组织层面的风险承担和环境层面的制度复杂性，进一步增强了情境因素的可测性。与此同时，将情境因素的影响作用覆盖到整体的模型框架中，进一步框定了中国跨国企业在新兴市场实现快速成长的边界条件。

第二章
理论基础与文献综述

本章主要针对研究问题所涉及的文献和相关理论进行系统性回顾与述评，进一步明确后续研究遵循的理论方向和逻辑框架。具体而言：首先，梳理并分析国际商务经典理论与新兴理论对于中国跨国企业海外市场拓展的解释力度，界定并系统阐述新兴市场范围、情境特征以及在新兴市场的拓展动机。其次，围绕本书核心研究变量，对中国跨国企业的信息搜寻、机会构建与国际化成长的内涵、理论脉络以及影响因素等方面进行了有针对性的回顾。最后，归纳并总结了现有文献研究空白和不足之处，进一步修正研究问题，为后续研究开展提供理论指引。

第一节　中国跨国企业国际市场拓展的相关理论研究

本节对中国跨国企业国际市场拓展国际商务经典理论与新兴的企业国际化理论进行梳理与总结。在此基础上，立足于新兴市场这一研究情境，对新兴市场内涵与范围进行界定，阐释中国跨国企业特质与新兴市场情境特征，并进一步讨论中国跨国企业在新兴市场的市场寻求动机。

一、国际市场拓展理论基础及其对中国跨国企业的适配性解释

近年来，以中国为代表的新兴市场跨国企业的快速崛起吸引了国际商务、战略管理等相关领域研究学者的广泛关注（Luo and Tung，2007；Cuervo-

Cazurra，2012；Buckley et al.，2018；Ramamurti and Hillemann，2019；汪涛等，2018；谢洪明等，2019；魏江等，2020）。新兴市场跨国企业参与海外直接投资行为吸引了大量学者的争论，在这场被称为"Goldilocks Debate"的辩论中，一些学者坚持认为现有理论足以解释以中国为代表的新兴市场跨国企业在国际扩张中所表现出来的特殊性，不需要发展新的理论范式（Rugman and Li，2007；Buckley et al.，2018）。然而，更多学者指出建立在传统跨国企业基础之上的理论框架，并不能充分揭示以中国为代表的新兴市场跨国企业国际扩张行为的独特性，因此，亟须建立新的理论以解释其独特的成长模式（Luo and Tung，2017）。

与传统经典的垄断优势理论、生产折衷范式（OLI）以及国际化过程模型等经济学派和行为学派主张不同（Hymer，1960；Johanson and Vahine，1977；Dunning，1988），中国跨国企业并没有按照传统国际化理论所描述那样采用"由近及远，先易后难"模式，而是跳过其中一个或多个环节，以直接投资的形式进入欧美等发达市场（Zhou et al.，2014）或对新兴市场进行快速渗透（Kothari et al.，2013；Kotabe and Kothari，2016），以弥补企业在国际市场的后发劣势。基于新兴市场跨国企业自身特质与国际扩张所表现出来的特殊性，国内外学者提出了LLL分析框架理论、非对称性成长理论、跳板理论、制度理论等一系列理论框架来解释这种独特的国际化路径。

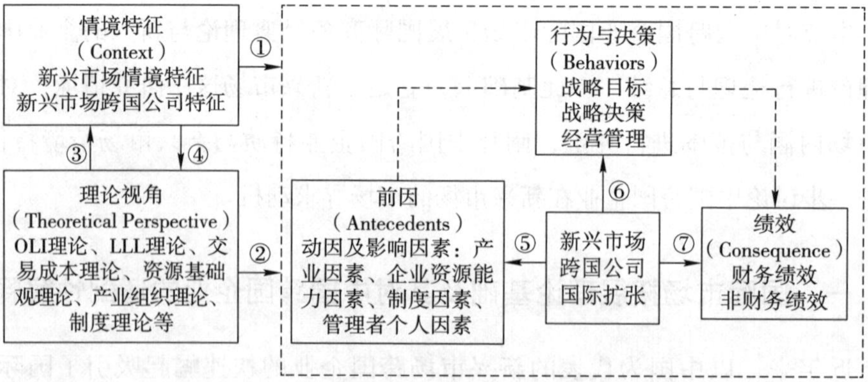

图2.1 新兴市场跨国公司国际扩张领域的知识框架

资料来源：吴小节等（2019）。

（一）基于资源观视角的LLL分析框架理论

在经济全球化的背景下，Mathews（2002）基于亚太地区一些跨国企业所表现出的快速国际化特征，提出这些“后发者”快速国际扩张是由资源链接（Linkage）、杠杆化应用（Leverage）和学习（Learning）这三者共同驱动的，即“LLL”分析框架。对于这些企业而言，它们关注的出发点不是企业具备哪些优势，而是关注是否可以从外部获取资源（Tan and Mathews，2015）。因此，首先新兴市场跨国企业通过链接，以合资、战略联盟等方式来获取海外关键资源或战略资产（Chandra and Yanto，2017；谢洪明等，2019）。其次，杠杆化主要涉及如何将资源利用效率最大化（Hamel and Prahalad，1993；Mathews，2017），其重点放在资源本身及杠杆潜力上。最后，学习强调重复应用链接和杠杆，并作为建立国际化企业的动态能力和全球影响力的重要手段。

事实上，包括中国跨国企业在内的所有跨国企业，不能因其在企业规模、地理范围等方面实现了国际扩张，就说该企业具备一定的OLI特定优势。然而，为了在特定市场和技术领域实现对传统跨国企业追赶，仅通过微观经济推理是不够的（Mathews，2017），而LLL分析框架则为后发企业提供了一个快速追赶的战略框架（Mathews，2002，2006a）。首先，OLI理论模型提供了一个固态资源结构（Dunning，1988），而LLL分析框架关键在于为后发企业提供了一个战略框架。其次，与OLI模型相比，LLL分析框架提供了一种追赶策略，由于后发企业国际化初衷在于缩小与先发企业之间的差距，但它们负担不起渐进式国际化，而是将重点放在“加速”国际化上，这与中国跨国企业加速国际化特征相匹配。最后，LLL分析框架利用并适应全球经济的互联特点，通过与现有参与者联系，利用它们的资源（技术、资产、地位等），并反复通过链接、杠杆以及学习三者的不断循环，形成并建立企业自身的国际地位。这也很好地解释了中国跨国企业在缺乏全球市场资源、品牌、专有技术等传统意义上的垄断优势下，也可以实现快速国际化这一现象。有关LLL分析框架与OLI理论模型之间具体差异如表2.1所示。

表 2.1 OLI 理论模型与 LLL 分析框架比较

比较标准	OLI	LLL
资源利用	专有资源	通过与外部企业联系获取资源
地理范围	区位是垂直整合的一部分	区位是国际网络的一部分
自制或外购	倾向于跨国经营	倾向于通过外部链接运营
学习	未涉及	通过重复链接和杠杆实现学习
国际化过程	未涉及跨国公司的国际影响力是假定的	加速国际化过程
组织形式	未涉及组织可以是跨国的	全球整合被视为后发者的优势
驱动模式	交易成本经济	捕获后发优势
时间框架	比较静态的视角	累积发展过程

资料来源：根据 Mathews（2006）整理。

（二）基于企业成长视角的非平衡理论

传统的企业国际化理论认为，跨国企业拥有特定优势资产，并且正是这些优势资产使得跨国企业具有一定竞争优势（Wernerfelt，1995）。从企业成长角度来看，企业在获取特定资产的过程中，总是不可避免地面临着优势与劣势这两个方面的不平衡。在这一观点启发下，Moon 和 Roehl（2001）构建了具有普适性的非平衡理论，用来解释跨国公司的国际扩张行为。非平衡理论认为，所有权劣势和优势同时存在于跨国企业中，且企业所拥有的所有权劣势与优势是不平衡的，也正是这种不平衡，促使跨国企业在海外市场进行直接投资（Moon and Roehl，2001；Buckley et al.，2018）。此外，非平衡理论还强调跨国企业海外市场投资动机不仅在于寻找互补资产，还在于提高特定固定资产生产率，进而增强现有优势或者通过提高生产率来创造新的竞争优势。

依据非平衡理论可以看出，具有所有权优势的企业倾向于依靠自身优势进行知识扩散，或者通过市场内部化来进行对外直接投资；处于所有权劣势的企业为了寻求新优势也会具有强烈的资产寻求动机或市场机会寻求动机（Luo and Tung，2007；Buckley et al.，2018）。这也恰好解释了中国跨国企业在缺乏所有权优势的情况下，为了寻找竞争优势，也会积极地寻求海外扩张。非平衡理论的重要意义在于启示跨国企业在国际化扩张中，不能单纯聚焦于自身优势，尤其是针对以中国为代表的新兴经济体跨国企业，更要考虑它们在资源匮乏前提下的国际化扩张行为（李珮璘，2011）。

（三）基于网络视角的Uppsala修订模型

鉴于网络关系在企业国际化中的重要地位，Johanson和Vahlne认为还需要进一步发展Uppsala模型，他们分别于2009年、2013年和2017年对原始乌普萨拉模型进行了修订（Johanson and Vahlne，2009；Vahlne and Johanson，2013，2017），具体修订内容如表2.2所示。其中，在2009年修订模型中，焦点的状态变量是机会识别和网络位置：第一，机会识别被认为是企业国际化最重要的元素。跨国企业识别机会能力不仅对于创业过程至关重要，而且对于企业进入海外市场和网络也是必不可少的。第二，网络位置是其修订模型的核心。该模型提出跨国企业要在网络中追求国际化，尤其是对于那些尚未在潜在东道国拥有自己运营网络的企业（Johanson and Vahlne，2009）。2013年，在第二次修订模型中，他们进一步强调了网络和网络协调发挥的重要作用。变化变量被定义为资源的重新配置和协调系统的重新设计，包括内部和外部的配置和协调系统。相应地，学习、创造机会和建立信任被概念化为组织间的过程（Vahlne and Johanson，2013）。2017年，他们继续围绕状态和变化变量进行调整，并将重点转向了后者，即承诺和知识积累（Vahlne and Johanson，2017）。

表2.2 乌普萨拉模型初始模型与三次修订模型对比

比较点	初始模型	第一次修订模型	第二次修订模型	第三次修订模型
提出/修订时间	1997年	2009年	2013年	2017年
状态变量	市场知识 市场承诺	机会识别 网络位置	动态能力 网络位置	能力 承诺/绩效
变化变量	承诺决策 当前活动	关系承诺决策组织内部流程（学习；创造；信任建立）	承诺决策 组织内部流程（学习；创造机会；建立信任）	承诺过程 知识发展过程

资料来源：本书作者整理。

事实上，越来越多的中国企业参与到国际市场竞争中，它们在不断识别和捕获海外市场机会中快速崛起，甚至成为“无人区”里的探索者（吴晓波等，2019）。Zahra（2005）认为，主张国际导向的中小企业寻求市场机会和经济回报，需要一个恰当的资源、信息和知识获取机制，而商业网络为其提供了必要的信息资源，更为重要的是网络能够拓展识别市场机会以及便利交换和市场交易（Holm et al.，2015）。此外，网络也能够有效减少企业国际化经营中的风险和不确定因素（Knight and Liesch，2016）。

（四）跳板理论研究框架

针对新兴市场跨国企业国际化特点，Luo和Tung（2007）提出了一个被称为“跳板视角”（Springboard Perspective）的新观点，他们认为在面对国内制度束缚和市场限制的情境下，新兴市场跨国企业将国际扩张作为跳板，获取与国内外跨国企业所需关键资源，并有效地与全球竞争对手竞争。跳板理论的前提是这些企业以国际扩张为跳板来实现的：第一，获取全球战略资源以补充企业资源或能力空缺；第二，克服外来者劣势；第三，在其他国家探索竞争优势和寻求市场机会；第四，规避母国制度束缚与市场限制，并绕过发达市场的贸易壁垒；第五，通过收购战略资产，增强母公司的竞争能力，使企业更好地参与全球市场竞争（Luo and Tung，2007）。跳板理论作为一种全球性的战略，以激进的战略资产和机会寻求，利用国外有利的制度来提升企业全球竞争力，并以相对较快的速度赶上成熟和强大的竞争对手（Luo and Tung，2017）。

跳板理论为以中国为代表的新兴市场跨国企业的独特性提供了一个全面的框架（见图2.2），揭示了新兴市场跨国企业的独特行为、动机和活动，通过整合内向国际化（经验、网络、吸收能力和活动）和外向国际化，探索以跨越式的轨迹来体现跳板行为。跳板理论认为这些“跳板”企业倾向于快速国际化，它与由Johanson和Vahlne（1977）所代表的渐进性国际化过程理论截然不同。它并不认为国际扩张过程必然遵循一系列渐进步骤，也不认为缺乏知识和经验是对外扩张的重大阻碍因素，它不以“企业需要通过逐渐增加的心理距离来进入和开发新市场”的假设为前提。同时，与生产折衷范式相反（Dunning，1988），跳板理论并不认为拥有专有技术和市场力量等常规所有权优势，是全球化的先决条件，它侧重于获取关键能力以补偿企业能力空缺。此外，跳板理论也意识到内部化的重要性，但主要强调将外部战略资源转回国内进行内部化，在“跳板”后的行动中，跳国企业将越来越多地从事内部化和协调，并利用它们的母公司为基地平台，以便整合其全球分散的活动。

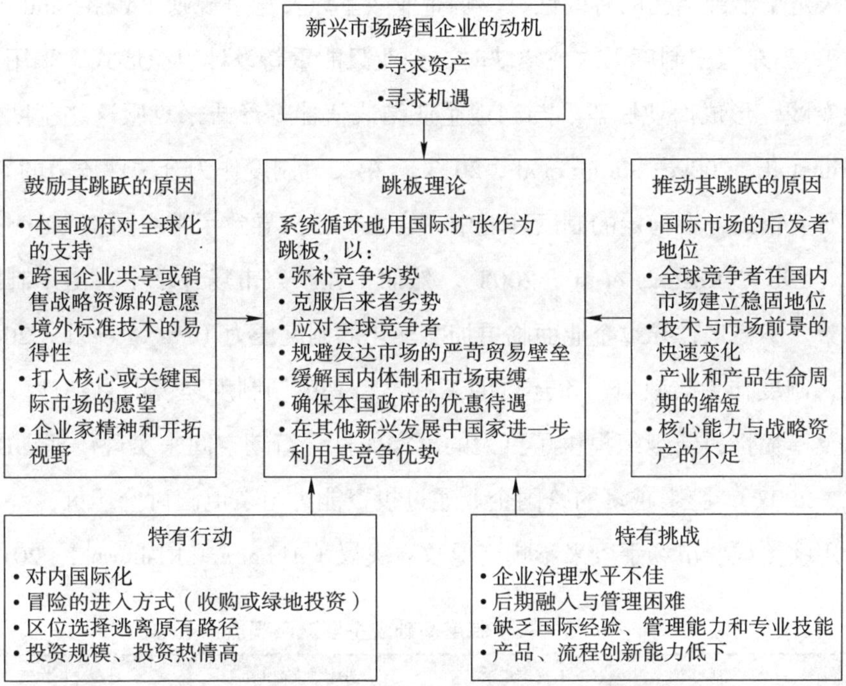

图2.2　新兴市场跨国企业的全球扩张：跳板理论

资料来源：Luo 和 Tung（2007）。

（五）制度理论研究框架

制度理论被视为战略三脚架的第三条腿，它与产业基础观和资源基础观一起揭示了企业为何做出特定战略选择（Hitt et al.，2004；Peng，2012），以及这些战略选择是否或如何导致竞争优势的（Meyer and Peng，2016）。制度理论相关研究认为，不论在母国还是在东道国，企业的战略选择都受到正式规则和非正式文化规范和价值观的根本影响（Scott，2014），尤其是处于大规模政治、经济等制度变革与转型的新兴经济体，因此，制度理论也被广泛用于解释以中国为代表的新兴市场跨国企业国际市场拓展研究（Meyer and Peng，2016；Estrin et al.，2018）。

通过文献梳理，制度理论对于中国跨国企业海外扩张的影响主要表现在三个方面，如表2.3所示。具体来讲：第一，制度作为激励机制。在制度经济学中，制度至少以4种不同的方式塑造企业行为，如制度所带来的不确定性、制度决定了治理结构的有效性、影响企业效率以及竞争规则（Meyer and Peng，2016）。当东道国制度无效或空缺时，企业只能重新设计组织形式，采用非正式的实践、形成商业联盟、与当地企业结成伙伴等形式来克服这些制度缺陷（Estrin et al.，2009c；Puffer et al.，2013）。第二，制度作为合法性压力的来源。现有研究指出，在稳定的制度环境中，合法性压力导致了组织同构（DiMaggio et al.，1983；Kostova et al.，2008）。然而，在新兴市场环境中，由于制度变迁频繁、不稳定，导致企业面临更加多样化的制度压力（Meyer et al.，2011）。第三，制度作为与政府讨价还价的工具。新兴市场制度环境的复杂性、冲突性以及模糊性，给组织提供了更大的可操作性和行动空间来实现代理（Dacin et al.，2002），越来越多的跨国企业通过投资能力与东道国讨价还价，并且擅长利用政治或非市场手段来影响当地政府决议（Akbar and Kisilowski，2015）。

表2.3　关于制度基础观主要流派观点

流派	制度概念	IB研究重点	制度影响机制	代表性学者
新制度经济学	制度作为激励机制来实现代理最大化	在特定的正式和非正式制度下调整组织模式	交易成本与市场效率 代理关系 不确定性 竞争	Estrin（2002）；Meyer等（2009）；Banalieva（2014）；Aguilera等（2015）；等等
社会学新制度理论	制度作为组织和个人的合法性压力	跨国企业采用组织惯例与形式以应对多国背景压力	制度变迁 监管、规范和认知压力相互作用 制度二元论	Peng（2003）；Clark、Geppert（2006）；Meyer、Thein（2014）；Stevens等（2015）；等等

续表

流派	制度概念	IB研究重点	制度影响机制	代表性学者
交易和资源依赖理论	制度作为跨国公司与政府谈判的工具	跨国企业通过东道国政府来影响行业监管	讨价还价 私有化谈判 非市场策略 政治能力 非政府组织激进主义	Holburn、Zelner（2010）；Wang等（2012a）；Li等（2013）；Jiang等（2015）；等等

资料来源：根据Meyer和Peng（2016）整理。

二、中国跨国企业在新兴市场拓展与市场寻求动机

（一）新兴市场内涵与范围界定

关于新兴市场（通常与新兴经济体互换使用）的界定出现了两种定义倾向：一种是采取积极列表的方法，Hoskisson等（2000）将新兴经济体定义为"以经济自由化为主要增长引擎的低收入、快速增长的国家集合"。在这份列表中大约有64个国家被视为新兴经济体国家，但这一定义并未说明为什么这些国家是新兴经济体国家，而另外100多个发展中国家却不能进入该名单（Hoskisson et al.，2000）。另一种是采取消极列表的方法，Cuervo-Cazurra和Ramamurti（2014）将新兴经济体定义为"除了国际货币基金组织（IMF）2000年划分为'发达经济体'的28个国家之外的所有国家"，这一定义将新兴经济体等同于发展中经济体，两者可以互换使用（Cuervo-Cazurra and Ramamurti，2014），从而避免了对Hoskisson等（2000）提出的"什么国家该进入表单，什么国家该退出表单"的相关质疑（Kostova and Hult，2016）。

越来越多的学者使用"新兴市场"一词，这些研究认为，新兴市场是指经济增长速度较快、产业结构已经发生转变、法律体系处于动荡期但具有良好市场前景的国家，如中国、印度、巴西、俄罗斯和墨西哥等国家。此外，还包括波兰、南非、智利、阿根廷和马来西亚等国家或地区（Luo and Tung，2007；Cuervo-Cazurra，2012）。然而，这些研究并没有给出新兴经济体国家列表（Wright et al.，2005；Meyer and Peng，2016；Luo and Tung，2017）。

出于研究目的，本书参考Cuervo-Cazurra和Ramamurti（2014）、Luo和Tung（2017）等的相关研究，将新兴经济体范围划分在亚洲、非洲、拉丁美洲以及中东欧地区，经济增速较快，市场前景较好的非发达经济体国家。

（二）新兴市场的情境特征

制度环境薄弱但市场潜力巨大的新兴市场成为跨国企业竞争的重点领域，而新兴市场情境的独特性也成为学者研究的焦点（Meyer and Peng，2016；Luo and Zhang，2016）。相比于发达市场，现有研究关于新兴市场情境的独特性主要表现在以下三个方面：

第一，政治、制度环境的不确定性、复杂性。新兴市场国家大多正处于社会经济转型期，政府更迭频繁、新旧二元制度体系变迁，进而导致社会、制度等方面发展的不均衡、不完善。一方面表现为制度缺陷或制度空白（Marano et al.，2017），如政治制度、法律法规以及市场机制缺失（Boisot and Meyer，2008）；另一方面表现为制度危害，如政府干预、腐败、法律模糊以及非公平竞争等（Ramachandran and Pant，2010；Meyer and Peng，2016；刘娟，2018）。Qian等（2013）指出，新兴市场法律体系相对薄弱，充斥着以关系网络为基础的非正式制度，大量的政府干预、人为操纵等行为导致市场偏离原来预定轨迹，进而影响企业海外市场拓展的效率与效果。

第二，竞争环境激烈、市场潜力巨大。由于大规模的政治、经济、制度等变革带动了本国经济的快速发展，市场需求的不断扩大吸引了各国企业争夺竞争，加上各国发展水平不同、市场需求偏好各异，进一步加剧了市场竞争环境的激烈程度（Cuervo-Cazurra，2012）。此外，受地缘政治影响，部分国家政局动荡，恐怖事件频发以及由此诱发的一系列连锁反应，进一步增加了跨国企业对市场环境的预测与控制难度（Zhu and Sardana，2020）。

第三，跨文化差异较大。由于新兴市场国家涉及了亚太、东欧、中东以及非洲等地区，地理的分散性使得各国之间的宗教信仰、传统习俗以及价值观等方面差异性很大，中国跨国企业在新兴市场实际运营过程中，常常遭受多元文化冲突的危害（Oehmichen and Puck，2016；Raveh et al.，2017）。

Oehmichen和Puck（2016）研究发现，由于新兴市场文化的多样性、差异性等原因，中国跨国企业必须通过文化嵌入，调整组织行为来适应东道国的文化信念和行为规则，进而使企业获取新兴市场的合法性和开发不同类型市场的机会。

（三）中国跨国企业在新兴市场的市场寻求动机

传统的对外直接投资（FDI）理论认为企业国际市场扩张主要有4个动机：追求新的市场机会、寻求自然资源、进行生产成本套利以及获得无形战略资产（Dunning，1993；Buckley，2007；Lattemann et al.，2012）。Moghaddam（2014）采用价值链理论分析框架把国际扩张动机重新划分为6类：①市场机会寻求；②自然资源寻求；③上下游知识寻求；④效率寻求；⑤全球价值整合寻求；⑥地缘政治影响寻求。Luo和Tung（2007）认为，新兴市场跨国企业积极进行跳板行为背后的动机大致可以分为战略资产寻求和市场机会寻求。其中，战略资产寻求是企业在对外直接投资过程中，通过获取东道国的研发技术、品牌资产、管理技能与知识等战略资产，并将这些获得的资产与企业所有权优势相结合，以便产生协同效应（Cui et al.，2014；Elia and Santangelo，2017）；市场机会寻求是指企业为了更好地满足当地市场需求、文化需求等而进行海外市场投资，以此来开发新市场或维持现有市场（Ellis，2011）的行为。

随着研究的不断深入，越来越多的学者开始关注新兴市场跨国企业在不同区域或国家扩张行为的特殊性（Kotabea and Kothari，2013，2016；Luo and Tung，2017）。Kotabea和Kothari（2016）基于中国和印度跨国企业的案例研究认为，新兴市场跨国企业的海外扩张一方面是在发达市场进行资产寻求，获取并吸收资源以建立自身优势；另一方面是在新兴市场进行机会寻求，进入传统跨国企业尚未开发的市场。Luo和Tung（2017）进一步指出，以中国为代表的新兴市场跨国企业遵循双重路径：投资于发达市场的多是战略资产寻求，涉及较多的跳板行动，而投资于其他新兴市场或发展中经济体，更多的是为了寻求市场机会，涉及较少的跳板行为（Luo and Tung，2007，2017；

Gubbi and Elango，2016）。在市场寻求过程中，新兴市场跨国企业主要考虑海外市场潜力大小、是否存在利基市场以及制度套利等因素。Ellis（2011）的研究表明，企业在进行国际化进入决策中，国际市场机遇是其考虑的主要因素并起积极作用。Child和Rodrigues（2005）认为，新兴市场企业积极进行国际机会寻求，在一定程度上可以弥补企业由于后来者身份而在国际市场遭遇的竞争劣势。

第二节　信息搜寻的相关理论研究

一、信息搜寻的内涵界定

信息是企业生存与发展的关键资源之一（Sleptsov and Anand，2008；Hsieh and Kelley，2016），有效地搜集和解读信息对于企业战略决策与机会构建至关重要（Makadok and Barney，2001；Shepherd et al.，2012；Bergh et al.，2018）。然而，在“VUCA”特征愈加凸显的新全球化时代，外部变化的速度快、非线性以及不可预知性（Cuervo-Cazurra，2012），使得有价值的市场信息隐蔽性更高（Ãkerman，2015），企业越来越难以获得支持决策的有效信息（沈涛等，2015）。因此，企业从哪些渠道搜寻、搜寻哪些类型信息，成为中国跨国企业发现或创造海外市场机会的关键所在。现有关于信息搜寻的研究主要集中在图书情报领域、创业领域，本书针对一些代表性观点进行了梳理与总结，如表2.4所示。

表2.4　信息搜寻的内涵界定

研究领域	定义视角	内涵界定	代表性学者
图书情报领域	信息建构	信息搜寻可以概念化为搜寻者基于“情境约束”的主观意义建构过程，是为解决问题而有意识地激活记忆里所储存的知识或者在周围环境中获得信息的过程	Engel等（1986）；Pan、Turner（2006）；等等

续表

研究领域	定义视角	内涵界定	代表性学者
图书情报领域	信息加工	信息搜寻是一种分阶段完成信息加工的过程，是个体为了达成某种目标而进行的有目的的搜寻活动，信息搜寻分为问题识别、问题定义、问题解决、方案陈述四个阶段	Wilson（2000）；Cole和Spink（2006）；等等
	信息检索	信息搜寻是用户在做出决策之前，主动从不同搜索引擎上进行信息来源收集和整合，并且协助其做出判断以降低不确定性	曹树金和胡崛（2002）；Mateja（2011）；等等
创业领域	决策角度	信息搜寻是指由于经济行为主体所掌握信息是有限的、不完全的，为了降低行为的不确定性而对市场环境相关信息进行收集和整理，以指导经济主体做出最优决策	Cooper等（1995）；Wright和Westhead（2009）；等等
	学习角度	将信息搜寻与组织学习相结合，认为信息搜寻可以诱发创业学习，其获取信息本质上就是创业者学习新知识的过程	Corbett（2007）；Eckhardt和Shane（2003）；等等
	机会角度	信息搜寻是企业通过收集和搜寻稀缺的、有限的供给信息或者需求信息，以达到识别与构建机会的目的	Cooper等（1995）；Angelika和Sara（2017）；等等
	网络角度	创业主体对信息的搜寻嵌入在其所在的关系之中，信息搜寻就是充分利用其社会关系并重新整理加工的过程	Patel和Fiet（2010）；Angelika和Sara（2017）；等等

资料来源：本书作者整理。

（一）图书情报研究领域的信息搜寻

信息搜寻最早源于Westley和Barrow（1959）发表的一篇关于新闻搜寻标准的研究论文。Wilson（2000）将“信息搜寻”定义为信息行为的子集，其目的在于探究人们发现和获取不同信息资源的方式（Wilson，2000）。Ingwersen和Jarvelin（2005）认为，信息搜寻是个体或者企业为了满足一定目标需求而进行有目的的信息查询活动，重点在于信息收集。随着认知科学的发展，个体认知在信息搜寻中的作用逐渐凸显（Savolainen，2015；柯青、王秀峰，2011；刘萍、叶方倩，2017），这些研究认为信息搜寻起源于个体对某种需要的认知，是为了满足这种需要而有意识地激活记忆里所储存的知识或者从周围环境中获得信息的过程（Hariri，2014；Kinley et al.，2014）。总之，图书情报研究领域的信息搜寻着眼于用户的信息查询与数据搜索，强调搜寻工具、设备以及方式的应用（Wilson，2006；Liu and Zou，2019）。

（二）创业研究领域的信息搜寻

在创业研究领域，信息被认为是新创企业最重要的资源，搜集和解读信息是创业者的重要任务之一。已有研究表明，信息是创业机会发现与识别的关键驱动要素（Autio et al.，2013；Eckhardt and Shane，2013）。Eckhardt和Shane（2003）认为创业活动的第一步就是信息的搜寻与处理，不同的搜集和解读信息能力可以使一些人识别到创业机会，而另一些人则不能（Eckhardt and Shane，2003；Patel and Fiet，2010）。有研究从有限理性角度出发，认为信息搜寻是企业在复杂多变的外部市场环境中，通过搜集和搜寻稀缺的、有限的供给信息或者需求信息，以便用于支撑复杂的决策过程（Cooper et al.，1995；Wright and Westhead，2009）。从管理角度看，信息搜寻往往和企业目标有关，甚至在某些情境下，信息搜寻等同于组织搜寻、知识搜寻（Laursen and Salter，2006；Nätti et al.，2014）。Corbett（2007）将信息搜寻与组织学习相结合，认为信息搜寻可以诱发组织学习，其信息获取本质上就是企业学习新知识的过程。也有研究从网络角度出发，认为企业主体信息的搜寻嵌入在商业网络关系之中，信息搜寻就是充分利用其社会关系并重新加工信息资源的过程（Patel and Fiet，2010；Angelika and Sara，2017）。

综上所述，不同于图书情报研究领域强调“信息搜寻”是着眼于用户信息查询与数据搜索，创业研究领域的信息搜寻强调搜寻工具、设备与方式的应用（Wilson，2006；Liu and Zou，2019）。创业研究领域的信息搜寻是由于企业或创业者由于信息不对称或者信息缺失，对企业内外部环境中的各类信息进行收集与加工处理的过程（Vaghely and Venkataraman，2010），其信息搜寻更加强调信息加工和处理方式（Angelika and Sara，2017）。

二、信息搜寻的模式划分与影响因素

（一）信息搜寻的模式

为了在复杂多变的市场环境中准确获取决策所需信息，采取有效的信息搜寻模式成为企业发现或创造海外市场机会的关键。现有关于信息搜寻模式划分主要基于搜寻动因、搜寻范围、信息加工方式以及整合模式划分。

1. 问题搜寻与冗余搜寻

企业进行信息搜寻的前提是要明确搜寻动因，即诱发信息搜寻行为的根源。根据产生信息搜寻需求的动因，搜寻行为可以分为问题搜寻和冗余搜寻（Desai，2010；徐向龙、张杨勋，2016）。其中，问题搜寻是企业为应对当前绩效表现不佳而进行的信息搜寻活动。管理者在进行企业绩效评价时，一旦发现战略绩效表现低于预期水平，就会启动搜寻活动，以求获得问题诊断与解决所需的必要信息（March，1991；熊伟等，2011）。与问题搜寻相对的概念是冗余搜寻，指组织利用冗余资源从事搜寻活动（Cyert and March，1963），冗余搜寻不是为了解决当下组织战略目标实现的问题，而是为了寻找企业未来发展方向，是基于"新机会"的信息搜寻活动（Sidhu et al.，2004）。主张冗余搜寻的学者认为，资源丰裕的企业更有可能广泛参与各种不同的跨界搜寻活动，但其搜寻目标往往不明确、不清晰，只有受到外界环境的刺激后才会被动搜寻，其搜寻过程具有机会导向主义。

2. 领先搜寻、追赶搜寻与平行搜寻

在信息完全对称的假设前提下，组织间的信息搜寻活动更多表现为平行搜寻，即彼此独立的企业为了解决某一特定问题而相互独立地进行搜寻行为（奉小斌，2016）。因此，企业之间也就不会出现由于搜寻时机的差异而产生先发优势的情况。然而，在"VUCA"特征愈加凸显的新全球化时代，企业面临的一般环境和竞争环境变得越来越难以预测与控制（Zhu and Sardana，2020），企业面临的信息"鸿沟"越来越大。在此情境下，搜寻时机选择显得尤为重要（Katila and Chen，2008）。已有研究表明，采取领先搜寻的跨国企业能够优先发现市场机会，使企业在市场竞争中占据先发优势（Vogel，2016）。

Katila和Chen（2008）基于搜寻时机，进一步提出领先搜寻、追赶搜寻和同步搜寻三种搜寻模式。其中，前两种搜寻模式为非平行搜寻，后一种为平行搜寻。搜寻时机的选择不仅体现了企业对外部市场环境和行业发展趋势的判断，更是企业领先于竞争对手优先识别有关市场、技术或者政策等方面机会的必要手段（Hawkins and Rezadade，2012）。

3. 算法式搜寻与启发式搜寻

现有研究基于信息搜寻与机会识别之间的关系，将信息搜寻分为基于认知主义的算法式搜寻和基于建构主义的启发式搜寻（Vaghely and Venkataraman，2010）。算法式搜寻主张通过链接各种信息的来源来促成新的机会发现和实现企业创新（Baron and Ensley，2006；Vaghely and Venkataraman，2010），它认为“信息”是明确的、可理解的以及正式的，可以一种规范的方式来塑造企业家对现实的理解，并塑造其网络逻辑；启发式搜寻主张通过搜集和分享信息的方式来创造新知识和构建机会（Vaghely et al.，2007；Hsieh et al.，2010），强调以诠释的方式来处理信息，并利用企业家从周围环境中捕捉到的信息来建构他们心目中的现实。此外，相关研究基于信息加工分析视角提出了一个以组织为分析层次的创业信息加工模型（见图2.3）。在该模型中，算法模式端的信息加工是一种“原型识别”过程，探索模式端的信息加工则侧重建构主义的试错过程（Vaghely and Venkataraman，2010；张玉利等，2020）。

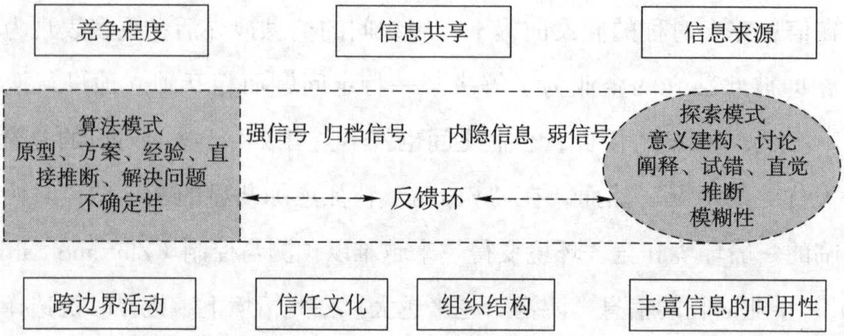

图2.3 基于信息的创业机会建构框架

资料来源：Vaghely和Venkataraman（2010）。

4. 基于整合视角的信息搜寻

基于现有文献大多从信息搜寻的某个单一视角出发，将信息搜寻过程分为不同部分，因此呈现出以一个方面代替信息搜寻整体特征的研究现状。徐向龙和张杨勋（2016）基于整合视角，将企业信息搜寻看成一个整体，在现有研究与实践基础上，厘清了现有关于企业信息搜寻动因、搜寻方式与信息来源之间的关系（Vaghely and Venkataraman，2010），并分析了企业搜寻策略选择逻辑与决策的主要影响因素，提炼出企业信息搜寻策略整体框架（见图2.4）。在徐向龙和张杨勋（2016）的研究中，他们认为企业的搜寻策略选择与其搜寻成本、搜寻难度、资源能力以及企业所在行业地位等有关。此外，研究还指出产业追随企业的信息搜寻更多适合开展线性次序搜寻，而产业领导企业的信息搜寻更多沿着非线性逻辑开展多元平衡搜寻。

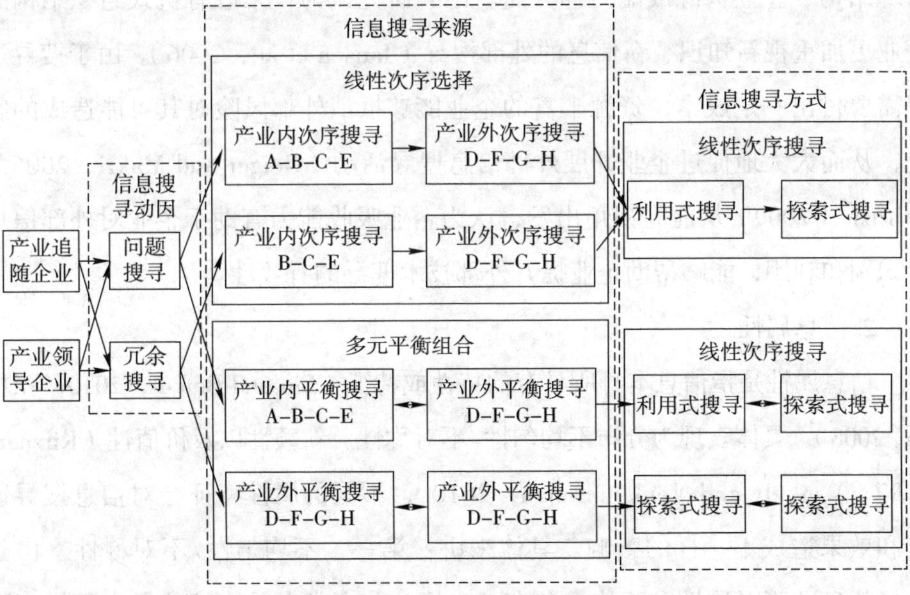

图2.4 企业信息搜寻策略模型

资料来源：徐向龙和张杨勋（2016）。

（二）信息搜寻的影响因素

对于信息搜寻影响因素的探讨，有助于理解企业为何采取某一特定搜寻方式或搜寻策略。通过对信息搜寻相关文献梳理与归纳，本书从信息搜寻主体、信息属性以及信息搜寻环境进行阐述，这三类因素也涵盖了信息搜寻行为主体、信息属性以及信息搜寻环境，具体如下：

1. 信息搜寻主体

信息搜寻主体主要涉及创业者或管理者个人层面和组织层面。第一，创业者或管理者个人层面。许多学者认为创业者或管理者的个人特征（例如，性格特征、经验、知识等）是影响其信息搜寻成败的重要因素（Wright and Westhead，2009；Patel and Fiet，2010；Shepherd et al.，2012；赵静杰等，2019）。Patel和Fiet（2010）认为，创业警觉性使创业者能够提高对外部环境变化信息的敏感性，能够优先洞察到其他竞争者没有发现的资源价值和市场机会（Ardichvili et al.，2003）。第二，组织层面。组织层面的因素主要涉及组织结构、企业资源或能力等方面。已有研究认为，采取有机式组织结构的企业更加重视新知识、新信息的外部搜寻（Jansen et al.，2006）。由于搜寻过程需要付出一定成本，资源丰富的企业能够抵消外部风险对其可能造成的影响，从而大大地促进企业开展外部信息搜寻活动（Geiger and Makri，2006）。Fabrizio（2009）从能力视角出发，认为企业吸收能力有助于企业对外部信息的识别和利用，能够帮助企业提升外部技术搜寻的有效性。

2. 信息属性

信息属性是指信息本身所具有的特性或特征（Liu and Belkin，2010；张星等，2008），具体表现为分布不均匀性/不对称性、新颖性以及价值性（Kirzner，1997；Vaghely and Venkataraman，2010），不同的属性特征会对信息搜寻速度和效果造成不一样的影响。具体来讲：第一，不均匀性/不对称性。由于市场信息的不对称性和不均匀分布，市场参与者掌握的市场信息也不尽相同（Kirzner，1997；刘萍、叶方倩，2017），企业掌握的市场信息越充分，对其决策就越有利（James and Fiet，1996；Ucbasaran et al.，2009）。第二，新颖性。Bonesso等（2011）针对新产品开发项目的研究结果表明，由于外部搜寻和技术获取能够帮助企业获得大量异质性、创新性的信息，进而促进企业内部发散性想法的产生和形成，因此，技术信息的新颖性与异质性会促进企业开展外部信息搜寻活动。外部环境中的信息越新颖，存续时间越短暂，企业的信息寻求动机也就越强烈（Wright and Westhead，2009）。第三，价值性。信息的价值性表现为隐蔽性、不易获得性。相关研究表明非正式渠道或者主观性的信息对于新创企业更有价值（Mosey and Wright，2007；张星等，2008），创业者不太倾向于使用客观来源的信息（如财务报表），更偏爱通过人际关系网络中获得主观性、非正规的信息（Mosey and Wright，2007）。

3. 信息搜寻环境

现有研究主要从宏观环境特征、市场环境特征以及行业特性3个方面探讨信息搜寻环境对企业信息搜寻的影响。第一，宏观环境特征。现有研究认为，国际市场环境的不确定性越高、外部环境变化速度越快，企业就越难以获得支持决策的有效信息（沈涛等，2015）。第二，市场环境特征。现有研究主要从市场竞争强度、激烈程度等方面探讨对企业信息搜寻的影响（Voss et al.，2011；Drechsler and Natter，2012）。已有研究认为，在高竞争强度的海外市场环境，跨国企业很难仅凭借现有产品和服务获取持续的竞争优势，为了加快产品创新、满足市场需求和客户偏好，企业会积极开展外部市场信息搜寻，进而为产品创新或者服务改进提供信息支撑（Voss et al.，2011）。第三，行业特性。行业特性的差异也会引发企业信息搜寻偏好（Grimpe and Sofka，2009；Van de Vrande，2013）。高科技行业的企业倾向于关注技术方面的信息变化，通过合作研发或者技术联盟等方式进行跨界搜索，以弥补由于技术信息缺乏、技术知识缺陷给企业带来的风险（Van de Vrande et al.，2002）；低技术行业的企业则更倾向于关注市场方面的信息，通过市场环境信息的变化，如客户需求偏好、认知差异等变化，来提高企业产品或服务的针对性（Salge et al.，2013）。

三、信息搜寻与机会之间的作用关系

现有研究认为，市场机会的形成正是源于信息不对称，同时信息又影响着市场机会的开发和利用（Shane and Venkataraman，2000；Ãkerman，2015；

Bergh et al., 2018)。通常情况下，创业或者市场机会都是不明确的、模糊的、广泛的(Oyson and Whittaker, 2010; Foss and Klein, 2012)，企业或者创业者必须收集与利用一切信息资源来推测潜在机会的价值，进而更好地帮助企业做出决策。现有研究主要从信息属性(例如信息数量、质量以及异质性)以及搜寻方式(例如搜寻频率、搜寻时间、对信息加工处理方式)探讨了信息搜寻与机会识别或构建之间的作用关系(Sleptsov and Anand, 2008; Gielnik et al., 2014; Hsieh and Kelley, 2016; 李雪灵等, 2009)。

第一，信息自身属性与机会之间的关系。已有研究认为，拥有更准确信息的企业能够更好地评估企业现有资源与所需资源之间的潜在匹配度，指导企业有效地创造和运用外部机会(Sleptsov and Anand, 2008)。与此同时，获取到准确、及时的信息能够降低企业的风险感知程度，从而提高企业识别更多机会的可能性(纪炀等, 2019)。但也有学者提出，尽管信息准确性会影响机会开发策略选择，但信息资源或知识异质性会带来不同机会开发策略选择，并最终影响机会开发效率(Ãkerman, 2015)。从信息数量来看，已有研究认为信息资源越丰富，创业者越能够识别到创业机会(李雪灵等, 2009)。进一步研究表明，信息数量与企业家有关，有经验的企业家信息搜寻数量要远低于新手企业家(Wright and Westhead, 2009; Gielnik et al., 2014)。此外，也有研究者从信息载体指出，企业经常参加专业论坛、研讨会，可以迅速扩大自身业务网络，尤其是在跨领域建立交叉联系，能够获取广泛而多样化的信息，帮助企业识别市场趋势和发现不平衡的迹象(Ozgen and Baron, 2007; Hsieh and Donna, 2016)。

第二，搜寻方式与机会之间的关系。现有研究主要从信息搜寻时机、搜寻范围以及信息处理模式等方面对机会识别与构建影响进行探讨(Suddaby et al., 2014; Hsieh and Kelley, 2016; 徐向龙、张杨勋, 2016)，尽管研究都承认信息是机会识别或构建的基础，但部分结论仍存在一定分歧(Ãkerman, 2015; 纪炀等, 2019)。在机会识别方面，有研究认为，系统地搜寻不仅能够识别到更多的机会，而且还可以产生比偶然发现更有价值的机会(Patel and

Fiet，2010）；但也有学者认为，机会并不是靠系统搜寻，而是通过创造性想象出来的（Suddaby et al.，2014）。进一步地，对于创新机会而言，Hsieh和Kelley（2016）认为，企业信息获取与搜寻行为有助于其更好地识别创新机会；但Gielnik等（2014）研究发现，信息收集得越多，则越可能抑制企业的创造性思维，并不会对机会创新产生显著影响。在机会利用效率方面，有研究认为企业外部信息搜寻和内部信息处理能力平衡时，有利于提高机会利用的效率，但也有研究表明，保持两者适当的不平衡更能够提高机会的利用效率（Sleptsov and Anand，2008）。

第三节 国际机会构建的相关理论研究

一、机会的起源与争论焦点

（一）机会的定义与演化

“机会”的引入为创业或者国际商务领域研究开辟了广阔的空间（Kirzner，1997；Shane and Venkataraman，2000；Mainela et al.，2015；Reuber et al.，2018），但关于机会的概念、性质以及衡量标准等方面仍有不同的观点（Short et al.，2010；Reuber et al.，2018）。现有研究关于机会的定义往往聚焦在机会性质本身和机会产生过程中（Eckhardt and Shane，2003；Ramoglou and Tsang，2016；蔡莉等，2018）。从机会本身来看，现有研究认为机会本质上是一种能够带来新价值创造的“手段—目的”关系（Eckhardt and Shane，2003），其中，目的是计划服务的市场或要满足的需求，表现为最终产品或服务；手段是指服务市场或满足需求的方式，表现为用于供给最终产品或服务的价值创造活动要素、流程和系统（Sarason et al.，2006）。此后，机会的定义多围绕手段、目的展开。主要定义包括：未明确的市场需求或未得到充分利用的资源或能力（Kirzner，1997）、提供更好差异化服务的可能性（Alvarez and Barney，2007），以及将市场需求转化为利润的倾向等（Ramoglou and Tsang，2016）。

随着实践发展与研究深入，相关学者对机会定义的关注重点从机会性质转向机会产生的过程（Sarasvathy et al.，2010；Short et al.，2010；Reuber et al.，2018）。Sarasvathy等（2010）提出，机会是“在没有现有市场的情况下创造未来商品和服务的一套思想、信念和行动”。Short等（2010）认为机会是由创业主体或企业主体发现或者创造的，并随时间逐渐显露出巨大潜在利润的可能性。为了更清晰展示“机会”定义及其演进，本书在Short等（2010）、Hansen等（2011）、Mainela等（2015）的研究基础上，进一步将机会的概念内涵、关键要素以及代表学者等进行梳理与归纳总结，如表2.5所示。

表2.5　机会的综合概念定义

定义	关键要点	代表性学者
机会是一种通过新产品引入市场就能够获利的可能性	①新的/新奇产品；②可能性/可行性；③内在价值/利润；④市场需求	Alsos、Kaikkonen（2004）；DeTienne、Chandler（2007）；Venkataraman等（2012）
机会是通过企业家设想或创造新的“手段—目的”框架的情境	①情境/外部环境条件；②认知连接/建立新的“手段—目的”框架；③资源	Eckhardt、Shane（2003）；Sarason等（2006）；Hansen等（2011）；Shane（2011）；等等
机会是已经开发为新业务的一个想法	①新业务形式；②商业想法；③发展进度	Ardichvili等（2003）；Dimov（2007）；Sandberg、Tsoukas（2011）；等等
机会是企业对实现利益的可行方法的认知	①可能性/可行性；②认知；③内部价值/利润	Casson、Wadeson（2007）；Ramoglou、Tsang（2016）；等等
机会是企业家创造解决方案或问题的能力	①市场需求；②解决问题；③创作过程/创造力	Chandler等（2003）；Smith等（2009）；Murphy（2011）；等等
机会是有可能为客户提供差异且更好的服务	①可能性/可行性；②市场价值	Alsos、Kaikkonen（2004）；Dimov（2007）；Hansen等（2011）

资料来源：本书作者整理。

（二）机会本源的争论焦点

对于机会的本源这一问题，现有研究一直存在“发现观”“创造观”或者“发现+创造”相融合等观点之争（Alvarez and Barney，2007；Sarasvathy et al.，

2010；Ramoglou and Tsang，2016；毕先萍等，2013；蔡莉等，2018）。这些争论究其根本在于底层认知论的差异（Suddaby et al.，2015）。具体来讲，“发现观”建立在经验主义认识论基础上（Shane and Venkataraman，2000；Ramoglou and Tsang，2016）。现有研究认为机会存在于客观环境中，并将机会的产生归因于市场、技术及制度变革等外部冲击造成已有市场或行业产品或要素市场竞争的不完善（Alvarez et al.，2013；Suddaby et al.，2015）。企业通过对信息的系统搜集、对市场变化的敏感反应以及对先前知识的运用，以此识别并发现这些机会（Kirzner，1997；Ardichvilia et al.，2003）。也有学者认为机会发现是一个认知过程，通过观察技术、市场、政府政策等方面的变化、事件和趋势以及相互关联，创业者能发现市场中的潜在机会（Baron，2006；Shane，2010）。

“创造观”建立在主观建构主义认识论之上（Wood and McKinley，2010；Ramoglou and Tsang，2016）。这一观点强调机会并不是从既定产业或市场中发现的，而是创业者或企业在对外部环境反复思考和理解的互动过程中创造出来的（Grégoire et al.，2010），并强调了人的主观感知与创造性的作用（Suddaby et al.，2015）。从这个角度看，创业机会存在于更广泛的社会或文化背景中，通过企业认知、释义和行动得以开发（Alvarez and Barney，2010）。已有研究表明，成功的机会创造是一种有目的、刻意的行动，创业者必须动员资源来改变或者创造市场需求，等待市场回应，然后调整信念并再次行动。张斌等（2018）基于生态系统思想，认为机会是机会之间、创业主体与机会之间、创业主体之间以及创业主体与环境之间反复互动而共同创造出来的。

随着研究的不断深入，一些学者放弃机会是“发现”还是“创造”的诡辩论，开始从现实主义认识论出发，将机会归结为“未实现的倾向”（Ramoglou and Tsang，2016）。此后，相关学者开始寻求新的视角来融合“发现”和“创造”观（Eckhardt and Ciuchta，2008；Ramoglou and Tsang，2016；彭秀青等，2016）。一些研究认为两者存在包含或者转化的关系（Eckhardt and Ciuchta，2008；彭秀青等，2016；蔡莉等，2018）。Eckhardt 和 Ciuchta（2008）认为机会创造是机会发现的一个特例，相反，Luksha（2008）则认为机会发现仅是机会创造的一个特例。Zahra（2008）、蔡莉等（2018）等则从两者相互转换的视角进行探讨，另外也有学者从两者互补性、是否共同发生等角度进行整合研究。例如，Sarasvathy（2001）区分了创业机会的因果逻辑和效果逻辑解释，并认为在不同的背景之下，分别存在发现或者创造占据主导地位的情形。Garud和Giuliani（2013）从“叙事视角”提出了类似论点，承认创造和发现是同时发生的，但在不同的社会和时间条件下具有不同程度的代理特征。为了更好地探究机会本源及其争论，本书在以前研究基础上，将机会的发现观、创造观以及融合观等主要观点进行梳理，如表2.6所示。

表2.6　机会本源相关观点比较

比较维度	发现观	创造观	融合观
认识论基础	经验主义	建构主义	现实主义
机会属性	机会独立于企业或创业主体，先前就存在	本身不存在，是企业或创业主体创造出来的	机会是未实现的倾向，存在于企业主体与市场环境关系之中
研究焦点	机会发现过程	机会认知—加工过程	主体与机会共同演化
创业主体特征	警觉性，在市场和行业中具有深入的观察和经验	创造性思维和想象力在机会创造过程中发挥主导作用	依赖其他主体与环境，在机会形成的过程中持续学习
基本观点	机会由行业或市场的外生力量促成，只有一部分企业或创业者能够发现并利用机会	机会由企业或创业者经过一系列有目的、有意识的行动，并通过改变环境而形成	在市场环境中，在众多要素共同参与下，经过一系列反复、互动过程而形成的机会
代表性学者	Kirzner（1997）；Casson、Wadeson（2007）；Suddaby等（2015）；杨静和王重鸣（2012）	Alvarez等（2014）；Dimov（2007a）；Wood、McKinley（2010）；秦剑（2011）；等等	Alvarez等（2015）；Overholm（2015）；毕先萍等（2013）；张斌等（2018）；等等

资料来源：本书作者整理。

二、国际机会的内涵界定与特征识别

（一）国际机会的概念界定

近年来，国际机会作为一个概念和研究对象，越来越多地受到国际商务（IB）、国际创业（IE）研究领域学者的广泛关注（Mainela et al.，2014；Oyson and Whittaker，2015；Reuber et al.，2018）。不同于创业研究认为机会是创业者发现或创造的一种新的“手段—目的”关系，强调新技术、新产品引入市场（Eckhardt and Shane，2003）。国际商务研究倾向于将机会描述为企业跨边界寻求利润的可能性，将机会视为进入新市场的可能性（Williams and Gregoire，2015；Reuber et al.，2018）。Hohenthal等（2003）将机会定义为在市场供需不平衡中所产生的差距。Williams和Gregoire（2015）认为国际机会是指企业能够弥补海外市场空白，重点考虑进入哪个市场、何时进入能够给企业带来预期的经济价值。有学者从交易的角度出发，将国际机会视为与新的合作伙伴签订协议的可能性（Ellis，2011；Muzychenko and Liesch，2015）。虽然目前学者对国际机会的认识并没有统一概念或者范式标准，理解仍存在一定的差异（Angelsberger et al.，2017；Autio，2017），但国际机会是企业跨地理边界寻求市场利润的可能性，能够在特定时间内给企业带来预期的经济价值已经成为理论界的共识（Agnieszka，2015；Reuber et al.，2018）。围绕市场进入的可能性，本书对现有关于国际机会的内涵进行了梳理与总结，如表2.7所示。

表2.7　国际机会相关概念界定

内涵界定	代表性学者
国际机会是指企业与外国市场新客户的交换协议、第一个国际业务以及获得国外市场准入的可能性	Ellis（2011）；Chandra等（2012）
国际机会是指国际市场供需不平衡所产生的差距，企业通过探索和开发来解决一些未曾预料到的问题	Hohenthal等（2003）；Clark等（2018）
国际机会是指企业能够弥补海外市场空白的可能，重点考虑进入哪个市场、何时进入等因素能够给企业带来预期的经济价值	Karra等（2008）；Cuervo（2011）；Williams、Gregoire（2015）；等等
国际机会是指在没有现有市场的情况下创造未来商品和服务的一套思想、信念和行动，是感知和行为相结合的产物	Vaghely、Venkataraman（2010）；Sarasvathy（2016）
国际机会定义为社会建构的市场知识，而这种知识可以以新的方式结合起来，并带来新的商机	Johanson、Vahlne（2006，2009）；等等

续表

内涵界定	代表性学者
国际机会是指企业跨越并整合来自多个国家的情境因素，通过企业行动与互动来转变经济活动的一种表现形式，这种行动涉及引入新的产品、服务，并将其转化为新的手段、目的或“手段—目的”关系	Mainela等（2014，2015）；Oyson、Whittaker（2015）；Reuber等（2018）

资料来源：本书作者整理。

此外，为了进一步区别国际机会和创业机会，本书从基本观点、研究层次、关注焦点、最终表现形式等方面对两者进行了归纳与总结，如表2.8所示。

表2.8　国际机会和创业机会比较

比较点	创业机会	国际机会
基本观点	创业机会是一种能够带来新价值创造的“手段—目的”关系。目的是计划满足的需求，表现为最终产品或服务；手段是指满足需求的方式，表现为供给最终产品或服务的价值创造活动要素、流程和系统	国际机会是发现或者创造一种情境，即企业跨越并嵌入多个市场情境，通过自身行动或与不同利益主体之间进行交互，能够给企业带来预期利润的一种经济活动
研究层次	个体层面	组织层面
关注焦点	产品—市场的匹配	新的地理市场准入
创新程度	高	不确定
特征识别	可行性、价值性以及时间依赖性	
构建目的	创造价值或价值增长	
是否跨界	不跨界	跨界
最终表现形式	新产品、新技术以及新组织成立	国际市场准入及扩大
代表性学者	Kirzner（1997）；Shane、Venkataraman（2000）；Sarason等（2006）；Overholm（2015）；Alvarez等（2013，2015）；斯晓夫等（2016）；蔡莉等（2018）	Ellis（2011）；Santangelo、Meyer（2011）；Oyson、Whittaker（2015）；Mainela等（2015）；Reuber等（2018）；谢瑜等（2017）；史轩亚等（2019）

资料来源：本书作者整理。

（二）国际机会的特征识别

尽管现有研究对国际机会的概念内涵等还未形成较为统一的观点，但机会所体现出来的价值性、可行性以及时间依赖性等特征得到了学者的广泛认同。具体来讲：

第一，价值性。机会最直观的价值表现为其预期利润大于其他替代方案的成本（Kirzner，1997）。一方面，机会的识别、评价以及开发过程都是企业根据自己特定能力的主观行为，企业所拥有信息以及处理能力不同，导致有些企业能够优先识别到机会并采取行动，进而实现了机会价值（Zahra，2005；Venkataraman et al.，2012）。另一方面，机会价值依赖不平衡的供求关系以及创新程度（Brouthers et al.，2014；Agnieszka，2015）。企业向市场提供的产品新颖性越高、创新性越强，这些产品在市场中的价格也就高于其他同类产品，因而获得的经济价值也可能更高（Brouthers et al.，2014）。

第二，可行性。可行性是指企业实现机会价值的可能性和把握度，即对成功开发机会获得收益的可能性（Shane and Venkataraman，2000）。机会是企业基于主观判断并对未来获益的一种倾向（Ramoglou and Tsang，2016）。以往研究指出，创新可以给机会带来更高的新颖性与价值性，但创新程度的增高也可能导致社会接受程度的降低，进而影响机会获利的可行性（Shane，2012；鲁喜凤，2017）。Suddaby等（2014）指出，创业者不仅需要创造性想象，同时还需要社会化技能，促使市场与社会接受产品（Suddaby et al.，2014；斯晓夫等，2016）。

第三，时间依赖性。由于市场需求处于一种不平衡状态，具有相对信息优势的创业者或者企业优先捕捉到机会，并迅速采取行动，就能获取收益（Acedo and Jones，2007；Short et al.，2010；Reinecke and Ansari，2015），但随着时间的变化，这些先行者向客户提供的产品或者服务所获得的收益会越来越低（Reinecke and Ansari，2015）。这主要是由于随着机会不断开发，与之相关的信息也分散到竞争者、供应商以及其他市场参与者，由于起初机会开发所产生的高额利润通常会吸引他们进入，但随着市场参与者的增加，机会所产生的价值就会越来越少（Jennings et al.，2015）。

三、国际机会构建过程与影响因素

（一）国际机会构建过程研究

由于国际机会并没有一个统一范式或者标准评定，其通常以相对抽象和非特定的范式呈现（Angelsberger et al.，2017），加上其跨地理、制度以及文化边界，导致构建过程更为复杂。Mainela等（2014，2015）认为国际机会构建是发现或者创造了一种情境，即企业跨越并整合来自多个国家情境因素，通过企业主导行动来引入新产品、服务及组织方式等，最终改变经济活动的一种表现形式，而这种改变经济活动体现在对潜在市场机会的开发或创造一种新的市场需求（Mainela et al.，2014；Oyson and Whittaker，2015）。在相关研究基础上，本书主要从认知、行为以及“认知—行为”整合视角对机会构建过程进行梳理与总结，具体如下：

第一，认知视角。持认知视角的学者遵循建构主义本体论。这种观点承认环境中的某些客观条件的变化（例如，技术进步、政治或法规环境以及人口变化），为机会出现做出了贡献。但这种观点认为机会最终不是由外部环境决定的，而是通过企业家创造性思维、社交技巧以及内生性的方式构建出来的（Alvarez and Barney，2007；Suddaby et al.，2014；斯晓夫等，2016）。因此，“反思/反身性”认知成为机会构建的核心结构（Suddaby et al.，2014；斯晓夫等，2016）。“反思/反身性”强调企业家主观的感知环境并在内心世界进行相应的解释，迭代地思考如何打破环境束缚、如何将客户潜在消费需求的不确定性降低等以及在千百万个方案中经过反复循环思考和评估选择其中一条（Autio et al.，2013；斯晓夫等，2016），如图2.5所示。此外，由于构建而生成的商品或者服务的超前性，极有可能需要客户、市场以及政府等相关利益主体的认可（Renko et al.，2012；Singh et al.，2015）。

第二，行为视角。持这一观点的学者认为，机会构建是一个对话过程，需要让其参与主体共同开发，通过企业家行为和互动来改变经济活动（Fletcher，2007；Mainela et al.，2014）。这表明行动、互动和转变是机会构建行为的基础（Venkataraman et al.，2012；Mainela et al.，2014，2015）。Venkataraman等（2012）研究，强调了机会构建是企业内部元素与外部环境因素相互作用的结果，并提出了构建机会的三个关键核心推论：创造或发现国际机会、采取行动和交互嵌入来构建机会以及为机会而采取一种超越整合方式的变革（Venkataraman et al.，2012）。在此基础上，Mainela等（2015）认为机会构建是企业一种跨边界整合活动，将拓展学习作为跨边界行动的核心行为，并通过提出三种特殊边界线来解释国际机会的跨境活动（Mainela et al.，2015），如表2.9所示。

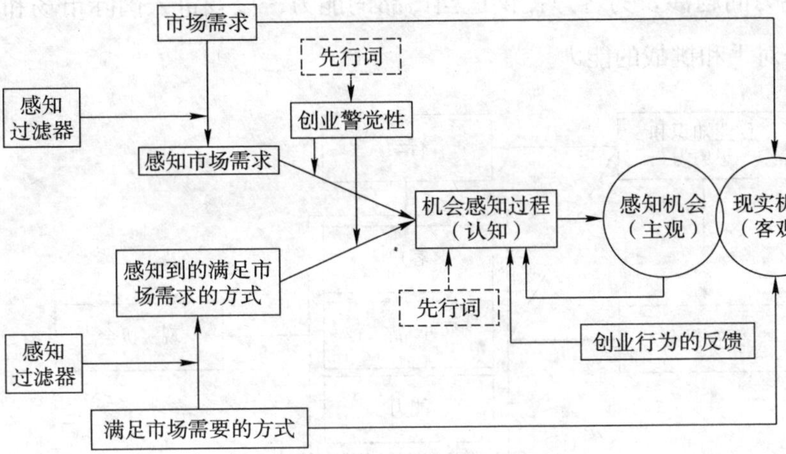

图2.5　现实和感知机会综合模型

资料来源：Renko等（2012）。

表2.9　国际机会（IO）构建的跨边界行动

IO构建过程	核心推论	边界拓展学习行为	结果
机会概念化	创造或发现IO	质疑现存和形成新目标	创造新的价值的IO出现
机会客体化	为IO交互嵌入行动	产生新的工具	在手段制定过程中开发IO
机会实施	IO发生变革	拓展新事物以取得更大成就	IO呈现不可预测的表现形式

资料来源：根据Mainela等（2015）整理。

第三，“认知—行为”视角。持这一观点的学者认为，国际机会发现可能是一个自发的和无意识的认知过程，而机会构建是企业创造性地将潜在的机会转变为现实机会，是一个有目的、深思熟虑的互动过程，涉及企业认知和具体行动（Zahra，2008；Alvarez et al.，2010；Oyson and Whittaker，2015）。Oyson和Whittaker（2015）认为，由于感知到的国际机会通常是广泛的、模糊的，它们只是代表潜在机会集，为了使这些机会可以被开发并成为进入国际市场的基础，必须通过企业家认知和行动转变并开发为现实、具体的市场机会，这一过程涉及客户、产品以及能力三大要素（Oyson and Whittaker，2015），如图2.6所示。其中，客户问题涉及是否确实存在感兴趣的客户、客户的需求以及如何联系客户；产品问题涉及定价、保修、定制、营销以及分销等；能力问题涉及为客户提供适当产品的能力，以及进入国际市场和应对潜在竞争对手和挑战的能力。

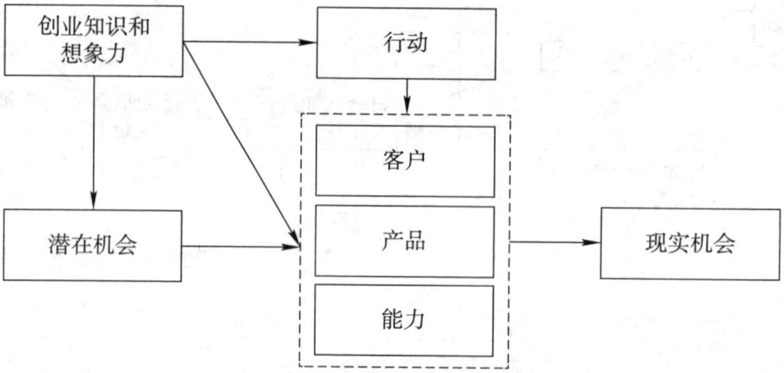

图2.6　机会构建过程

资料来源：Oyson、Whittaker（2015）。

（二）国际机会构建影响因素

现有关于国际市场机会构建的影响因素主要聚焦于以下三个方面：第一，认知层面。有关学者认为信息和处理信息的认知能力都是机会构建所必需的（Clark et al.，2018）。由于处理信息的方式不同，如认知图式、认知机制、认知结构等方面的差异，因此影响企业机会构建过程（Kontinen and Ojala，2011）。Gielnik等（2012）认为商业创意的产生是机会识别的初始阶段，而警觉性认知则是机会存在时能识别机会的一种独特能力，并影响未来机会发展（张红、葛宝山，2014）。第二，资源/能力层面。相关学者认为企业的持续竞争优势是由企业独特的、有价值的、难以模仿的资源所决定的。机会构建是资源和绩效之间连接的一个重要因素（Wood and Mckinley，2010；Tocher et al.，2015；谢瑜等，2017；尹剑峰、叶广宇，2020），而这种资源主要体现为社会资本、人力资本。已有研究认为，组织或个体的社会联系或先验知识决定了一些企业能发现其他企业发现不了的机会（Ardichvili et al.，2003；Bhagavatula et al.，2010），即使面对同样一类技术变革，异质的先验知识使得组织或个人识别并创造的机会也不相同（Eckhardt and Shane，2013）。第三，社会网络层面。学者们主要关注网络规模、网络强度、正式与非正式关系、社会关系强与弱等对机会构建的影响（Webb et al.，2010；王晗等，2016；黄胜等，2018）。社会网络中新建立的正式关系要比已经存在的非正式关系和家庭关系对机会构建有更大的促进作用（Kontinen and Ojala，2011；Angelsberger et al.，2017）。Mainela等（2014）认为跨国企业多采取"互动"行为，通过与国际合作伙伴、客户—供应商、政府组织及非政府组织之间的互动，进而建立各种网络关系，以实现价值共创，实现国际机会的识别与捕获（Mainela et al.，2014）。

第四节　企业成长性的相关理论研究

一、企业成长性研究的理论脉络

"成长性"这一概念源于生物学，后被引入到管理学领域，它描述了企业由低阶向高阶不断跃迁的过程（Zhang and Ozer，2015）。随着外部环境的动态变化与企业内部要素的不断更迭，企业成长过程变得越来越复杂与不确定，进而导致企业成长理论也呈现多样性（Peng et al.，2018；林岩、赵驰，2010）。结合现有研究，本书将企业成长性研究脉络从经济学派和战略学派两个层面进行梳理，同时，还针对一些代表性观点进行了梳理与总结，如表2.10所示。

表2.10 企业成长性研究的理论脉络

理论流派	研究领域	主要观点	代表性学者
经济学派	古典经济学	分工和专业化是推动企业成长的根本动力，但未考虑外部环境因素对企业成长的影响	Smith（1776）等
	新古典经济学	坚持量化分析原则，认为规模经济与范围经济是影响企业成长的主要因素	Bhaumik（2015）；Posner（1961）；等等
	新制度经济学	以交易费用为核心，当外部交易费用大于企业内部组织成本时，企业规模就会扩大，进而实现企业成长	Buckley、Casson（1976）等
	演化经济学	企业成长是遗传、变异和选择性三种进化核心机制的实现，而资源的差异性成为企业成长演化关注的重点	Nelson、Winter（1975）；MacKay、Chia（2013）；等等
战略学派	资源基础观	企业资源成为企业成长的关键，尤其是价值性、稀缺性、不可模仿性以及无法替代性是企业获取竞争优势的关键	Penrose（1959）；Wernerfelt（1984）；Barney（2001）；等等
	知识基础观	企业通过学习获得异质性的知识能够在激烈的市场竞争中获取竞争优势，能够实现企业快速成长	Awate等（2015）；叶江峰等（2020）
	核心能力观	协调不同技能和整合技术等能力是企业竞争力来源，但能力形成刚性则阻碍企业成长	Prahalad、Hamel（1990）等
	动态能力观	企业对自身能力不断变革，才能够持续获得竞争优势，进而实现企业成长	Teece（1997）；Zollo、Winter（2002）；等等
	复合能力观	按照战略需要对不同来源、层次、结构以及内容的资源进行有机融合，以组合优势战胜单一垄断优势	Luo、Child（2015）；陆亚东、孙金云（2013）；等等

资料来源：本书作者整理。

（一）基于经济学派的企业成长理论脉络

基于经济学派的成长理论代表有新古典经济学、新制度经济学以及演化经济学。具体来讲：第一，新古典经济学对企业成长性的论述。新古典经济学持量化分析原则，基于“结构—行为—绩效”研究范式，深入分析企业成长行为。现有研究认为规模经济与范围经济是推动跨国企业成长的根本动力（Bhaumik et al.，2015），随着企业在海外市场的不断扩大，企业会随时调整自身产量大小，使其尽可能达到最优规模，进而实现利润最大化。第二，新制度经济学对企业成长性的论述。交易费用分析成为这一学派分析企业成长的主要范式。当外部交易费用大于企业内部组织成本时，企业规模就会扩大，进而实现企业成长。为了解决资产专用性带来的机会主义问题，企业会采取前向一体化或者后向一体化的方式将原本属于市场交易的某些环节纳入企业内部完成，通过横向与纵向边界扩张来实现企业快速成长。第三，演化经济学对企业成长性的论述。这一学派认为企业成长是不断重复地进行遗传、变异和选择的过程（Nelson and Winter, 1975; MacKay and Chia，2013）。O'Reilly和Tushman（2013）认为，企业通过有选择地学习、有意识地变革能够进化机能，从而有助于企业实现适应性成长。

（二）基于战略学派的企业成长理论脉络

20世纪80年代，波特提出竞争战略对企业成长产生了重要影响。然而，这一学派过分强调了企业外部因素而忽略了企业内部因素对其成长性的作用。随着实践的发展，战略学派逐渐将焦点转移到企业内部要素（Peng et al.，2018）。代表性理论主要有资源观与能力观（Barney，2001；Teece，2014；Awate et al.，2015）。具体来讲：第一，资源观。这一学派研究认为，企业内部稀缺性资源能够给企业带来竞争优势（Barney, 2001）。例如，Barney（2001）提出资源的有价值性、稀缺性、不可模仿性以及无法替代性是企业获取竞争优势的关键。此外，随着知识经济的到来，相关学者把“知识”作为企业的一种特殊资源，企业通过学习获得异质性的知识使其在激烈的市场竞争中获取竞争优势（Awate et al.，2015）。第二，能力观。Prahalad和Hamel（1990）引入“核心能力观”这一概念，认为决定企业成长的关键在于企业核心能力。但也有学者指出，当核心能力呈刚性时，就会阻碍企业变革、束缚企业成长与发展。因此，Teece等（1997）提出了“动态能力观”，并将其定义为“整合、建立及重构企业内部和外部能力以适应快速变化的环境的能力，是‘改变能力的能力’”（Teece，2014）。动态能力观的核心在于企业只有对自身能力不断变革，才能获取持续的竞争优势（Eisenhardt and Martin，2000；Teece，2014）。

近年来，随着全球市场环境不确定性与动荡性不断加剧，越来越多的学者开始意识到企业成长不仅仅是由某一个或者某几个因素所决定的，而是受到内外部多重因素的影响（Luo and Child, 2015；陆亚东、孙金云, 2013）。“复合基础观”的思想最早由Luo 2012年在剑桥大学Judge商学院的一次演讲中系统提出，他认为企业通过对其内、外部资源竞争属性（如质量、价格、速度、服务等）进行有机复合，就能够创造性地为客户提供价值增值，并在产品和服务上形成复合优势（Luo and Child，2015；Luo and Bu，2017）。相比于传统的“核心能力—竞争优势—组织绩效”战略范式，复合基础观更强调对企业现有的内、外部资源甚至普通资源进行创造性整合与运用（Luo and Child, 2015; Luo and Bu, 2017），其揭示的是一种开放式资源整合逻辑，“复合基础观”为那些只拥有普通资源或者资源匮乏的企业提供了一条快速成长的路径。

二、成长绩效的内涵界定与维度划分

（一）成长绩效的内涵界定

由于“外来者”和“后发者”身份，中国跨国企业在海外市场拓展面临着众多不利条件，如果缺乏后续成长，企业就随时面临被淘汰的危险（Freeman et al.，2006）。因此，中国跨国企业必须具备一定的成长条件和速度才能够获得在海外市场继续生存与成长的机会（Hagen and Zucchella，2014；陈闯等，2009）。相较于企业绩效（多指财务绩效）而言，成长绩效更能体现中国跨国企业海外市场的扩张性和动态性特征（Koryak et al.，2015）。一方面，企业成长绩效的衡量不仅仅以提高经济效益和追求利润为标志，其更加侧重企业盈利能力的增长和国际市场份额占比或增速提高，更多体现出扩张性（Koryak et al.，2015）；另一方面，相比于财务绩效（如利润率、销售额），企业成长绩效并不是某个时间点的静止状态，而是一个相对动态的评价指标（Bianchi et al.，2017）。关注其成长或增长，在一定程度上也可以支持企业有效应对外部环境不确定性，增强企业的韧性与耐性（马浩，2020）。

关于企业成长绩效这一概念内涵界定，现有研究大多认为成长绩效侧重企业发展能力和增长潜力，既包括盈利能力的增长，也涵盖组织规模、业务边界的扩张（Casanova and Miroux，2016；Buckley et al.，2018）。Mishina（2004）认为，企业成长绩效是组织能力的提升与市场范围的扩大，是企业在动态环境下生存能力不断提升的表现。Mateev 和 Anastasov（2010）则进一步阐明企业成长绩效是对资源获取和利用的结果，最终表现为企业规模增长、市场范围扩大、业务边界拓展以及营收水平的提高（Mateev and Anastasov，2010；郭海等，2018）。此外，也有学者认为，除了企业规模扩大等量化指标之外，企业成长绩效更多体现在运营情况以及经营效益上持续改进，如企业外在形象提升、企业对市场的反应速度与能力的改进等方面（Luo and Bu，2017；Bai et al.，2020）。

（二）成长绩效的衡量标准

有关企业成长绩效的早期研究中，相关学者倾向于将成长绩效视为简单、单一维度的构念并进行测量（Chandler and Hanks，1993）。随着对企业成长复杂性的认知不断深化，其衡量的多维度指标也逐渐得到理论界的共识（Protcko and Dornberger，2014；贺小刚、李新春，2005）。从现有研究来看，学者们将企业成长绩效维度划分为单一指标体系与复合指标体系；涉及如何测量问题时，现有研究主要基于主观测量、客观测量以及主客观混合测量等方法对成长绩效进行测量（Protcko and Dornberger，2014；Asemokha et al.，2019）。具体划分指标与测量方法如下：

第一，单一的指标体系。单一的指标体系主要是基于行业特点与研究焦点，选择一个可量化的指标来衡量。现有研究方法主要采用销售额、增长率、每股盈余或净资产收益率等指标来衡量（Chandler and Hanks，1993；李练军、曹小霞，2016）。例如，李练军和曹小霞（2016）将每股盈余增长率作为上市企业成长绩效的量化指标。然而，随着企业成长复杂性不断加剧，收入类、利润类等单一的指标无法全面衡量企业的成长性，且绝对指标与相对指标均具有一定的局限性，因此，越来越多的学者在衡量成长绩效时采用复合指标体系（Asemokha et al.，2019）。

第二，复合的指标体系。随着企业成长复杂性不断加剧，越来越多的学者选择多个指标来衡量企业成长绩效（Jantunen et al.，2008；Baum et al.，2012；贺小刚、李新春，2005）。Jantunen 等（2008）指出，天生国际化企业的成长性绩效可以采用年营业额、国际市场占有率、利润率、打开新的市场个数以及市场满意度等指标综合测量。在维度划分上，相关学者也将上述指标划分为二维、三维等衡量。张玉利（2004）从“量”“质”两个维度来测量企业成长。其中，量的成长表现为经营资源的增加，质的成长表现为企业的变革与创新。郭海等（2018）从企业成长逻辑出发，将成长绩效划分为产品创新和市场扩张。其中，产品创新关注技术演化路径，强调成长质量，市场扩张关注市场增长幅度，强调成长速度。此外，也有学者根据研究对象不同，将成长绩效分为竞争绩效和潜力绩效（马淑文，2011）。

由于部分企业存在财务不公开、高管不愿透露财务运营指标等现象，造成客观数据难以获得，进而导致财务这类关键的客观指标无法进行衡量（Asemokha et al.，2019）。因此，在复合指标体系中，越来越多的学者加入主观评定因素，如采用竞争能力、适应发展能力等潜力指标进行混合测量方法（Bianchi et al.，2017）。Protcko 和 Dornberger（2014）研究指出，成长绩效是一个动态变化的过程，可以通过主观指标和客观评价指标综合测量。其中，主观评估主要涉及企业对其国际运营状况评价、未来预期判断以及相较于竞争对手的国际化表现等；客观衡量标准大多涉及财务标准，如投资回报率、股本回报率、利润率、销售额或来自国际商业活动的其他指标（Protcko and Dornberger，2014）。

三、中国跨国企业实现国际化成长的战略选择与影响因素

（一）中国跨国企业实现国际化成长的战略选择

结合 Penrose（1959）、Wright 等（2005）、McKelvie 和 Wiklund（2010）、Peng 等（2012）的研究，Peng 等（2018）进一步梳理了新兴市场跨国企业实现快速成长的三条路径以及独特表现，并扩充了以往研究范围，涵盖了现存

企业（包括集团公司、国有企业和民营公司）、新创企业以及新兴跨国企业这三种组织形式（Peng et al.，2018），尤其是重点探讨了新兴市场跨国企业成长的特殊性。Peng等（2018）认为，新兴市场企业可以通过内生性、收购式以及网络化战略来实现其快速成长，并且每一种战略选择都由一种主要的组织模式和一系列先决条件所支撑。具体而言，如图2.7所示。

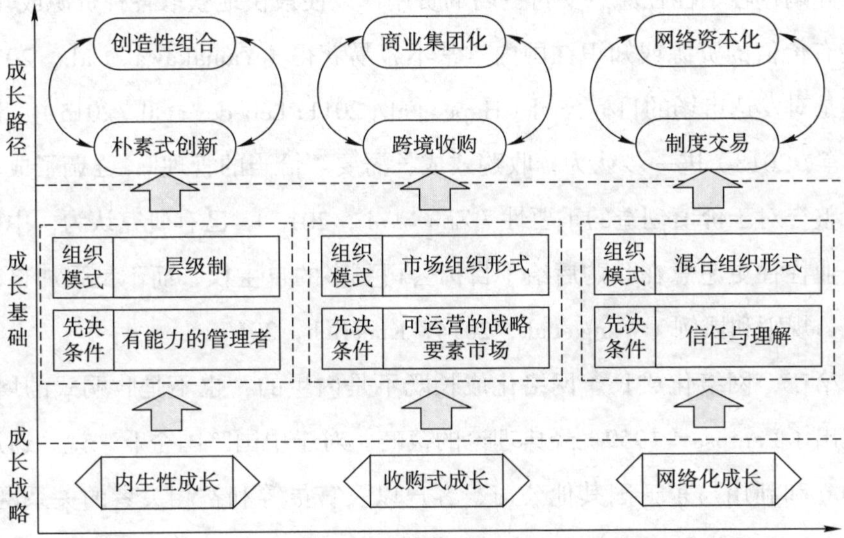

图2.7　企业成长综合模型

资料来源：根据Peng等（2018）整理。

第一，内生性成长。Penrose（1959）研究指出，内生性成长主要依赖一批有能力的管理者来开发和配置资源，以求支撑这种快速增长。尽管中国跨国企业并不具备传统意义上的垄断资源（Li and Oh，2016），但以中国为代表的新兴市场跨国企业善于挖掘资源的多功能性（Nason and Wikund，2018），企业依靠智力资本弥补了资源的劣势，用有限资源做了更多的事（Peng et al.，2017b；祝振铎、李新春，2016）。Luo和Child（2015）指出，通过创造性地和快速地组合可利用的资源（如产品、资本、服务和智力）来满足市场需求，并凭借产品与服务组合来创造可能的增长机会（Mathews，2006）。此外，这些企业还巧妙地利用现有资源和技术，而不是追赶技术前沿（Prabhu and

Jain，2015），通过朴素式创新，将低成本优势增加到附加价值或客户服务增值上，通过内生性成长战略实现企业国际化成长。

第二，收购式成长。与内生性成长相比，收购式成长的主要优势在于能够相对迅速地购买“一揽子”企业特有资源，如隐性知识、专有技术、品牌等（Deng，2013；谢洪明等，2019）。Hope等（2011）指出，新兴市场跨国企业在并购过程中往往愿意支付更高的费用，以便最快地获取各种资源或知识，这些有价值的资源或知识在国内常常不容易获得（Yamakawa et al.，2013），尤其是对发达市场的目标公司（Hope et al., 2011; Lebedev et al., 2015）。此外，Zhu等（2018）进一步认为，收购式成长需要“恰当的管理”，强调了成功并购后整合对于价值创造的重要性（Zhu et al.，2018）。已有研究认为，中国跨国企业往往更愿意在收购后给予目标公司更多的自主权，而不是强加自己的系统、规则和惯例（Wang et al.，2014；Knoerich，2016）。

第三，网络化成长。网络化成长既不是内生的，也不是收购式的增长，它超出了Penrose（1959）经典理论的范畴。对于中国跨国企业来说，通过积极建立和利用与东道国其他公司、客户以及官员等利益相关者的关系网络，对于在快速变化和不确定性的海外环境中寻求生存与成长至关重要（Batjargal et al.，2013；Zhao and Lu，2016）。网络化成长的实质是一种网络资本主义（Puffer and McCarthy，2007），其在于将管理者之间微观的、个人之间的关系转化为宏观的、跨组织战略层，依靠网络和联盟促进企业的成长，从而建立一个宏微观联系（Wu and Leung，2005；Batjargal et al.，2013）。尽管网络关系对企业成长具有普遍的积极作用，但并不总是有用，原本有益的网络关系可能随着制度过渡变得无益甚至有害（Siegel，2007；Sun et al .，2010）。Sun等（2010）研究认为，随着企业转型的不断推进，政治关系对成长绩效的获取可能性下降，甚至出现负面。

（二）中国跨国企业实现国际化成长的影响因素

成长性是跨国企业最为关注的焦点（Hutzschenreuter et al.，2011；Bertrand et al.，2019）。跨国企业的成长性表现为企业集团或子公司、分公司在现有东道国市场的顺序扩张以及进入其他国家市场（Buckley and Casson，2007）。在Penrose（1959）早期研究中，已经对跨国企业成长的影响因素进行了系统梳理，并划分为促进和限制两类因素。在此基础上，Tan等（2020）进一步将影响跨国企业国际化成长的因素从促进因素、制约因素以及对两者的调节因素方面进行梳理与总结（见图2.8）。

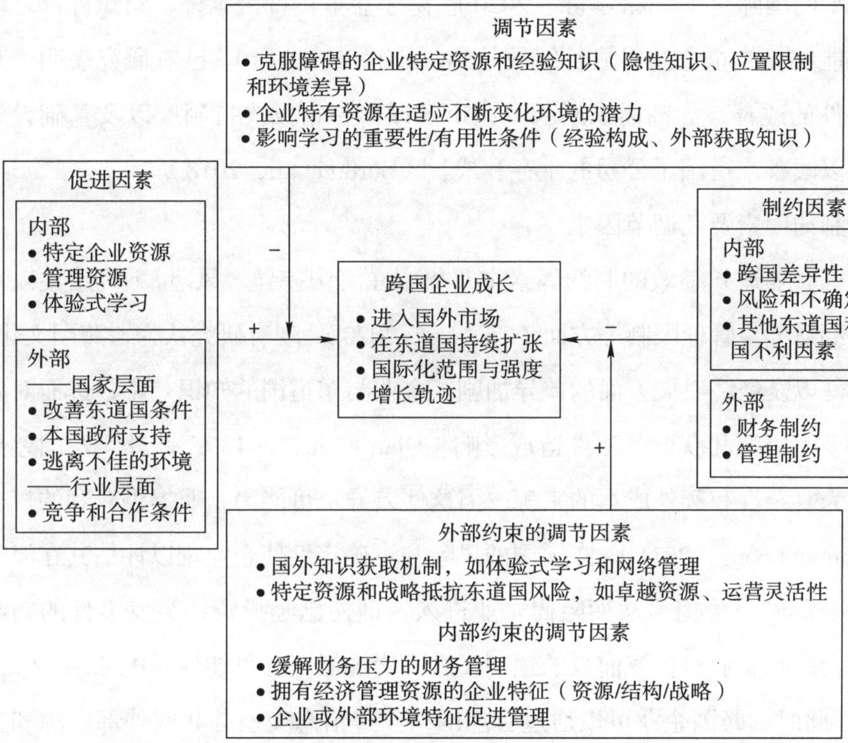

图2.8　跨国企业成长的基础决定因素

资料来源：Tan等（2020）。

1. 促进因素及其调节因素

现有研究已经提供了有关推动中国跨国企业成长的理论见解（Luo and Tung，2007；Deng，2012）。针对新兴市场跨国企业的研究表明，国内资源的匮乏在一定程度上促使这些企业积极寻求发达市场的战略资产或在新兴市场进行机会寻求（Luo and Tung，2007）。Tan等（2020）在研究中，将促进跨国企业成长的因素分为几类：未充分利用的企业特定资源、管理资源、体验式学习和外部驱动力。现有研究强调企业特定资源，无形资源对于企业向国外市场扩张起到了重要作用（Kafouros and Aliyev，2016；Lee et al.，2019），尤其是企业研发活动有助于不断产生新产品，并使公司在追求全球市场增长时保持竞争力和盈利能力（Buckley and Casson，2007）。由于跨国企业海外市场拓展需要跨地理、心理以及文化等边界，企业高管的国际经验有助于其实现更高水平的国际化（Chen et al.，2020）。除了企业内部因素外，组织外部环境因素也能够促使企业获得成长绩效（Surdu et al.，2018）。已有研究表明，东道国条件的改善，如高需求增长、亲市场改革、市场支持制度以及基础设施等，可以改善东道国子公司的生存和成长（Surdu et al.，2018）。

2. 制约因素及其调节因素

跨国企业成长绩效的制约因素主要集中在跨国差异、风险/不确定性以及企业内部财务与管理限制等方面（Tan et al.,2020）。现有研究认为，跨国文化、制度条件以及经济发展方面的差异加剧了企业与东道国的知识差距，进而对企业转移专有资源和获取合法性造成影响（Qian et al.，2013）。此外，跨国差异还被视为复杂性和额外成本的来源，但这些差异也可能为企业提供套利的机会（Nachum and Song，2011）。东道国的风险和不确定性使企业难以评估其在海外市场投资的经济价值，从而阻碍企业进入，即使已经投资，突发事件的频频出现也会影响企业对投资前景的预判，进而增加撤资的可能性（Buckley et al.，2020）。此时，跨国企业可以通过管理网络促进信息交换并获取外部资源和支持。Chen等（2018）认为，跨国企业通过与母国、东道国建立政治联系，可以优先获得资源支持和外部合法性，进而实现在不同制度环境中成长。从企业内部来讲，财务约束、管理约束等因素会影响企业的国际化成长和撤资决策（Powell，2014）。这些跨国企业在战略上可以采取高估值的形式来降低外部融资成本，从而减轻其财务约束（Yuan et al.，2016）。对于管理约束，现有研究大多围绕组织设计和策略展开。相关研究证实，具有丰富多元化经验的企业可以利用它们在先前增长计划中所开发的组织和管理机制，应用到随后多元化产品领域和国际市场，进而实现快速成长（Mayer et al.，2015）。

第五节　文献评述

本节基于中国跨国企业在新兴市场扩张的相关研究，结合信息搜寻、机会构建与企业国际化成长等方面的研究成果进行评述，对于现有研究中存在的理论缺口以及尚未解决的问题进行剖析，为后续研究提供理论指引。

一、中国跨国企业在新兴市场实现快速成长的内在机理有待揭示

现有研究对于中国跨国企业国际化成长的战略选择和路径探讨主要聚焦于内生性、收购式以及网络化三个研究角度（Peng et al.，2018；Tan et al.，2020）。从内生性角度看，中国跨国企业的快速成长得益于有效地开发和配置资源（Luo and Child，2015；Peng et al.，2018）。它们擅长将组织内、外部资源与不同竞争属性进行有机整合，通过比较优势来超越竞争对手的垄断优势（Luo and Child，2015）。从收购式成长角度看，中国跨国企业通过向发达市场目标企业进行战略资产寻求，以获取全球技术、专有品牌以及专利等优质资源，或者直接收购、兼并自身所需优势业务的其他企业的方式（Mathews，2017；Luo and Tung，2017），加速缩小与领先企业之间的差距。从网络化成长角度看，企业通过建立与其他企业、客户甚至政府等利益相关主体的关系，获取必要资源和商业能力来促进企业成长（Peng et al.，2018）。尽管这些研究对于理解中国跨国企业国际化快速成长提供了有益见解，但这些文献大多建立在海外市场环境同质性基础上（Alon et al.，2018；Buckley et al.，2018），基于中国跨国企业向全球市场拓展情境，并没有区分与验证发达市场和新兴市场情境的差异性，而不同情境的差异性对于中国跨国企业的成长路径选择也会有所不同甚至相差甚远（Luo and Zhang，2016；Ramamurti and Williamson，2019）。

随着企业实践的不断深入，相关学者对于中国跨国企业国际市场拓展情境进行了区分（Kotabea and Kothari，2013，2016；Luo and Tung，2017；陈衍泰等，

2021）。Luo和Tung（2017）研究认为，以中国为代表的新兴市场跨国企业的国际市场拓展遵循双重路径：投资于发达市场国家的多是战略资产寻求，而投资于其他新兴市场或发展中国家，更多的是为了寻求市场机会（Gubbi and Elango，2016；Luo and Tung，2007，2017）。现实中，由于“外来者”和“后发者”身份，当新的市场机会出现时，它会直接被在市场上耕耘已久的发达市场跨国企业或东道国本土企业优先占据（许晖、单宇，2019）。但不可忽略的是，由于在国内相对不成熟的市场环境中的经营实践与成长经验，也使得中国跨国企业培育了在相似市场环境、制度背景下生存和发展的特殊能力（Ramamurti，2012），它们并不完全遵循“机会发现—机会捕获”这一传统路径，而是通过不断监测环境变化信息，并通过主动“构建”机会的方式，创造性地将信息搜寻感知到的潜在机会集转变并开发为现实、具体的市场机会，以此激活已“锁定”的市场与客户资源或者创造新的市场需求。然而，现有研究对于中国跨国企业在新兴市场快速成长仍缺乏有效的着力点，对于机会“构建”过程仍缺乏足够关注。

二、中国跨国企业信息搜寻机制及其对机会构建作用关系有待进一步明确

现有研究对于信息搜寻的内涵以及搜寻模式划分做出了有益探讨，明确了信息搜寻是支撑企业复杂决策的前提，是发现或创造机会的关键环节，能够帮助组织有效地应对外部环境的动态变化与不确定性挑战（Shepherd et al.，2012；Ãkerman，2015）。但有关信息搜寻的研究主要聚焦于图书情报或创业领域，对于国际商务领域还不够深入。图书情报领域的信息搜寻着眼于用户的信息查询与数据搜索，强调搜索工具、设备以及方式的应用（Wilson，2006；Liu and Zou，2019；李月琳等，2017）。创业领域的信息搜寻往往与机会相关，更加强调认知的重要性，研究大多聚焦于信息处理方式、搜寻逻辑等对机会识别或构建的影响（Vaghely and Venkataraman，2010；Shepherd et al.，2012；张玉利等，2020）。从国际商务领域来看，企业在海外市场的信

息搜寻主要是由于环境的高度不确定性与信息不对称，企业需要依赖有效信息来评估东道国环境变化，识别客户潜在需求等（Fornes and Cardoza，2012；杜晓君等，2015），其信息搜寻过程更加侧重搜寻渠道获取、搜寻信息类型等，但现有研究对于中国跨国企业在新兴市场的信息搜寻机理仍然缺乏，尤其是搜寻动因、信息类型以及搜寻维度有待进一步明确。

此外，现有研究从信息自身属性（如信息数量、质量以及异质性等）和搜寻信息方式（如搜寻时机、搜寻范围以及信息处理模式）方面，分析了信息搜寻与机会识别或构建之间的作用关系（Sleptsov and Anand，2008；Gielnik et al.，2014；Hsieh and Kelley，2016；李雪灵等，2009），并从减少信息不对称、提供决策支撑以及刺激创意产生等方面强调信息搜寻是机会识别或构建的基础，但部分结论仍存在一定分歧（Ãkerman，2015；纪炀等，2019）。例如，Hsieh和Kelley（2016）认为，企业信息获取与搜寻行为有助于其更好地识别创新机会；但Gielnik等（2014）发现信息搜集越多，可能越会抑制企业的创造性思维，并不会对机会创新产生显著影响。这些结果相互矛盾的一个潜在原因可能是没有完全捕捉到信息或者知识的多维性质（Fletcher and Harris，2012；Ãkerman，2015；Bergh et al.，2018），而不同内容或维度信息对于机会所起到的作用也不尽相同（王倩，2011）。因此，从信息多维性质出发，进一步探讨信息搜寻与机会构建之间的作用关系，为平衡现有矛盾结论提供了新的解释思路与边界条件。

三、中国跨国企业在新兴市场中机会构建的内在机制与模式有待挖掘

国际商务领域倾向于将机会描述为企业跨边界寻求利润的可能性，将机会视为进入新市场的可能性（Williams and Gregoire，2015；Reuber et al.，2018），其重点考虑进入哪个市场、何时进入能够给企业带来预期的经济价值（Williams and Gregoire，2015）。Mainela等（2014，2015）认为机会构建是发现或者创造了一种情境，即企业跨越并整合来自多个国家情境因素，通过企

业主导行动来引入新产品、服务及组织方式等，最终改变经济活动的一种表现形式。现有研究主要从认知和行为视角对机会构建进行探讨：认知视角的研究承认环境中的客观变化（如技术进步、法律法规改变）对机会构建有一定的影响，但机会构建最终是通过企业家的创造性思维、社会技巧以及内生性的方式构建出来（Suddaby et al.，2014；斯晓夫等，2016）；行为视角的研究强调机会构建是一个对话过程，需要其他主体参与共同开发，通过企业家行为和互动来改变经济活动（Mainela et al.，2014），进一步表明互动和转变是机会构建行动的基础。然而，这些文献大多聚焦在机会构建的理论思辨层面进行探讨，对于企业机会构建的实践过程与构建的内在机理却鲜有研究。

随着企业实践拓展与研究不断深入，越来越多的学者开始从"认知—行为"整合视角对机会构建进行初步探讨。相关学者认为，海外市场机会发现可能是一个自发、无意识的认知过程，而机会构建是企业创造性地将潜在机会转变为现实机会，是一个有目的、有意识的互动过程（Overholm and Harald，2015；Oyson and Whittaker，2015）。Oyson和Whittaker（2015）认为，由于感知到的国际机会通常是广泛的、模糊的，只是代表潜在机会，为了使这些机会可以被开发成为进入国际市场的基础，就必须通过企业家认知和行动转变并开发为现实、具体的市场机会，这一过程涉及客户、产品以及能力三大要素。尽管这些研究开始将机会构建由理论思辨层面向实践推进，但对于客户、产品与能力等要素涉及的具体行动以及要素之间的内在逻辑关系并没有阐述。因此，有必要解构中国跨国企业在新兴市场拓展过程中，基于过程观视角，识别和提炼的中国跨国企业在其他海外新兴市场的机会构建的内在机制与构建模式。

第三章 探索性案例研究

本章采用探索性多案例研究方法，立足于新兴市场情境，挖掘中国跨国企业如何将信息搜寻所感知到的潜在机会集转变并开发为现实、具体的市场机会，作用于企业国际化成长的内在机理，进一步提炼信息搜寻、机会构建与国际化成长的内在理论逻辑并搭建理论分析框架；基于案例分析结果，归纳相关变量或构念的维度，并与现有理论进行对话，不断修正。

第一节 研究方法

本节将围绕研究问题，聚焦于中国跨国企业在新兴市场拓展过程中信息搜寻、机会构建行动及实现结果，阐述案例研究方法设计、案例企业选择标准以及数据收集与分析过程相关内容。

一、研究方法选择

作为一种质性研究方法，案例研究在管理学界受到越来越多的关注（Eisenhardt，1989；Yin，2009；毛基业、李亮，2018）。案例研究是一种在自然情境下通过直接观察社会现象并对其展开研究的社会研究方法。研究者通过各种渠道详尽而深入地收集各种数据类型，探索现实生活中的一个或多个有边界的系统，并对案例描述与案例主题进行报告的一个过程（Grewell，2012）。因此，案例研究特别适合探讨某一管理现象随着时间动态变化的复杂过程（Yin，2009），尤其适用于对未开发的新领域的特定行为或事件进行深度剖析。与大样本定量研究相比，案例研究在回答理论尚不成熟领域中的“how”与“why”的研究问题特别有效（Yin，2009）。通过对现象发生变化的细节进行丰富描述，能够展示对产生现象模式所处情境特征、行动重点以及揭示各个要素之间的逻辑关系，并提炼模式下隐含的理论机制（黄江明等，2011）。因此，通过案例研究，一方面，可以更忠实地反映管理实践中真实做出的决策、采取的行动，有助于实践者以动态的视角来管理企业活动，避免静态的、线性的认知；另一方面，基于管理实践基础上的案例研究，研究者既可以生成新的理论，也可以对现有理论进行深化和拓展，还可以对现有理论进行检验。表3.1对案例研究中的3种理论贡献方式进行了汇总。

表3.1 案例研究中的理论生成、理论拓展和理论检验

类型	理论构建		理论检验
	理论生成	理论拓展	
输入	现象难以解释；几乎没有理论可以应用	现象仅能部分得到解释；已有一定的理论或模型	从已有理论得出正式命题或假设
过程与策略	从案例数据中归纳得出新的构念和构念间关系	在已有理论或模型的引导下收集数据、分析数据、开展案例研究，并在此基础上发展构念和构念间关系，对已有理论进行精练和深化	通过收集和分析案例数据对命题或假设进行确认或驳斥
输出	新的可检验的命题，或新的构念	得到修正或精练的理论，其中包含情境因素、构念以及构念间关系，能够更好地解释现象	接受或拒绝从已有理论中得出的命题或假设

资料来源：Fisher、Aguinis（2017）。

案例研究的一种常见分类方式是单案例与多案例划分，虽然两者最直观的区别是案例数量的多少，但本质上讲，单案例研究与多案例研究体现了两种不同的研究设计，具体地讲：对于单案例研究而言，研究者在案例标准选择上，通常要考虑案例所具有的非同寻常的启发性或极端情境；从分析属性上看，单案例能够详细展示现象细节，事件所处情境，事件中参与者认知、行为以及由此体现出来的意义，进而能够深入探究动态、复杂的现象背后的理论规律。对于多案例而言，从抽样原则上看，多案例研究遵从复制逻辑，即选择的案例样本要么可以逐项复制，要么能够差别复制（Yin，2009）；从分析属性上看，多案例可以通过跨案例比较分析，得到在某些预知的条件下关注的现象在这几个案例中出现的相同结果，而在另外几个案例中出现的不同结果，从而能够清晰展示各个要素间的因果逻辑关系，并从中确定准确的定义和构念抽象的适当层次。因此，从多个案例中推导出的结论也往往被认为更具说服力（Eisenhardt and Graebner，2007）。尽管有的学者认为单案例研究在普适性方面相对较弱，而推荐采用多案例研究（Eisenhardt and Graebner，2007），但并不是说多案例研究一定优于单案例研究。而事实上，具体选择哪种研究设计则通常取决于研究问题、研究目的以及可利用的研究资源等多方面。

本书主要采用探索性多案例研究方法进行分析，主要原因如下：①本书立足于新兴市场情境，将研究问题聚焦在“中国跨国企业如何通过信息搜寻与机会构建实现在新兴市场的成长性”，其本质上属于“why”和“how”问题类型，通过探索性案例研究，能够清晰呈现出中国跨国企业在新兴市场的信息搜寻、机会构建以及企业国际化成长过程的整体性、动态性与辨证性。②中国跨国企业在新兴市场拓展过程中往往具有机会寻求动机，而以往研究对于如何构建海外机会这一“黑箱”还未打开。通过探索性案例研究，能够解构中国跨国企业在新兴市场机会构建过程中的内在机理，并有效地揭示信息搜寻与机会构建对企业国际化成长的作用机制与逻辑关系，进一步提炼出复杂现象背后的理论或规律。③通过多案例的研究设计，遵循“复制”逻辑，通过比较和识别不同案例企业在新兴市场的信息搜寻类型与来源、机会构建过程的差异性和相似性等，帮助本书设计基于类似准实验逻辑的研究框架，进而提高案例研究的外部效度，使研究结论更具普适性、稳健性和精练性（Eisenhardt and Crachner，2007）。

二、案例企业选择

研究初期，本书首先确定了“中国国际化企业如何实现在新兴市场的成长性”这一主题，初步选定了小米、金锚、天士力、华源、振华重工、力神、传音、特变电工、海尔、长城等10余家企业，进行了初步调研；其次，结合企业实践与研究内容的契合度，对其中6家企业了进行了第二、第三次调研；最后，根据多案例遵循理论抽样和复制逻辑原则（Eisenhardt and Crachner, 2007），本书确定了其中4家作为研究对象，分别为深圳传音控股有限公司（简称“传音”）、天津天士力控股集团（简称“天士力”）、新疆特变电工股份有限公司（简称“特变电工”）以及青岛海尔股份有限集团（简称“海尔”）。具体来说，本书在选择案例样本时遵循以下标准：

第一，适配性原则。本书将研究问题定位在“中国跨国企业如何通过信息搜寻与机会构建实现在新兴市场的成长性”，其目的在于探讨与挖掘中国跨国企业在新兴市场投资或业务运营中的独特行为。所选案例企业实际投资或运营活动在新兴市场，且案例企业海外市场机会构建所处东道国/区域具有代表性和多样性特征（传音和天士力进入非洲市场，特变电工和海尔进入东南亚、南亚市场），进一步提高了本书的外部效度。此外，更为重要的是，案例企业在上述新兴市场实际运营中，更多的是寻求市场机会，扩大自身市场份额或提高占有率，而非大规模地战略资产寻求，与本书研究情境、研究问题比较契合。

第二，启发性原则。选取的4家案例企业在新兴市场拓展中均实现了快速成长，并且案例企业在所属行业内有一定的影响力，一定程度上能够代表本细分行业的发展方向。此外，所选企业涉及不同细分行业（电子通信、医药制造、输变电以及家电制造），在一定程度上能够有效规避行业差异和组织特征对研究问题产生的竞争性解释，为案例间的复制逻辑和扩展逻辑提供了有效支撑，确保了研究结论的可推广性。

第三，数据可获得性原则。本书选取的案例企业的数据可得性较高、数据的完整性较好。研究团队对案例企业进行了多次实地调研与半结构化访谈。对案例企业进入东道国/区域市场初期、后期等有较为翔实、完整的数据资料。此外，案例企业的国际化年限较长，对于企业海外市场拓展实践有大量的内外部文档资料可供查阅，丰富的回溯性数据能够为深入挖掘企业在新兴市场拓展过程中信息搜寻与机会构建过程提供必要的支撑，进一步确保了案例研究的信度。案例企业的业务领域、进入新兴市场时间、业务范围与焦点以新兴及市场运营等情况如表3.2所示。

表3.2 案例企业基本情况

企业	传音	天士力	海尔	特变电工
企业性质	民营	民营	民营	民营
业务领域	电子通信行业	中医药行业	家电制造行业	输变电行业
进入新兴市场时间	2006年	2000年	2004年	1997年
进入新兴市场分布	非洲地区	非洲等地区	东南亚、南亚地区	东南亚、南亚地区
业务范围与焦点	手机研发、生产与销售、通信设备、家用电器以及售后服务等	中医药出口、现代中药研发、大健康医疗服务以及商业保险业务	家电研发、生产与销售、智慧家庭与物联网业务以及生物医疗领域	变压器生产与销售、清洁能源提供、EPC工程、一体化解决方案
新兴市场运营情况概述	传音在非洲市场大致历经了从“低端品牌瞄准利基市场”“高中低三档品牌布局”到如今“布局移动互联网，创立家电领域”的发展格局。至2020年年底，在非洲40多个国家设分公司，在非洲市场占有率第一，品牌位列非洲三甲	天士力在非洲市场大致历经了从“以单一主打产品策略”“多产品系列”并践行“以医带药”模式，到如今“全产业链综合开发”。至2020年年底，建立了20余个销售公司，实现了中药、保健品、中医服务全覆盖，成为中药现代化的先行者和标准制定者	海尔在东南亚、南亚市场大致历经从“整机出口利基市场”“本土化生产”到“发展与用户零距离数字化产业”。至2020年年底，企业在南亚已经建成2个综合工业园区，渠道超过6500家，成为“印度”海尔	特变电工在东南亚、南亚大致历经从“出口特种变压器”“成套设备以及EPC总包”到如今“全产业链生态建设与绿色能源供应”。至2020年年底，企业形成了输变电、光伏产业、配电器、电缆等综合生态工业园区

资料来源：本书作者整理。

三、数据收集与分析

（一）数据收集

本书的数据主要来自深度的半结构访谈，本书对于4家案例企业的数据收集历时近2年（2019年2月至2021年1月），自2019年初，研究团队分别赴深圳传音总部、天津天士力总部、青岛海尔总部、吉昌特变电工总部以及各地事业部、分公司，对案例企业进行了共计25次深度访谈以及16次补充访谈。此外，由于2020年上半年受新冠肺炎疫情影响，其中的8次深度访谈以视频会议的形式进行。每次访谈持续2~3小时，并确保3人以上团队成员参加，以加强数据之间的相互印证。具体地讲：在访谈之前，为了保证访谈内容与研究主题之间的契合，研究团队针对所确定的核心问题进行系统讨论，并以列表的形式形成访谈大纲；在访谈中，本书借鉴叙述史的方式，引导访谈对象针对企业海外市场的信息搜寻、机会构建行动以及关键事件等进行客观描述，并用访谈框架来控制访谈的节奏和进度；在访谈结束后，研究团队会对访谈录音、相关笔记等内容进行文字转录、核对以及存档等。此外，对于存在分歧或个别重点的遗漏信息，研究团队适时增加补充性访谈或通过通信工具（例如，微信、电话以及电子邮件等），与企业相关负责人进一步询问与核实。

三角验证是提高案例数据分析质量、提升案例研究信度与效度的重要保障（Yin，2009）。为了进一步保障案例研究的构念效度，研究者有必要对案例数据进行三角验证，并在这些数据之间建立具有连贯性且符合一定逻辑的证据链。因此，本书除了通过半结构化访谈获取数据之外，还借助于多种渠道、运用多种手段或方式，收集其他一手或二手数据资料。主要包括：①内部档案资料，包括高层讲话、文章以及企业期刊、系列丛书等，尤其重点收集了与企业海外市场拓展过程相关的内刊资料。②外部资料，包括媒体报道、网站新闻等新闻报道、与企业相关书籍以及文章或行业报告等。③参与式观察，包括参观企业展厅、线下活动等。④非正式获取渠道。在写作过程中，出现需要进一步核实的信息时，作者会通过通信工具（例如，微信、电话以及电子邮件等）与企业相关负责人进行核实，本书数据来源与编码详情如表3.3所示。

表3.3　案例数据类型、来源与编码

企业	数据类型和收集方式		数据来源	类别	编码
	类型	收集方式			
传音	一手数据	半结构化访谈	副总裁、研发经理、战略部主任、信息部经理及市场部主管、其他员工等7人	人员	S1
		非正式访谈	电话、微信以及电子邮件等渠道	人员	F1
		参与式观察	传音发展历程展厅、品牌展馆、海外布局地图等	现场观察	C1
	二手数据	内部资料	会议记录、历史档案、内部刊物、领导讲话材料等	文档资料	N1
		外部资料	传音官网、公众号、环球网、凤凰网等新闻报道	新闻报道	W1
			知网、维普数据库等收录期刊、硕博论文以及行业报告等	文章	
天士力	一手数据	半结构化访谈	国际公司总裁、国际营销公司副总、营销部部长、营销部经理、技术部经理、信息部副部长、其他员工等12人	人员	S2
		非正式访谈	电话、微信以及电子邮件等渠道	人员	F2
		参与式观察	企业发展历程展厅、海外布局图、非洲市场英雄事迹展等	现场观察	C2
	二手数据	内部资料	天士力30年系列丛书、天士力国际十年员工访谈录	文档资料	N2
		外部资料	《天士力医药营销纵横》《文明之光：来自天士力的报告》	书籍	W2
			天士力官网、公众号、中医药网站新闻报道等	新闻报道	
			知网、维普数据库等收录期刊、硕博论文以及行业报告等	文章	
海尔	一手数据	半结构化访谈	总裁助理、市场部部长、研发部副部长、信息部门主管、技术部副部长、南亚区经理、信息部主任、其他员工等9人	人员	S3
		非正式访谈	电话、微信以及电子邮件等渠道	人员	F3
		参与式观察	企业历程展厅、海外布局图、印度市场代表产品展厅等	现场观察	C3
	二手数据	内部资料	海尔传记、历史档案、领导讲话、演讲材料等	文档资料	N3
		外部资料	《海尔，全球白色家电领导品牌：海尔是如何成功的》《海尔转型》《黑海战略》等书籍	书籍	W3
			海尔网站、新浪财经、公众号、36氪等	新闻报道	
			知网、维普数据库收录期刊、硕博论文以及行业报告等	文章	

续表

企业	数据类型和收集方式		数据来源	类别	编码
	类型	收集方式			
特变电工	一手数据	半结构化访谈	副总裁、国际部经理、助理、南亚区总代、印度公司经理、技术主管、信息部部长、品控经理、其他员工等11人	人员	S4
		非正式访谈	电话、微信以及电子邮件等渠道	人员	F4
		参与式观察	输变电发展历史展馆、海外重点项目、特变车间等	现场观察	C4
	二手数据	内部资料	特变之路丛书、特变读物、讲话稿、《特变快报》等	文档资料	N4
		外部资料	《特变电工成功之道》《输变电发展史》等书籍	书籍	W4
			特变电工官网、公众号、环球网、凤凰网等新闻报道	新闻报道	
			知网、维普数据库等收录期刊、硕博论文以及行业报告等	文章	

资料来源：本书作者整理。

（二）数据分析

多案例数据分析过程不是一个线性的过程，数据收集与分析也并非一次就能够完成的，而是具有高度的迭代性（见图3.1）。与单案例一样，多案例数据分析的核心是贡献于理论的构建，而理论的构建强调通过案例数据、形成的理论以及现有文献之间进行反复比较而交替进行，这使得案例研究的数

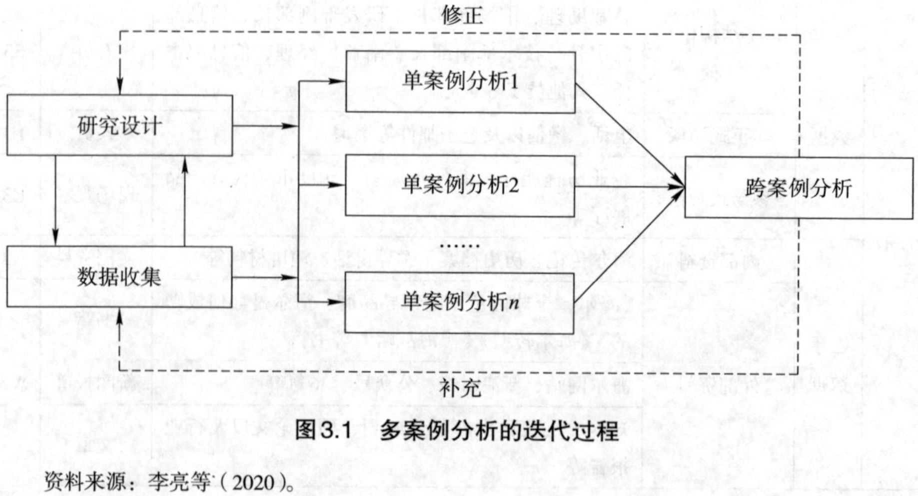

图3.1　多案例分析的迭代过程

资料来源：李亮等（2020）。

据分析过程具有重复、不断滚动、波折前行的性质。此外，多案例研究还需要在多个案例之间进行对比，以期发现稳定的模式。因此，多案例研究需要将单个案例中发现的关系（即单个案例数据与理论比较）与其他案例进行反复比较（案例之间的比较），只有该关系能够反复出现，才能说明该模型是稳定、饱和的。

遵循多案例研究设计原则，本书的数据分析主要分为以下步骤：①独立整理每个样本企业资料，并形成单个案例企业数据库。研究团队针对每个案例企业收集到的一手与二手资料，建立一个文档，并按照一定逻辑，详细地对每个样本企业在海外市场的信息搜寻、机会构建行动等进行梳理与整理。②案例内分析。识别每个样本企业与研究问题相关的答案。按照"情境—行为—结果"的分析逻辑框架，将案例分析过程中涌现出来的关于信息搜寻方式、类型、机会构建要素以及模式等构念与现有文献进行反复比较，识别并归纳每个案例中与本书研究问题相关的理论构念、关系或模式。③跨案例分析。遵循复制逻辑，将研究中每个案例产生的洞见与其他案例产生的洞见进行对比，识别出一致的模式或主题（Eisenhardt and Crachner，2007）。当理论框架初步涌现后，基于复制逻辑原则，加入其他样本企业，验证其有效性并进一步完善，以期形成更为可靠的理论框架。④理论框架提炼。通过在现有理论、数据和文献中反复穿梭与不断迭代中完善研究发现与结论，并与现有文献建立联系，提炼出中国跨国企业在新兴市场拓展过程中信息搜寻、机会构建以及国际化成长变化背后的内在机制与理论框架。

（三）信度与效度保障

参照Yin（2009）提出的案例设计与分析过程中信度与效度保障策略，主要采取以下措施来保证信度与效度问题。①建构效度上，本书在数据收集与分析环节，通过深度半结构化访谈、参与式观察等一手数据和企业内外部二手数据资料，针对不同渠道、不同方式以及不同来源的数据进行三角验证，保证了数据资料的可靠性和可验证性，为案例分析提供了丰富的证据链。②内在效度上，本书在数据分析环节，根据相关数据、证据链识别中国跨国企业在新兴市场的信息搜寻方式与信息来源、机会构建要素与模式以及成长绩效衡量标准，归纳并提炼内在机制与理论框架，并充分与现有文献进行对话，剖析研究结论的竞争性解释，进一步提升理论框架稳健性（Miles and Huberman，1994）。③外在效度上，在研究设计环节，本书先对单案例进行分析，并归纳与研究问题相关的不同构念以及变量、构念之间的逻辑关系或作用关系，然后基于复制逻辑，加入其他样本企业进行跨案例研究，通过不同案例企业的比对，实现理论上的饱和，进而拓宽研究结论的解释范围。④信度方面，本书在数据收集与分析环节，针对每个案例企业建立了独立的数据库，详细、完整、客观地记录了案例研究的每个步骤，在此基础上，进行案例分析与发现写作，进而保证了研究结论的客观性和可扩展性。

第二节　研究发现

在第一节梳理的半结构化访谈、参与观察等一手数据与企业内外部二手数据资料基础上，本节主要对4家案例企业在新兴市场的国际化成长过程中的信息搜寻方式、机会构建内在机理与潜在逻辑进行分析，识别并归纳出中国跨国企业在新兴市场的信息搜寻、机会构建以及国际成长绩效的具体维度。

一、中国跨国企业在新兴市场的信息搜寻

信息是企业生存与发展的关键资源之一（Sleptsov and Anand，2008；Hsieh and Kelley，2016），有效地搜集和解读信息对于企业战略决策至关重要（Shepherd et al.，2012）。然而，在“VUCA”特征愈加凸显的新全球化时代，一方面，由于外部环境变化的速度快、非线性以及不可预知性等（Cuervo-Cazurra，2012），企业越来越难以获得支持决策的有效信息（沈涛等，2015）。尤其是在新兴市场，由于嵌入情境的复杂性，有价值的市场信息隐蔽性更高（Åkerman，2015）。另一方面，相对于发达市场跨国企业与东道国本土企业而

言，由于“外来者”和“后发者”身份，中国跨国企业在新兴市场往往面临着高度的信息不对称，企业无法获取较为完整的信息甚至处于信息缺失的处境（杜晓君等，2015），导致企业不能充分评估东道国环境变化、潜在风险以及市场机会，企业随时面临着被淘汰的风险（Zhu and Sardana，2020）。通过对4家案例企业素材分析可以发现，驱动中国跨国企业信息搜寻的重要原因是由于信息鸿沟的存在，为了缩小或弥补信息鸿沟，中国跨国企业通过市场端信息搜寻、技术端信息搜寻以及制度端信息搜寻等方式来获取关键性的信息资源。

（一）市场端信息搜寻

有关市场的信息是企业实现商业化的基础，也是企业战略决策的起点（Wright and Westhead，2009）。对于中国跨国企业而言，对外部市场环境的信息搜寻，能使企业洞察到市场需求变化、行业发展趋势以及同行竞争动态等信息，帮助企业更敏锐、快速地锚定市场趋势或客户痛点，为挖掘或开发潜在市场机会或创造新的市场机会提供关键的信息支撑。通过对传音、天士力、海尔以及特变电工4家案例企业访谈和素材挖掘与分析，发现中国跨国企业在新兴市场拓展过程中的市场端信息搜寻主要表现在目标市场潜力与趋势信息、客户潜在需求与反馈信息以及同行市场布局与营销信息3个方面（编码结果与典型证据援引见表3.4）。

第一，目标市场潜力与趋势信息。中国跨国企业针对目标市场潜力与发展趋势的信息搜寻主要涉及对东道国未来经济发展态势、市场潜力、人口红利以及供给状况等相关方面进行数据收集与信息处理。具体而言：①传音对目标市场潜力与趋势的信息搜寻。传音在进入非洲之前就成立了战略洞察部，并对非洲市场潜力、人口状况等做了大量的分析调研，整个非洲手机市场处于消费需求和市场供应高度不均衡状态，这就为企业机会构建提供了必要的信息支持。此外，传音调研也不仅限于一线城市，调研团队也经常去往一些偏远的城镇。例如，传音发现在部分偏远地区有手机网络，但没有电，很多用户要跑到很远的地方付费充电，而通过对这些信息的搜寻和处理，传音推

表3.4　中国跨国企业市场端信息搜寻类型典型证据援引

市场端信息搜寻类型	典型证据援引			
	传音	天士力	海尔	特变电工
目标市场潜力与趋势信息	● 在投身非洲之前做了大量的分析调研，如非洲市场拥有巨大的商业潜力，拥有超过10亿人的市场，而彼时当地手机品牌并不多，消费需求和市场供应非常不平衡 ● 传音并没有完全将目光局限在大城市，还会经常去二、三线城市，甚至偏远的城镇等了解市场信息	● 在进入初期，企业通过经销商、行业协会等对南非市场进行信息收集与分析处理。如由于医疗技术发展滞后，非洲大部分区域处于缺医少药的状态 ● 尽管西方大国在西药市场占据绝对优势地位，但文化差异使其难以将业务延伸到中草药领域，中草药有着巨大的市场空缺与未来发展前景	● 在产品销售之前，企业就已深入认识目标市场的经济、政治等大环境是否有利于企业运营，之后才考虑具体的市场策略等 ● 通过JARN杂志对数据进行分析，印尼为东南亚最大的空调市场，其国内空调需求量已经超过300万台，以超过10%的增长速度增长	● 印度电力基础设施薄弱，电力市场存在巨大潜力；电力设备和电力线路老化严重，线损率高达30% ● 预计到2030年，印度市场用电需求将达到950000千瓦时，印度存在很大市场商机。但商机越大风险也就越高，我们要把握机会，同时也要做好防范风险准备
客户潜在需求与反馈信息	● 在面对一个完全陌生的市场时，传音选派出多组调研小组与不同层次的客户沟通，从消费者需求及认知反馈的角度收集相关信息，并用于支持研发改进与营销创新 ● "是卖我所有的，还是制造你想要的？只有先真正了解消费者需求，才能研发出满足需求的产品。"	● 在进入南非市场不久就增设了800个健康服务呼叫中心，这个免费呼叫系统可以同时接通国内外90部电话 ● 中药国际化要立足目标国顾客的基本需求。需求是根本性因素，不能只凭我们单方面的热情，在动态营销环境中，谁能优先获取客户信息，谁就能赢得市场	● 为了收集客户潜在需求，刚刚成立的海尔空调研发团队面对当地老百姓，深入每一户家庭来收集需求数据与信息，通过最贴近式研发满足用户需求 ● 针对印尼市场，海尔则成立了专门的市场调研小组来收集当地消费者需求、偏好以及反馈意见与建议等	● 印度客户层级涉及国网、邦电力局、私人企业甚至面向以家庭为单位的个体客户，客户层级跨度较大，进而引发实际需求差异或波动性较大 ● 向当地市场提供的电线电缆产品也面向以家庭为单位的个体顾客，通过建立密集的销售网络，企业成功开拓了电线电缆市场

续表

市场端信息搜寻类型	典型证据援引			
	传音	天士力	海尔	特变电工
同行市场布局与营销信息	● 我们在收集和整理信息过程中，发现诸如苹果、三星等一线品牌在运营上忽略了非洲市场的特殊性，并未被非洲消费者接受 ● 除了华为、三星、苹果等一线厂商外，中国的小米、金立、vivo以及OPPO等国产品牌也已经或者正在加紧布局非洲市场	● 南非是天士力第一个海外市场，并没有其他海外市场经验可借鉴，天士力选择并借鉴天津天狮集团的海外市场拓展经验来发掘经销商 ● 企业借鉴其他中医药企业的海外实践经验。例如，借鉴同仁堂海外建店、文化先导等经验，以“以医带药”业务模式进行市场拓展	● 当开辟南亚市场时，白色家电市场已经是日韩品牌的天下，尤其是在中高端市场，如日本夏普、松下等，韩国的三星、LG等品牌 ● 低端市场也被印度本土家电巨头Vicleocon、Onid等不断强化本土品牌的低价与集客优势锁定，企业面临巨大的成本压力与竞争压力	● 由于印度变压器市场竞争十分激烈，Crompton、ABB、Greaves、西门子等企业早已布局印度市场，其每年的安装超过15000MVA容量 ● 越来越多的国外竞争对手将印度作为重要的目标市场，韩国、日本企业都尝试在印度建立变压器生产基地

资料来源：本书作者整理。

出了超长待机系列手机。②天士力对目标市场潜力与趋势的信息搜寻。非洲市场是天士力进入的第一个海外市场，在进入初期，企业就通过与经销商、行业协会等建立联系，对市场信息进行收集与分析。由于医疗技术发展滞后，非洲大部分地区处于缺医少药的状态：在医疗队伍方面，当地急缺接受过正规培训的医护人员，供需关系处于失衡状态；在药物供给上，尽管西药市场占据绝对优势地位，但文化的差异使发达市场跨国企业难以将其业务延伸到中草药领域，加上非洲底层消费者购买能力有限，中草药有着巨大的市场空缺与发展前景。③海尔对目标市场潜力与趋势的信息搜寻。在进入南亚之前及初期，海尔也是通过实地调研市场、经销商以及翻阅行业杂志、行业报告等方式对南亚市场的信息与相关数据进行收集与研判。在产品销售之前，企业就深入认识目标市场的经济、政治等大环境是否有利于企业运营，之后才考虑具体的市场策略。海尔也正是看到了印度当地的家电消费水平仅是中国的1/10等数据信息，才决定开辟印度市场。④特变电工对目标市场潜力与趋势的信息搜寻。在进入南亚市场的过程中，特变电工成立了印度分公司，起初是为了方便收集东道国电力市场信息，参与项目投标和协助执行中标项目，并不涉及原有业务领域，更像一个中介和服务性质的公司。也正是这一分公司，特变电工收集并掌握了大量关于电力市场缺口、未来需求量以及对电力设备的要求等行业内部信息。

第二，客户潜在需求与反馈信息。海外机会构建的最终目的在于满足客户的实际需求与偏好。搜寻已有客户需求偏好或潜在客户需求趋势以及客户反馈信息，有助于企业改进产品、服务流程等。通过案例素材分析，本书发现4家案例企业都进行了客户潜在需求和反馈信息搜寻行为。具体而言：①传音对客户潜在需求与反馈的信息搜寻。在面对一个完全陌生的市场时，传音选派多组调研小组与不同层次的客户进行沟通，并从消费者需求及认知反馈角度收集信息与数据，并最终用于支持研发产品的改进与营销创新，正如其副总裁所讲“是卖我所有的，还是制造你想要的？只有先真正了解消费者需求，才能研发出满足需求的产品”。②天士力对客户潜在需求与反馈的信息搜寻。为了及时了解消费者需求与意见，天士力在进入南非市场不久就增设了800个健康服务呼叫中心，这个免费呼叫系统可以同时接通国内外90部电话。天士力就是凭借这个服务呼叫中心收集反馈的信息，对原有产品进行二次开发，在包装、剂型等方面进行改造，以适应当地消费者的生活习惯与需求偏好。③海尔对客户潜在需求与反馈的信息搜寻。为了收集客户潜在需求，刚刚成立的海尔空调研发团队面对当地老百姓，深入每一户家庭来收集与获取数据信息，通过最贴近式研发来满足用户需求；针对印尼市场，海尔则成立了专门的市场调研小组来收集消费者需求、偏好以及反馈意见，并将这些信息提供给设计人员，以使设计或研发实现本土化。④特变电工对客户潜在需求与反馈的信息搜寻。由于印度市场客户层级涉及国网、邦电力局、私人企业甚至面向以家庭为单位的个体客户，客户层级跨度较大，特变电工则针对不同的客户层级选择不同的信息搜寻方式：针对国网、邦电力局等客户群体，企业则借助于涉外机构、行业协会等对重点客户进行一一拜访；对于私人企业、家庭个体客户则依靠当地经销商网络来收集客户需求和反馈意见。

第三，同行市场布局与营销信息。同行市场布局与营销信息是指企业搜寻同行竞争企业或生产同类产品企业在东道国的市场定位、布局特点以及渠道、广告等营销策略方面的信息，以此来评估或确定企业市场进入方式或机会构建重点与方向。具体而言：①传音对同行市场布局与营销的信息搜寻。在进入非洲市场初期时，传音通过调研小组充分收集各大手机厂商的市场布局、营销策略以及销售渠道等相关信息，正如访谈中提道：“我们在收集和整理信息过程中，发现诸如苹果、三星等一线品牌在运营上忽略了非洲市场的特殊性，如法炮制全球其他地方的产品种类、营销策略以及渠道管理等，实际上并未被非洲消费者接受。”传音正是抓住了非洲市场的“特殊性”，通过一系列本土设计与创新，才构建出市场发展的机会。②天士力对同行市场布局与营销的信息搜寻。由于南非是企业第一个海外市场，并没有其他海外市场经验可借鉴，天士力选择借鉴天津天狮集团海外市场经验来发掘经销商。此后，企业借鉴其他中医药企业的海外实践经验。例如，借鉴同仁堂海外建店、文化先导等经验，以“以医带药”业务模式进行市场拓展；参考科迪多种身份策略，针对非洲不同国家，利用药品、保健品等不同注册身份构建市场机会。③海尔对同行市场布局与营销的信息搜寻。由于海尔践行“先难后易”的国际化路线，当开辟南亚市场时，白色家电市场已经是日韩品牌的天下，尤其是在中高端市场，如日本夏普、松下，韩国三星、LG等品牌。低端市场也被印度本土家电巨头Vicleocon、Onid等不断强化本土品牌的低价与集客优势锁定。④特变电工对同行市场布局与营销的信息搜寻。由于输变电市场需求潜力巨大，早在特变电工进入之前，ABB、西门子、阿尔斯通等国际知名企业已经布局印度市场。韩国、日本等国也尝试在印度建立变压器生产基地。除此之外，印度本地变压器行业有超过200余家制造商，但这些企业大多聚焦在低压变压器的研发、生产与销售领域。

（二）技术端信息搜寻

技术会因国别、体制、文化等因素的影响而呈现特定的标准（Kogut and Zander，1992），加上国际范围内技术不同步和技术差距逐步增大，导致技术信息的分布越来越不均衡。通过搜寻与技术相关的信息，使企业能够了解东道国行业标准、技术范式以及最新的技术发展趋势。通过对传音、天士力、海尔以及特变电工4家案例企业访谈和素材分析，本书发现中国跨国企业技术端信息搜寻主要体现在行业技术范式与趋势信息、同行研发与技术发展信息以及科研机构技术攻关信息3个方面（编码结果与典型例证援引见表3.5）。

第一，行业技术范式与趋势信息。由于机会构建的目的是计划服务的市场或要满足的需求（Eckhardt and Shane，2003），为了满足市场需求，企业必须改进原有服务市场或满足需求的方式，在这一过程中就离不开对行业技术范式与发展趋势的判断。通过案例素材分析，发现这4家案例企业均进行了行业技术范式与趋势信息搜寻行动。具体而言：①传音对行业技术范式与趋势的信息搜寻。传音率先抓住由功能机向智能机升级的机会就得益于对行业技术发展趋势的信息收集与判断。正如研发经理所说：“3G连接比例增加很大程度上能够反映智能手机比例的增长。近年来，我们通过市场信息调研，发现

表3.5　中国跨国企业技术端信息搜寻类型典型证据援引

技术端信息搜寻类型	典型证据援引			
	传音	天士力	海尔	特变电工
行业技术范式与趋势信息	● 3G连接比例增加在很大程度上能够反映智能手机比例的增长，而近年来，通过市场信息调研，企业发现当地供应商加快了设备部署速度，看到一个向更快网络速度迁移的现象 ● 各运营商已经投入460亿美元扩大无线网络范围和提高网络速度，在未来7年预计投入970亿美元	● 现在技术创新的重点在于中药提取技术，而天士力在这方面走在了同行企业的前头，进而抓住了一些重大市场机遇 ● 中医药企业在未来15年应把重点任务放在着力推进中医药创新、提升中医药产业发展水平以及推动中医药海外发展上来，积极寻求技术创新以加快中药研发	● 海尔察觉到用户个性化需求已成为趋势，尤其是互联网技术的发展，跨行业技术融合、软件系统智能化发展已成为家电行业发展的趋势 ● 随着软件系统的智能化，越来越多的系统智能化应用为客户服务效率提升做出了贡献。尤其是智能手机的普及，工程师智能终端技术发展更是一个新的趋势	● 要真正形成一个企业的国际品牌影响力，就必须进入具有更高技术含量、具备系统工程整合和管理能力的成套项目总承包领域，这才代表一个企业国际化经营的最高端领域 ● 随着对技术发展趋势的研判，未来765千伏以上的高压、特高压技术应该成为输变电行业的主流技术
同行研发与技术发展信息	● 在进行本土化创新过程中，传音除了依赖消费者反馈外，还经常收集其他手机厂商的产品类型、研发数据、功能配备等信息 ● 各大厂商的手机在自拍时通常以面部进行定位，但由于非洲人肤色较深，在光线较暗时常常无法准确定位脸部位置，进而拍出的照片效果不好	● 天士力加快了PCT发明专利申请，使用知识产权并且将其与国际标准相结合，践行中医药国际化。而这一做法正是借鉴日本津村株式会社的实践经验 ● 作为全球最大的汉方药制药公司和中药出口企业，日本津村株式会社通过专利先行战略，在海外及时申请注册商标，来开拓其国际化市场	● 在南亚、东南亚的高端家电市场以日系为主，它们掌握了空调控制芯片和压缩机核心技术；中端市场以韩系为主，韩国企业核心技术不如日本，但营销策略很强 ● 在国内海尔集团仍处于家电行业领导者地位，但在核心技术、R&D经费投入及R&D强度等方面同世界主要家电厂商还存在明显的差距	—

续表

技术端信息搜寻类型	典型证据援引			
	传音	天士力	海尔	特变电工
科研机构技术攻关信息	● 为了获得技术信息支持，在韩国设立外观设计研究所，将全球领先工业设计应用到产品上；在法国设立新技术研究所，掌握全球最新通信技术信息，并将其进一步转化为产品力、生产力 ● 传音在尼日利亚、肯尼亚地区，通过与当地调研中心等密切合作，收集和掌握了当地消费者对技术的偏好与反馈信息	● 为了实现中药现代化，主动与美国哈佛大学、英国Aston大学、全欧中医药学会等国外科研机构及国内浙江大学等建立“产—学—研”联盟，以掌握最新技术信息 ● 通过整合海外研发子公司、中医药研究所以及非洲本地的一些医药研发公司，以获得最新技术信息，为非洲中低端客户疾病谱系的多样产品组合提供技术信息支撑	● 进入南亚、东南亚市场之前，海尔已经在美国、日本、欧洲等地建立了研发中心，设立了6个产品设计分部，并通过这些研发中心或便利渠道等，在全世界范围内寻求最前沿的技术、产品研发信息 ● 借助于美国研发技术中心所收集到的最新的温控技术信息，通过研发最终应用到印尼空调市场，在最短时间内达到迅速制冷、瞬间降温的效果	● 为了减少技术上的失误，特变电工向当地行业认证机构学习，与当地科研机构建立深度合作关系等，以增进企业对当地市场的技术规范、质量标准等的了解与掌握 ● 与当地行业协会、输变电协会等组织建立了学习通道，促进了专业知识的双向交流，提高了特变电工对于需求变化的反应速度

资料来源：本书作者整理。

当地供应商加快了设备部署速度，看到一个向更快网络速度迁移的现象。以此来判断未来几年内非洲市场将迎来超过其他任何一个地区的智能手机增长率。”②天士力对行业技术范式与趋势的信息搜寻。由于化学药品对于许多疑难杂症药效不够理想且副作用较大，但中药药性、药源等又没有衡量标准，因此，为了大力推广中药，天士力自成立之初就坚持用西药标准阐释中药效果，致力于打造会说话的现代中药。正如访谈中提到的，“现在技术创新的重点在于中药提取技术，天士力在这方面走在了同行企业的前头，进而抓住了一些重大市场机遇”。③海尔对行业技术范式与趋势的信息搜寻。海尔察觉到用户个性化需求已成为趋势，尤其是互联网技术的发展，跨行业技术融合、软件系统智能化发展已成为家电行业发展的趋势。为此，海尔已着手布局互联网用户生态圈建设，在物联网技术范式指引下，企业通过构建与海外用户零距离交互的核心竞争力，抓住了互联网时代浪潮下的市场机遇。④特变电工对行业技术范式与趋势的信息搜寻。对于输变电行业来说，企业要真正具有国际品牌影响力，就必须进入技术含量更高、具备系统工程整合能力的成套项目总包领域，这代表行业技术发展的最高水平。正如副总裁所说：“不论拿下多少台变压器订单，都代表不了企业实力。对于我们来讲，真正的实力体现在是否具备成套项目总包能力，是否具备从设计、研发到生产、运维等一体化解决方案的能力。”

第二，同行研发与技术发展信息。中国跨国企业对同行竞争对手产品研究与技术发展信息搜寻主要是为了掌握同类产品企业的技术水平层次、研发重点以及产品功能等情况，以便改进或调整企业自身产品、技术发展方向。通过对案例数据分析，本书发现除了特变电工对同行相关技术信息搜寻很少涉及外，其余3家案例企业均对同类企业研发与技术发展的相关信息进行积极搜寻。具体而言：①传音对同行研发与技术发展的信息搜寻。在进行本土化创新过程中，传音除了依赖消费者反馈外，还经常收集其他手机厂商的产品类型、研发数据、功能配备等信息。例如，各大厂商的手机在自拍时通常以面部进行定位，但由于非洲人肤色较深，在光线较暗时常常无法准确定位，传音正是嗅到了机会所在，放弃了其他企业普遍采用脸部轮廓定位的方法，而转向研究开发深肤色五官特征点定位设计拍照功能，这也成为传音手机撬动市场机会的手段之一。②天士力对同行研发与技术发展的信息搜寻。近年来，天士力加快了PCT发明专利的申请，使用知识产权并且将其与国际标准相结合，这一做法正是借鉴了日本津村株式会社的一些经验。③海尔对同行研发与技术发展的信息搜寻。为了掌握同类产品的技术性能，海尔还对印度、印尼等地同行产品研发和技术发展阶段水平等进行了详细了解。例如，高端市场以日系为主，它们掌握了空调控制芯片和压缩机等核心技术；中端市场以韩系为主，韩国企业核心技术不如日本，但营销策略很强。因此，在印度市场初期，海尔的主要盈利点在控制成本上，更多瞄准缝隙产品进行生产。

第三，科研机构技术攻关信息。对科研机构的信息搜寻主要通过向高校、科研院所、公共或商业研究机构等研发主体进行技术知识与信息的收集与处理。一方面增加企业本身差异性技术元素，同时能够使企业突破原有技术认知局限，给企业带来更多创造性的想法。通过对案例素材挖掘与分析，本书发现4家案例企业都与科研机构或高等院校展开了信息、知识交流与合作。具体而言：①传音对科研机构技术攻关的信息搜寻。为了进一步获得技术信息支持，传音在韩国设立外观设计研究所，收集并将全球领先的工业设计应用到产品上；在法国设立新技术研究所，时刻掌握全球最新通信技术信息，并将其转化为产品力。正是这些科研院所的技术和信息支持，使得传音在洞悉实际用户需求后，能够将产品创意与设计更高效地转化为产品并输送落地，更好地服务当地市场。②天士力对科研机构技术攻关的信息搜寻。为了实现中药现代化，天士力主动与美国哈佛大学、英国Aston大学、全欧中医药学会等国外机构建立“产—学—研”联盟，为企业在非洲市场生产滴丸、颗粒、微丸、胶囊、粉针等多种剂型的中药产品提供了技术支持。③海尔对科研机构技术攻关的信息搜寻。在进入南亚、东南亚市场之前，海尔已经在美国、日本、欧洲等地建立了研发中心并设立了6个产品设计分部。通过这些研发机构在全世界范围内寻求最前沿的技术、产品研发信息，并最终应用到产品上。例如，海尔借助于美国研发技术中心所收集到的最新的温控技术信息，并通过研发最终应用到印尼空调市场，实现空调最短时间内达到迅速制冷、瞬间降温的效果，满足了用户的需求偏好。④特变电工对科研机构技术攻关的信息搜寻。由于印度客户层级涉及国网、邦电力局、私人企业甚至面向以家庭为单位的个体客户，客户层级跨度较大，技术规范、技术要求以及标准等十分复杂。特变电工向当地行业认证机构学习，与当地科研机构建立深度合作关系，以增进企业对当地市场的技术规范、质量标准等的了解与掌握，以实现减少技术上的失误的目的。

（三）制度端信息搜寻

制度作为管理市场交易的"游戏规则"，为企业间互动建立了一个公认的框架（North，1990；Scott，2014），跨国企业通过对东道国政府、非政府组织以及行业协会等制度网络主体的信息搜寻，与监督、监管机构等交换信息，不仅可以获取相关政策信息（Oparaocha，2015），还可以充分运用搜寻到的法律法规、产业政策以及财税优惠等相关政策信息，融入实际运营环境中，指导企业调整海外市场拓展方向与重点。通过对传音、天士力、海尔以及特变电工4家案例企业访谈和素材分析发现，中国跨国企业在新兴市场拓展过程中的制度端信息搜寻活动主要表现在东道国制度环境特征信息、行业政策与支持倾向信息、涉外机构业务支持信息3个方面（编码结果与典型例证援引见表3.6）。

第一，东道国制度环境特征信息。由于新兴市场国家大多正处于社会经济转型期，政府更迭频繁、新旧二元制度体系变迁，进而导致其社会、制度等方面发展的不完善、不确定（Marano et al.，2017）。中国跨国企业在新兴市场拓展过程中，一定要通过制度网络主体进行相关信息搜寻，以便对其制度环境特征进行客观评价。通过对案例素材挖掘与对比分析，发现除了海尔对东道国制度环境特征信息搜寻涉及较少外，其余3家案例企业均对东道国政府与制度环境等相关信息进行了大量搜寻与评估。具体而言：

表3.6 中国跨国企业制度端信息搜寻类型典型证据援引

制度端信息搜寻	典型证据援引			
	传音	天士力	海尔	特变电工
东道国制度环境特征信息	● 传音看中非洲市场的一个重要因素是整体税率较低，仅为17%左右（一般税收在20%～24%），而作为非洲经济领头羊之一的尼日利亚税率才8% ● 中非大自贸区对于企业海外运营来讲是件好事，区域之间的货物流通范围会加大，通信产品在自贸政策中所占比例相对较大	● 2000年，中医在南非获取了合法性地位，政府将草药视为补充药品，这就为中医药发展提供了一个相对宽松的制度环境 ● 相对于欧美市场，在非洲市场公司注册流程相对简单，手续的烦琐性及法律的严谨性等方面要求也相对较低，这就大大降低了企业进入难度，提高了企业的适应能力	—	● 莫迪政府自上台以后，就大力加强基础设施建设，提升工业能力水平，并颁布了一系列减税、降低投资门槛、基建投资等改革计划，或给予政策支持 ● 特变电工最终选定在古吉拉特邦投资建厂，就是因为该邦拥有全国最优越的商业环境、相对宽松的准入限制和较高的行政效率等
行业政策与支持倾向信息	● 近些年非洲政府对外企在行业政策允许前提下均提供最大的优惠和加大扶持的力度等 ● 由于埃塞俄比亚等工业信息部门对手机产业不了解，但通过对中国手机市场考察以及认知的提升，当地行业部门颁布了诸多有利于手机产业发展的行业政策，实行了优惠措施	● 2012年，天士力率先进入商业保险市场，就得益于提前得知南非政府将推进全国性医疗保险计划这一政策信息 ● 由于中医药的特殊性，每到一个地区，天士力就与当地医管部门建立联系，如在招投标方面，企业可以优先获取详细的政府、行业部门的采购计划和招投标信息等，为企业布局提供信息支撑	● 海尔在进入初期就经常与当地税务部门、行业协会等相关部门建立良好的关系，以获取它们的各种信息资源支持 ● 收购韩国大宇在印度的冰箱工厂时，由于涉及的国际合并等法律、法规条款复杂，甚至相互冲突，而企业选择通过咨询当地税务部门、行业协会等，请求提供信息支持，并聘请专业团队协助，才顺利实现	● 在人资管理相关行业政策上，印度有个不成文规定，即不能扣减工资、每年工资都要增长等特殊规定 ● 印度针对不同的行业特点，采取不同的行业标准。例如，美标最高；欧标特别强调环保指标；等等。在输变电行业领域，当地通常采用欧标

续表

制度端信息搜寻	典型证据援引			
	传音	天士力	海尔	特变电工
涉外机构业务支持信息	—	● 由于保健品身份的中药注册较为困难且周期长，为此，天士力找到驻外使馆，通过驻外使馆提供信息支持与政府背书等，才使得注册时间缩短了一半 ● 为了参与社会医疗项目，天士力在南非、肯尼亚、布基纳法索等地，通过驻外使馆或海外行业协会等提供各种标书、合同等要点信息	● 从2008年，海尔开始跟进印度政府项目，在涉外使馆的帮助下，参与投标印度卫生部直接招标，或通过各种国际组织支援印度资金、招标等进行合作 ● 在驻外机构的业务支持下，海尔大部分政府项目都是与印度政府或国际组织直接签订合同，跳过了商务中介环节，进一步降低了企业运营成本	● 外国企业项目只有注册成立公司才能实施工程，需经过储备银行、财政部、内政部等层层审批，为了工期需要，特变电工寻求中国驻印使馆的业务信息支持与帮助，才得以顺利完成 ● 企业与印度Supreme公司建立了战略合作关系，离不开驻外使馆提供的合作伙伴信息支持

资料来源：本书作者整理。

①传音对东道国制度环境特征的信息搜寻。传音看中非洲市场的一个重要因素是整体税率较低，仅17%左右（一般国家税收在20%~24%），而作为非洲经济领头羊之一的尼日利亚税率只有8%。此外，中非大自贸区的建立，对于企业海外运营是件好事，自贸区扩大以后，区域之间的货物流通范围会加大。正如访谈中提到的，“由于通信产品在自贸政策中所占比例相对较大，传音旗下的TECNO品牌已经受益了。2017年以后，利好肯定能更好落地”。②天士力对东道国制度环境特征的信息搜寻。天士力将南非作为开辟非洲市场的第一站在于中医在南非获取了合法性地位，政府还将草药视为补充药品，这就为中医药发展提供了一个相对宽松的制度环境。此外，相对于欧美市场，在非洲市场公司注册流程相对简单，手续的烦琐性及法律的严谨性等方面要求也相对较低，这就大大降低了企业进入难度。③特变电工对东道国制度环境特征的信息搜寻。莫迪政府上台以后，大力加强基础设施建设，提升工业能力水平，并颁布了一系列减税、降低投资门槛、基建投资等改革计划，或给予政策支持。正如国际部经理所说：“我们最终选定在古吉拉特邦投资建厂，就是因为该邦拥有全国最优越的商业环境、相对宽松的准入限制和较高的行政效率等。”

第二，行业政策与支持倾向信息。企业所在行业中的法律、规则以及条例等在约束企业行为的同时，也给企业发展指明了方向（Scott，2014）。中国跨国企业充分运用搜寻到的行业法规、产业政策以及财税优惠等相关政策信息，并融入特定运营环境中，在提高自身合法性的同时，还能够指导企业调整海外市场拓展方向与重点。通过对案例素材的挖掘与对比分析，本书发现传音、天士力与海尔以及特变电工4家案例企业对企业所在行业的相关政策规定和支持、优惠信息搜寻行动都较为突出。具体而言：①传音对行业政策与支持倾向的信息搜寻。近些年，非洲政府对在非洲地区建厂的外企在行业政策允许前提下均提供最大的优惠政策与支持力度，最显著的是埃塞俄比亚。由于当地工业信息部门对手机产业不了解，一开始并不想扶持该产业发展，此时，传音将工业信息部门等相关政府机构人员邀请到中国深圳考察，以帮助他们了解和提高对该行业的认知，随后相关政府机构就颁布了诸多有利于手机产业发展的行业政策，实行了优惠措施，这就为传音在当地发展营造了市场空间。②天士力对行业政策与支持倾向的信息搜寻。由于中医药产品的特殊性，天士力每到一个地区，首先与当地医管部门建立良好关系，而良好的政府关系也为企业带来了独特的信息支持或贷款、融资等资金支持。例如，2012年天士力率先进入商业保险市场，就得益于提前得知南非政府将推进全国性医疗保险计划这一政策信息。在招投标方面，很多地方政府、行业部门的采购计划和招投标信息也成为天士力市场布局重点与方向的有力支撑。③海尔对行业政策与支持倾向的信息搜寻。尽管印度政府连续出台多项政策来吸引外资，如税收优惠、减免等。但由于印度实行中央、邦、地方三级课税制度，税制体系复杂，增值税政策不统一，海尔在进入初期就广泛与当地税务部门、行业协会等建立联系，以获取它们的信息资源支持。例如，海尔收购韩国大宇在印度的冰箱工厂时，由于各种法律条款复杂，甚至相互冲突，通过咨询当地税务部门、行业协会等，请求提供信息支持，并聘请专业团队协助等，才得以顺利实现。④特变电工对行业政策与支持倾向的信息搜寻。为了进一步深入了解中印两国的技术标准、工艺、材料的特点和要求，推动本土化工作进程，特变电工还通过专业行业协会，如能源行业协会、承包商会等，对行业标准、技术要求等硬性要求信息进行收集。例如，印度针对不同的行业特点，采取不同的行业标准，在输变电行业领域，当地大多采用欧标。

第三，涉外机构业务支持信息。涉外机构主要指母国政府相关部门的向外延伸，如驻外使馆、驻外办公室以及涉外协会组织等。在东道国市场运营过程中，企业通过与它们建立关系，有助于降低企业海外市场信息不对称、获取必要的信息资源和渠道资源。通过对案例素材挖掘与分析，本书发现天士力、海尔以及特变电工3家案例企业对涉外机构业务支持信息搜寻活动更为活跃。具体而言：①天士力对涉外机构业务支持的信息搜寻。尽管南非政府承认了中医药的合法地位，但由于南非政府对于中药成分鉴别和有效性评价缺乏研究和整体体系，致使保健品身份的中药注册较为困难且周期很长。为此，天士力找到驻外使馆，通过驻外使馆提供信息支持与政府背书，才使得注册时间缩短了一半。②海尔对涉外机构业务支持的信息搜寻。2008年，海尔开始涉足医疗冰箱、冰柜等业务领域，为了跟进政府项目，参与投标印度卫生部招标项目，海尔积极与当地涉外办公室沟通，并在第一时间获取各种文件要求、注意事项等信息支持，此后所有的项目均由企业与当地政府或国际组织直接签订合同，跳过了商务中介这一环节，进一步降低了企业运营成本。③特变电工对涉外机构业务支持的信息搜寻。由于外国企业项目只有注册公司才能实施工程，但注册程序复杂，需经过储备银行、财政部、内政部等层层审批，历时可达半年至一年之久。为了工期需要，企业寻求中国驻印使馆的业务信息支持与帮助，不仅顺利完成了注册、购地、建厂等复杂流程，还获得了印度银行对工程项目二期、三期的贷款。此外，特变电工还从大使馆处得到与自身相配套的产业、合作伙伴等相关信息。

二、中国跨国企业在新兴市场的机会构建过程与模式划分

相比于在发达市场进行战略资产寻求，中国跨国企业在新兴市场拓展更具有明显的机会寻求动机（Kotabe and Kothari，2016；Luo and Tung，2017）。现实中，由于“外来者”和“后发者”身份，当新的海外市场机会出现时，它（新的机会）会直接被在市场耕耘已久的发达市场跨国企业或东道国的本土企业优先占据（许晖、单宇，2019）。因此，为了打破原有的竞争规则，中国跨国企业只有不断地监测、审视外部环境变化，通过积极的信息搜寻，敏锐地捕捉到潜在的发展空间，并通过“构建”机会的方式，创造性地将潜在的机会转变并开发为现实、具体的市场机会，以此来激活已“锁定”的市场与客户资源或者创造新的市场需求。通过对4家案例企业的素材挖掘与分析，发现中国跨国企业在新兴市场的机会构建过程中体现出3个方面的特征（见图3.2）。第一，机会构建的目的在于满足市场或客户需求，企业通过对东道国市场、技术、制度等方面的变化、事件以及相互关联的信息搜寻，所感知到的机会通常是模糊、广泛的机会集。通过与已有客户或潜在客户进行“快速连

接”，企业能够掌握具体的需求细节、可能存在的障碍以及所需资源或能力，进而为机会构建锚定方向。第二，机会构建所采取的手段遵循复合提供逻辑，强调复合竞争，而非单一要素之间的竞争，即以满足客户需求为准则，通过对企业内外部资源与不同竞争属性（如质量、价格、速度、服务等）进行有机捆绑和整合，以更快的响应速度、更高的性价比、更好的服务体验等“超预期匹配”的方式为客户提供价值。第三，机会构建并非一蹴而就，而是一个有目的、有意识的不断迭代的过程。随着外部环境与客户需求变化，企业不仅要在东道国市场环境中继续搜寻信息，而且还要将搜寻的信息进行加工处理，以便形成新的知识结构与主观认知，并通过不断“反思”，使企业能够超越当前规范和规则限制洞察到外部环境更多的差异性与可能性，促使企业持续改进已有的市场机会或创造新的市场机会。

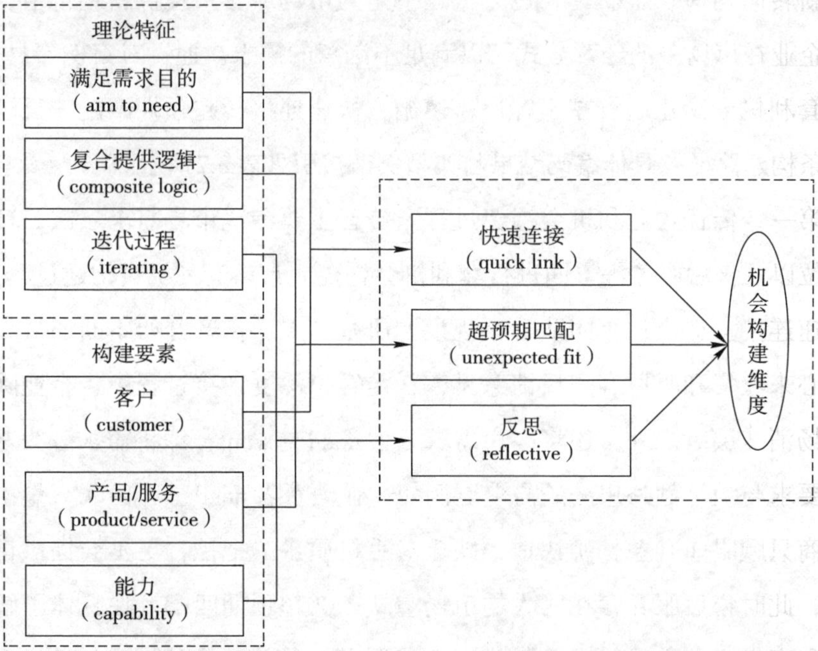

图3.2　机会构建的理论特征、实践要素及维度表现

进一步地，机会产生于经济系统中供需组合关系的变化，并且来自不同变化源的机会在属性上存在差异（Samuelsson，2004）。第一种是创造性变化，通过新技术、新材料、新知识等外生性因素的引入从根本上打破原来的供求组合平衡。第二种是对现有供求组合关系框架内的局部优化，通过解决供给与需求矛盾，将市场重新转向均衡状态。通过对传音、天士力、海尔和特变电工4家案例企业在新兴市场的机会构建过程梳理，并结合机会构建时海外市场状态、对信息的要求以及价值提供方式等对比分析，本书将中国跨国企业在新兴市场机会构建过程总结为套利机会构建和创新机会构建两种模式，具体分析如下：

（一）套利机会构建模式

套利机会主要来自处于不均衡状态的市场或者来源于市场机制失效导致市场效率较低的情境下（Kirzner，1973；Mainela et al.，2014）。套利机会构建强调企业对未满足的需求保持高度警觉，通过解决供给与需求矛盾，将市场重新转向均衡状态。套利机会构建不是为市场或客户提供新颖价值，而是涵盖企业在市场中的经营方式，以满足不满意的需求。通过对案例素材分析，发现套利机会构建起点在于客户，遵循“快速连接→超预期匹配→反思”这样一条构建路径，具体编码结果与典型例证援引如表3.7所示。

第一，传音的套利机会构建过程。传音主要围绕市场需求层次、产品市场定位以及售后服务等方面进行套利机会构建。具体套利机会构建过程如下：①快速连接。在最初小团队、小规模调研基础上，传音开始不断通过设立服务中心来收集和听取客户反馈意见，在与客户深度连接过程中，企业除了评估市场消费层级之外，还将客户需求分为need与want，即将需求分为基本实质性要求与满足额外想法的需求。例如，在消费者need上，由于大量山寨手机厂商只顾眼前利益，赚快钱，缺乏对手机质量的把控，更不会提供售后服务等，此时售后服务存在巨大的市场空缺。②超预期匹配。在具体了解市场需求和客户要求之后，传音创立TECNO品牌，将产品定位在中低档机型，以弥补中低端市场缺口。在售后服务上，传音率先在非洲建设售后服务网络，并成立了Carlcare售后服务品牌，弥补了手机售后服务市场的缺口，除了企业自身品牌手机外，Carlcare甚至还提供对其他品牌手机以及其他电器产品的维

表3.7 中国跨国企业在新兴市场套利机会构建过程典型证据援引

案例企业	机会构建过程			机会构建结果描述
	快速连接	超预期匹配	反思	
传音	● 传音开始不断通过设立服务中心来收集和听取客户反馈意见，并开始从客户需求及认知反馈的角度进行调整 ● 传音在刚进入非洲时，大量山寨手机厂商只顾眼前利益，赚快钱，缺乏对手机质量的把控，更不会提供售后渠道等，此时售后服务存在巨大的市场空缺	● 根据产品层次类别，传音创立TECNO品牌，并将产品定位在中低档机型，价格定位在600～800元（人民币），以此来弥补低端市场需求缺口 ● 在售后服务上，传音率先在非洲建设售后服务网络，并成立了Carlcare售后服务品牌，除了自己维修自有品牌手机外，甚至还能提供对其他品牌手机以及其他电器产品的维修服务	● 传音还不断地结合市场发展和客户最新需求等进行思考，并不断改进与创新，使产品或服务更加贴近非洲用户需要，以区别其他竞争产品，进一步打造差异化品牌定位 ● 在陆续推出TECNO品牌系列机型基础上，特别推出了超长待机系列产品，增加了防汗、防滑以及来电铃声较大等特殊功能	● 创立TECNO品牌，定位中低档机型，价格空间踩点，捕获中低端利基市场机会 ● 成立售后品牌，建立售后服务网络，抢占售后服务巨大的市场 ● ……
天士力	● 邀请政府要员参观集团，并讲解有关中医药文化与相关知识，使他们相信中医药不仅质量的过关，还在治疗疾病方面有显著效果 ● 通过增设健康服务呼叫中心，收集消费者意见使企业进一步了解到非洲不同地区疾病谱系的差异性很大	● 在中药剂型上，在保持传统丸、散、膏、丹的基础上，开发了片剂、口服液、胶囊、颗粒剂等现代剂型，以满足当地消费者对药品形态的偏好 ● 在医疗健康普及上，企业也通过公益讲座形式，普及艾滋病的健康教育知识，并赞助了南非的专业艾滋病网站建设	● 根据非洲市场疾病谱系改进并推出多样性产品组合，如针对代谢综合征推出复方丹参滴丸组合，针对纺织工人推出治疗关节炎的产品组合 ● 由于注册身份不同，营销对象也存在差异：药品对象是医生，而保健品直面消费人群，企业在销售模式上进行了调整	● 利用政策窗口，将中药产品引入南非，弥补中草药市场空缺 ● 以疾病谱系为切入点，推出多产品组合，满足市场需求 ● 利用信息优势，获取商业保险项目 ● ……

续表

案例企业	机会构建过程			机会构建结果描述
	快速连接	超预期匹配	反思	
海尔	● 海尔加强与招标机构、终端用户或客户进行积极沟通，使公司较为全面地熟悉产品配送、使用偏好，为今后保证产品质量和提升用户满意度奠定良好的基础 ● 通过当地咨询公司获取隐性的客户需求偏好，如对价格敏感度较高、对家电售后不满意等	● 在产品生产上，企业将集团母公司的生产平台和印度当地的生产平台对接，在保证品质的前提下，尽可能降低生产成本，以期通过价格优势来迎合印度顾客对价格的敏感性 ● 在售后服务上，海尔建立了一套完备的服务流程，并在24小时内提供上门服务，通过售后服务增值，提升企业的知名度	● 在有些情况下，即使在24小时内提供上门维修、更换等服务，也会导致一些客户的投诉，这进一步触发企业思考“真正”的问题出在哪里 ● 在进行大量市场与客户调研后，企业把服务流程划分为顾客提出抱怨信息、回复顾客的抱怨信息以及进行处理，尤其重视如何回复顾客抱怨环节	● 瞄准中低端缝隙市场，以整机出口的方式进行市场套利 ● 平台对接，利用成本优势，抢占低端市场 ● 建立售后服务体系，弥补服务市场空缺 ● ……
特变电工	● 在印度各个区域均建立了办事处，并拥有自己的销售队伍，直接面向客户需求偏好与具体要求 ● 由于技术标准、参数上的信息差异，特变电工还和当地行业协会建立连接，进而对技术标准、技术规范以及技术要求等有了充分的了解	● 从研发设计、生产提供以及售后服务等全方面为当地市场服务；在研发设计上，除了考虑前沿技术的应用，更加考虑技术运营的稳定性 ● 考虑到输变电行业的特殊性，企业弥补了售后市场空白，配备了专业售后服务团队，接到客户反馈问题后，4小时内给出明确方案等或到达现场解决问题	● 特变电工在产品设计与生产过程中，还不断收集客户反馈信息，并结合反馈意见和当前技术水平，不断对产品研发、功能等进行适配调整 ● 结合技术水平与客户需要和偏好，在电线、电缆上应用了绝缘性材料，以预防当地潮湿天气对输变电线路可能造成的不利影响	● 瞄准市场巨大需求潜力，生产与销售常规变压器以填补市场缺口 ● 考虑行业特性，建立专业售后服务团队，满足客户对售后服务的潜在需求 ● ……

资料来源：本书作者整理。

修服务，赢得了非洲客户的一致好评。③反思。在提供超预期产品或服务之后，传音还不断地结合市场发展和客户最新需求等进行思考，并不断改进与完善，使产品或服务更加贴近非洲用户需要，以区别其他竞争品牌。正如研发经理所说："我们在TECNO品牌系列机型上，特别推出了超长待机系列产品，一定程度上解决了当地消费者充电难、充电频繁等难题。"

第二，天士力的套利机会构建过程。天士力套利机会构建主要涉及利用政策窗口、市场需求缺口等进行产品类型、业务拓展等活动的套利行动。具体套利机会构建过程如下：①快速连接。通过信息搜寻后得知，中医在南非获取了合法性地位，南非政府将草药视为补充药品，这就为企业开拓南非市场提供了政策窗口。为此，天士力积极与南非政府、当地消费者建立联系，以获取他们支持并了解具体需求。一方面，企业邀请政府机构人员参观集团，并宣传讲解有关中医药文化知识，使他们相信中医药不仅质量过关，在治疗疾病方面还有显著效果，这为企业今后进入南非增强免疫计划做了前提准备；另一方面，通过增设健康服务呼叫中心来收集消费者意见，使企业进一步了解到非洲不同地区疾病谱系的差异性很大，这为产品形态、类型以及剂量大小等设计提供了指引。②超预期匹配。在中药剂型上，在保持传统丸、散、膏、丹基础上，还开发了片剂、口服液、胶囊、颗粒剂等现代剂型，以满足当地消费者对药品形态的偏好。此外，在医疗健康普及上，企业也通过公益讲座形式，普及艾滋病的健康教育知识，并赞助了南非的专业艾滋病网站建设，通过网络向南非患者推介具有提高免疫力功能的中药产品。③反思。在提供产品和服务的同时，天士力也通过与政府、经销商以及消费者不断沟通，对原有市场策略或模式进行改进与修正。除了开发不同剂型之外，天士力还根据非洲市场疾病谱系推出了多样性产品组合，如针对代谢综合征推出的以复方丹参滴丸为主线的产品组合，针对南非中部地区纺织工人推出的治疗关节炎的产品组合，以此迎合当地消费者的需要。

第三，海尔的套利机会构建过程。海尔主要在进入中低端利基市场、填补售后服务空白等方面进行套利机会构建行动。具体套利机会构建过程如下：①快速连接。经过前期的环境信息收集发现，印度家电的中高端市场正被LG、三星、索尼等日韩家电品牌占据，海尔决定开发进入中低端利基市场。由于印度产品使用环境存在差异，一方面，海尔加强与招标机构、终端用户或客户进行积极沟通，使公司较为全面地熟悉产品配送、使用环境、用户偏好等，为今后保证产品质量和提升用户满意度奠定良好的基础；另一方面，通过当地咨询公司，获取隐性的客户需求偏好信息。例如，对价格的敏感度较高、对目前家电产品售后不满意等。②超预期匹配。尽管避开了日韩等高端品牌竞争，但海尔还面临着东道国本土企业的成本优势。为此，海尔从产品生产和售后服务两个方面进行改进：在产品上，企业将集团母公司的生产平台和印度当地的生产平台对接，在保证品质的前提下，降低了30%的生产成本，在与当地产品竞争中赢得了价格优势；在售后服务上，海尔建立了一套完备的服务流程，并承诺24小时内提供上门服务。③反思。尽管海尔通过质优价廉、售后服务等行动，提升了企业的知名度与企业形象，但有些情况下，即使24小时内提供上门维修、更换等服务，也会导致一些客户投诉。为此，企业进行了大量的市场调研并把服务流程划分为顾客提出抱怨信息、回复顾客的抱怨信息以及海尔对抱怨信息进行处理。最关键的一环是如何回复顾客抱怨信息，企业对反馈意见分类整理，规范服务用语和接待程序，10分钟内回复反馈意见等方面进行了改进。正如访谈提到的，"客户的不满意，往往就体现在投诉的几分钟内，这段时间把控好了，也就达到事半功倍的效果了"。

第四，特变电工的套利机会构建过程。特变电工主要围绕市场空白、需求潜力以及政策窗口期等方面展开一系列套利机会构建行动。具体的套利机会构建过程如下：①快速连接。为了进一步抢占印度输变电市场，特变电工除了前期通过企业走访、推介以及参加电力行业的相关展会宣传等对市场、技术等信息追踪了解之外，企业还有针对性地对潜在客户、行业机构以及政府部门等商业网络或制度网络主体，建立初步关系或开展合作，以求获取更为详细的客户要求、市场偏好以及政府主张。例如，企业在印度各个区域均设立了办事处，并拥有自己的销售队伍，直接面向客户需求偏好与具体要求。此外，通过技术信息搜寻得知存在技术标准、参数上的差异，特变电工积极与当地行业协会建立连接，并展开深度合作，进而对技术标准、技术规范以及技术要求等有了充分了解。②超预期匹配。在充分掌握当地客户潜在需求、具体偏好以及行业标准之后，企业从研发设计、生产提供以及售后服务等全方面为当地市场与客户服务。在研发设计上，除了考虑前沿技术的应用，更加考虑技术运营的稳定性；在售后服务上，企业配备了专业的售后服务团队，接到客户反馈问题后，4小时内给出明确解决方案，如有需要，24小时内保证专家到达现场。③反思。在提供产品与服务过程中，特变电工还不断收集客户的反馈信息，并结合反馈意见和技术水平，不断地对产品研发、功能以及服务流程等进行调整与改进。例如，由于印度地处热带、亚热带气候地区，常年多雨、气候潮湿，进而对企业输变电导电材料提出了更高的要求。为此，企业结合技术需要，在输变电缆上应用绝缘性材料，以预防当地潮湿天气对输变电线路可能造成的不利影响。此外，还通过招聘当地人员进行售后服务培训，减少了中印文化之间差异性对售后服务理解可能产生的偏差或障碍。

（二）创新机会构建模式

创新机会强调机会的产生基于创造性破坏并带来新的经济价值（Holmén et al.，2007；Anokhin et al.，2011），将市场重新转移到不平衡状态。创新机会构建需要整合新的信息、重构资源组合，是企业创造性思维与实践相结合的产物。通过对案例素材分析，发现创新机会构建起点在于企业认知能力，遵循“反思→超预期匹配→快速连接”这样一条构建路径，具体编码结果与典型例证援引如表3.8所示。

第一，传音的创新机会构建过程。传音主要围绕产品本土化创新、创新生态系统建设等方面进行了一系列创新机会构建行动。具体的创新机会构建过程如下：①反思。传音在刚进入非洲时，就思考企业定位，不以追求快速盈利为目标，而是以创立自主品牌、长远发展为思路。企业不断对市场信息、客户反馈等加工处理，思考为客户提供哪些产品、服务哪里需要改进以及供

表3.8　中国跨国企业在新兴市场创新机会构建过程典型证据援引

案例企业	机会构建过程			机会构建结果描述
	反思	超预期匹配	快速连接	
传音	● 传音一开始就思考企业定位：不以追求快速盈利为目标，而是以创立自主品牌、长远发展为思路 ● "我们不断对市场信息、客户反馈等加工处理，思考为客户提供哪些产品以及供应商与运营商如何合作，如何进行本土化创新而非仅仅满足需求。"	● 传音积极进行"本土化"创新：推出了"双卡""三卡"甚至"四卡"手机，设计出"美拍"手机，打造了500～2000元（人民币）"平民化"智能手机 ● 随着4G网络以及手机用户的普及，传音也开始布局生态互联网，创立了家电品牌Syinix，实现手机与智能家居、家电的互联互通	● 在研发专属拍照手机Zero 5时，就邀请消费代表进行试用，在脸部轮廓、曝光补偿、成像效果等方面提出了反馈意见，最终开发研制出"四像合成"成像技术 ● 企业通过自有团队与第三方合作的大规模调研、客户中心的反馈等途径，将场景化的需求融入最新的产品设计中	● 研发多卡、"美拍"、超长待机等一系列"本土化"创新手机，引发了非洲消费者个性化的需求 ● 成立了家电品牌，布局移动互联网业务，引发全新的市场需求 ● ……
天士力	● 在初入非洲市场时，天士力高层就反思并认为中药之所以在国际市场生存困难，原因在于中西方文化差异 ● 在中药特性宣传方面进行大量尝试，致力于打造"会说话的现代中药""以西药标准阐释中药再推动中医药文化，以此带动其他中药产品"等，为市场定位决策奠定基础	● 采用"以教育为先导，直销+体验营销"形式，发挥体验式营销的作用，还为非洲消费者提供相关的医疗咨询服务、养生保健服务 ● 在中药现代化上，对药材种植、中间提取、制剂生产以及药效、剂量、功效等方面指标进行标准化、可量化，进一步提高中药的科学性	● 在后续市场推广过程中，企业也经常与政府、经销商以及客户进行沟通，以检验流程、模式是否适配等 ● 在"以医带药"模式基础上，针对二、三线城市甚至乡镇，由培训师和经销商组队进行健康咨询和产品使用培训，通过送医送药下沉模式解决偏远地区医疗资源不足问题	● 设计理念创新，致力于打造"会说话的现代中药"，引发了对中药的全新市场需求 ● 运营模式创新，"以医带药"，引发了对医疗、养生保健等方面新的市场需求 ● ……

续表

案例企业	机会构建过程			机会构建结果描述
	反思	超预期匹配	快速连接	
海尔	● 在全球家电行业进入互联网时代之前，海尔凭借对市场信息、行业技术发展趋势的思考，很早就开始布局互联网用户生态圈，把满足并引领用户个性化需求放在首要位置 ● 海尔走进用户，深度观察用户风俗习惯、文化背景差异，并结合目前现有产品功能的优缺点，进行创新	● 依据印度客户消费者的习惯推出“不弯腰冰箱”，颠覆了当地冰箱市场“上冷冻、下冷藏”的产品设计，并进一步增大了冷藏空间，迎合了当地对素食保鲜的需求 ● 积极布局智慧生态圈，通过一部智能手机，就可以连接家庭电视、冰箱、厨房、洗衣机，甚至智能家居	● 通过顾客信息反馈系统进行反馈意见收集、设立新品展厅来吸引客户参观与试用体验，并根据调研与反馈数据信息对创新产品加以改进 ● 对于“快速制冷空调”耗电量较大这一问题，应用180°正弦波直流变频技术和“智能调速省电技术”，实现了省电59%的超强省电效果	● 颠覆传统理念，创新产品设计，引领用户个性化需求 ● 布局智能生态圈，引领消费向物联网、智能化方向转变 ● ……
特变电工	● 尽管目前市场大多以常规变压器需求为主，但结合印度地理区域、电力能源分布以及未来经济走势等，特变电工判断并锚定了特高压市场 ● “刚到那（印度），普通变压技术、高压技术等还能弥补市场需求空缺，但未来几年甚至以后很长一段时间，一定是特高压技术的天下。”	● 根据客户需求变化，以更灵敏的市场反应能力对产品进行升级和更新换代。如在之前售后服务基础上，建立智能运维平台，对承建业务主动监测、控制与维护 ● 积极布局生态产业链，建有输变电、配电器、电工钢加工、电缆、GIS生产基地，形成“煤电硅”一体化的产业链创新体系	● 为了检验自主研制的 ±1200千伏交流输变电技术以及智慧eCloud平台是否运营稳定，找出可能存在的问题，通过国际权威质量认证机构进行突发短路试验，以验证技术的可靠性与稳定性 ● 通过与当地电网公司建立合作关系，并进行小范围试运营等，进一步检验特高压输变电技术的性能与效率，以便进行改进	● 攻关特高压，打破普通变压器市场平衡 ● 构建运维平台，将被动服务变主动跟进，引发服务市场新趋势 ● 布局生态产业链，转变合作方式，开辟全新的绿色能源市场 ● ……

资料来源：本书作者整理。

应商与运营商如何合作等，进而引发市场上新的消费需求。②超预期匹配。在打造差异化品牌定位基础上，传音在产品研发与设计上积极进行“本土化”创新。例如，推出了“双卡”“三卡”甚至“四卡”手机，研发设计出“美拍”手机，打造了500~2000元（人民币）“平民化”智能手机，创造了新的市场需求。此外，随着4G网络以及手机用户的普及，传音也开始布局生态互联网，并创立家电品牌Syinix，最终实现手机与智能家居、家电等互联互通，引领了创新生态系统建设方向。③快速连接。这一环节的连接行动主要是验证与改进通过创造性思考和行动研发的新产品、新服务流程等是否符合客户需要。传音第一时间与客户、合作伙伴进行对接，并再次听取他们的反馈意见等。例如，在创新研发专属拍照手机Zero 5时，就邀请消费代表进行试用，在脸部轮廓、曝光补偿、成像效果等方面提出了反馈意见，最终开发出“四像合成”成像技术，可使CMOS上每一个像素点都独立采集光源、捕捉图像，使每张自拍的亮度提升30%等。

第二，天士力的创新机会构建过程。天士力主要围绕产品设计理念以及市场运营模式等方面进行一系列创新机会构建行动，具体的创新机会构建过程如下：①反思。初入非洲市场时，天士力高层就认真思考，认为中药之所以在国际市场生存困难，主要在于中西方之间文化鸿沟仍未消除。只有先输出中医药文化，向海外消费者大力宣传并逐步普及中医药相关知识，才能使其真正认可中医药。为此，天士力在中医文化理念、中药特性等宣传方面进行了大量尝试，这也为企业致力于打造“会说话的现代中药”“以西药标准阐释中药再推动中医药文化，以此带动其他中药产品”的市场定位决策奠定了认知基础。②超预期匹配。为了进一步消除对中医药的误解，天士力并未模仿和学习传统中药企业分销代理模式，而是采用“以教育为先导，直销+体验营销”模式，大力发挥体验式营销的作用。除了中药产品销售外，企业还为非洲消费者提供相关的医疗咨询服务、养生保健服务。在中药现代化方面，企业率先以“西药标准阐释中药效果”，对药材种植、中间提取、制剂生产以及药效、剂量、功效等方面指标进行标准化、可量化，进一步提高中药的科学性。③快速连接。

天士力通过“中药现代化”“以医带药”等创新理念或模式一开始就赢得了客户的认可，在后续市场推广过程中，企业也经常与政府、经销商以及客户进行沟通，不断检验流程模式、创新理念的适配性。例如，在“以医带药”模式基础上，针对二、三线城市甚至乡镇，通过送医送药下沉的模式解决了偏远地区医疗资源不足的问题，真正把终端消费者做扎实。

第三，海尔的创新机会构建过程。海尔创新机会构建主要体现在高端产品和生态物联网布局等方面所进行的一系列创新行动。具体的创新机会构建过程如下：①反思。在全球家电行业进入互联网时代之前，海尔就凭借对市场信息、行业技术发展趋势进行思考，较早布局互联网用户生态圈建设，并把满足并引领用户个性化需求放在企业战略实施的首要位置。为此，海尔印度公司走进用户，深度观察用户习惯、文化差异，并在结合目前现有产品功能优缺点基础上，进行大胆创新和改革。例如，关于冰箱冷冻、冷藏布局的思考，对空调制冷之外功能进行的反思，这也为下一步企业研发“不弯腰冰箱”“快速制冷空调”等做了前提准备。②超预期匹配。在对用户习惯、行为以及当地文化、气候条件创造性反思基础上，海尔依据印度客户习惯推出“不弯腰冰箱”，颠覆了当地冰箱市场“上冷冻、下冷藏”的产品设计，并进一步增大了冷藏空间，满足了印度当地对素食保鲜的需求，瞬间引爆整个印度冰箱市场；推出“快速制冷空调”，迎合印尼消费者的需求。此外，海尔还积极布局智慧生态圈，通过一部智能手机，就可以连接家庭电视、冰箱、洗衣机以及厨房电器，甚至智能家居，满足并引领当地部分消费者对高品质生活的追求。③快速连接。与此同时，为了进一步检验与改进创新产品是否真正符合消费者或用户需要，海尔还通过顾客信息反馈系统进行反馈意见收集，设立新品展厅来吸引客户参观与试用体验，并根据调研与反馈数据信息对创新产品进行改进。例如，对于“不弯腰冰箱”这一系列产品，海尔根据当地停电频繁等现状，改进了产品承受的电压范围；对于“快速制冷空调”耗电量较大这一问题，应用独有的“智能调速省电（SVE）技术”，实现了省电59%的超强节能效果，大大降低了使用成本，避免了消费者对高昂电费的担忧等。

第四，特变电工的创新机会构建过程。特变电工主要围绕特高压市场、生态产业链创新体系、运维流程等方面展开一系列创新机会构建行动。具体的创新机会构建过程如下：①反思。在进入印度市场初期，其市场上有超过200家变压器生产商，大多以常规变压器生产为主，但结合印度地理区域、电力能源分布、市场需求以及未来经济走势情况等，特变电工锚定了特高压市场机会。正如访谈中提到的，“刚到那（印度），普通变压技术、高压技术等还能弥补市场需求空缺，但未来几年甚至以后很长一段时间，一定是特高压技术的天下”。为此，特变电工提早围绕特高压技术展开一系列行动。②超预期匹配。一方面，特变电工在当地建立交流1200千伏、直流±1000千伏特高压变压器研制基地，进行特高压技术研发与产品生产，以满足未来市场的需求；另一方面，企业还根据客户需求变化，以更灵敏的市场反应能力对产品进行升级与更新换代，为客户提供优于竞争对手的产品或服务。例如，在售后服务基础上，建立了智能运维平台（eCloud平台），对企业承建业务进行主动监测、控制与维护。此外，除了提供输变电EPC总包服务模式，还建立了输变电、配电器、电工钢加工、电缆、GIS生产基地，形成“煤电硅”一体化的产业链创新体系，以期满足市场与客户的多维度需求。③快速连接。为了检验自主研制的±1200千伏交流输变电技术、DFP-260000/420TH发电机变压器以及智慧eCloud平台是否运营稳定，找出可能存在的问题，一方面，企业积极通过国际权威质量认证机构进行认证工作，如通过荷兰KEMA公司进行突发短路试验，以验证技术的可靠性与稳定性；另一方面，通过与当地电网公司建立合作关系，并进行小范围试运营活动，进一步检验特高压输变电技术的性能与效率，以便下一阶段进行有针对性的改进与提高。

三、中国跨国企业在新兴市场的成长绩效

相较于企业绩效而言，企业的成长绩效更能够表现出中国企业在新兴市场拓展过程中的扩张性和动态性特征（Koryak et al.，2015）。成长绩效不是某个时间点的静止状态，而是一个相对动态的评价指标（Bianchi et al.，2017）。

它不仅以提高经济效益和追求利润为标志，更加侧重企业盈利能力的潜力和海外市场份额或占比增速的提高（Koryak et al.，2015）。这一指标更能够反映中国跨国企业在海外市场不断动态发展的过程。借鉴Bianchi等（2017）、张玉利（2004）等学者对企业成长绩效的衡量指标或逻辑，通过对传音、天士力、海尔以及特变电工4家案例企业成长结果的分析发现，中国跨国企业的成长绩效可以从成长速度和成长潜力两个维度来衡量。其中，成长速度表现为销售增长速度、市场扩张范围、企业人数增速以及业务边界拓展等方面；成长潜力则体现在企业形象提升、客户满意度、市场变化与需求反应能力、产品或服务创新等方面。此外，通过案例之间的对比分析，还发现企业信息存量差距以及机会构建模式的差异性，会导致企业在新兴市场初期的成长性呈现差异化的特点，但共同的规律是在不断地信息搜寻与机会构建的协同演进过程中，中国跨国企业在新兴市场的成长性呈现由低到高的演化轨迹（见表3.9）。

第一，传音在新兴市场的成长绩效。传音进入非洲市场初期的成长绩效表现出“高成长速度—低成长潜力”的特点。非洲拥有超过10亿人的市场，但手机普及率只有南非等个别国家比较高，撒哈拉以南非洲，如东非、西非的一些国家的手机普及率为10%~20%，而当时手机品牌并不多。传音在进入非洲市场初期就是抓住了这种需求和供给不平衡的机会，才实现了高成长速度。然而，由于进入初期只是大量输入功能机，并没有太多创新技术，加上传音进入非洲之前，中国大量的翻新机、山寨机等充斥着当地市场，产品以次充好现象频发，使得非洲消费者对中国品牌认可度较低，企业的成长潜力较低。随着国际竞争的不断深入，通过不断地信息搜寻与机会构建，尤其是创新机会构建，企业在技术水平、研发实力等方面大大提升。加上传音践行本土化创新，始终瞄准消费者的痛点，在进入非洲市场后期，传音成长性体现出“高成长速度—高成长潜力”的特点。在成长速度上，2018年，传音旗下各品牌手机以58.7%的市场份额占据非洲功能机市场的首位，智能手机的出货量比例约为34.3%。截至2019年，传音的全球销售网络已经覆盖非洲、

表3.9　中国跨国企业在新兴市场的国际成长绩效典型证据援引

进入时期	国际成长绩效		典型证据援引			
	维度	衡量指标	传音	天士力	海尔	特变电工
进入初期	成长速度	● 销售增长速度 ● 市场扩张范围 ● 企业人数增速 ● 业务边界拓展	● 2008年，传音就在埃塞俄比亚、尼日利亚、加纳开办了手机组装厂，非洲裔员工达到2300多人，而中国籍员工仅有100多人 ● 在不到6年的时间内，传音旗下的itel品牌在非洲市场整体销量已经逼平三星	● 进入非洲第二年，由于商业模式选择准确，培训+体验的方式易复制，几个月就开始盈利，并形成一定规模客户群体 ● 2006年，天士力所拥有的复方丹参滴丸等七种药品被批准进入了南非政府增强免疫力计划	● 海尔只是瞄准低端细分市场，依靠成本优势来获取一定市场份额 ● 在印度的低端市场有了一定市场占有率，大约占比为10%	● 在印度市场初期的几年时间内，企业仅仅被当作信息收集中心，没有太多实质性业务
	成长潜力	● 企业形象提升 ● 客户满意度 ● 市场变化与需求反应 ● 产品或服务创新	● 初期只是输入功能机，没有太多创新技术 ● 中国大量的翻新机、山寨机等充斥着当地市场，产品以次充好现象频发，企业形象认知度偏低	● 企业一开始以一种主导产品来开拓市场，并且定位在低端市场 ● 受中国国内“毒奶粉”“地沟油”等涉及食品安全的事件影响，作为与人的健康密切相关的中药产品，一开始其认可度并不高	● 日韩品牌占据高端市场，印度当地对海尔的评价是低价、低廉的产品 ● 初期为了抢占市场，产品大多是在国内产品基础上拼凑而来的，技术含量偏低	● 在竞争750 KV电抗器的订单时，研发团队早已经突破了技术门槛限制，一举拿下了79台设备的订单 ● 除了提供优质产品外，企业还致力于改善当地民生，赢得了当地政府和社会的肯定

续表

进入时期	国际成长绩效		典型证据援引			
	维度	衡量指标	传音	天士力	海尔	特变电工
进入后期	成长速度	● 销售增长速度 ● 市场扩张范围 ● 企业人数增速 ● 业务边界拓展	● 2018年，传音旗下各品牌手机以58.7%的市场份额占据非洲功能机市场的首位 ● 至2019年，传音的全球销售网络已经覆盖非洲、南亚、东南亚、拉美、中东等50多个新兴市场国家或地区	● 在非洲建立了22个销售公司，拥有10个物流中心和近200家中医诊所等；在产品销量上保持了较高的增长率 ● 仅仅在西非国家，直接控股经营6家分公司，在这些国家共有10个物流中心办事处等	● 海尔在印度陆续建立了2个工业园，2019年在南亚市场的年收入增长超过25% ● 海尔已经完成了物联网布局，拥有空调、冰箱、洗衣机、电视等多品类综合性生态链系统网	● 2017年，变压器年产量超过ABB和西门子，位居世界第一，尤其是在印度特高压市场上，遥遥领先 ● 已经形成输变电、配电器、电缆、GIS生产基地，形成“煤电硅”一体化的产业链
	成长潜力	● 企业形象提升 ● 客户满意度 ● 市场变化与需求反应 ● 产品或服务创新	● 传音旗下的产品覆盖所有档次、技术，在非洲市场有良好的口碑与声誉，成为名副其实的“非洲之王” ● 当地社会普遍认为传音不是来赚快钱的，是真正关心消费者，并且愿意与他们一起长远发展	● 企业构建了一条联结药物研发、种植、提取、生产和营销的现代中药产业链和新型药物研发技术链，并成为中药现代化的先行者和标准制定者 ● 我国中医药企业第一个突破FDA Ⅲ期临床研究认证	● 海尔在互联网+技术的基础上，在高端产品实现了突破，成为印度家电市场的领军品牌——“印度海尔” ● 通过与用户、供应商和研发机构的深度交互，为客户提供零距离服务，赢得客户信赖	● 突破了特高压 ±1200千伏交流技术，掌握了太阳能核心技术，成为行业标准设计与引领者 ● 特变电工最突出的成绩是社会价值提升，变电站的建设大大改善了当地用电条件，提高了当地居民生活水平

资料来源：本书作者整理。

南亚、东南亚、拉美、中东等50多个新兴市场国家或地区；在成长潜力上，企业品牌影响力在非洲市场位列三甲，产品覆盖所有档次、技术，在非洲市场有良好的口碑与声誉，成为名副其实的“非洲之王”。

第二，天士力在新兴市场的成长绩效。天士力在进入非洲市场初期的成长性表现出“高成长速度—低成长潜力”的特点。在进入初期，由于非洲当地黑人长期受到殖民主义的压迫，常年处于“缺医少药”状态，加上非洲底层消费者购买能力有限，80%的本地居民使用草药进行治疗。天士力凭借在中医药领域的独特资源禀赋，通过构建套利机会来迅速弥补非洲中药市场巨大需求缺口，实现了较高的成长速度。例如，天士力进入非洲第二年就开始盈利，并拥有了一定规模的客户群体。但由于企业一开始是以一种主导产品来开拓市场，并且定位在低端市场，企业的成长潜力较低。随着在非洲市场的不断深入，通过套利所带来的价值收益越来越低，天士力不断地搜寻新的信息与构建更多创新机会。在进入非洲市场后期，企业的国际化成长表现出“高成长速度—高成长潜力”的特点。在成长速度上，在非洲建立了22个销售公司，拥有10个物流中心和近200家中医诊所等，在产品销量上保持了较高的增长率；在成长潜力上，企业构建了一条联结药物研发、种植、提取、生产和营销的现代中药产业链和新型药物研发技术链，并成为中药现代化的先行者和标准制定者。

第三，海尔在新兴市场的成长绩效。海尔在进入南亚、东南亚市场初期的成长性表现出“低成长速度—低成长潜力”的特点。尽管海尔在开辟南亚、东南亚市场之前就已经在欧美等地建立了研发中心，具有一定的品牌影响力，但在进入南亚市场之后，由于日韩高端家电品牌牢牢锁住高端市场，而中低端市场又被印度Vicleocon、Onid等本土家电制造商占据，不论从产品、技术还是品牌上海尔都不具备相对优势。在进入初期，海尔只是瞄准低端细分市场，依靠成本优势来获取一定市场份额。随着在印度市场不断深耕，通过套利机会与创新机会不断交替构建与开发，抢占中高端市场，并持续扩大其竞争优势，此时的成长性表现出“高成长速度—高成长潜力”的特点。在成长速度上，海尔在印度陆续建立了2个工业园，2019年在南亚市场的收入增长超过25%。此外，企业在印度市场已经完成了物联网布局，拥有空调、冰箱、洗衣机、电视等多品类综合性生态链，并将家电产业延伸至数字化产业；在成长潜力上，基于“互联网+”技术，海尔在高端产品实现了重大突破，成为印度家电市场的领军品牌，享有“印度海尔”的美誉。

第四，特变电工在新兴市场的成长绩效。特变电工在进入南亚市场初期的成长性表现为“低成长速度—高成长潜力”的特点。由于在进入南亚市场初期，企业就定位在765 KV以上的变压器市场，并与ABB、西门子等标杆企业看齐。在这一阶段，特变电工主要把精力、时间放在技术攻关、产品研发上。例如，在竞争750 KV电抗器的订单时，企业研发团队早已经突破了技术门槛限制，一举拿下了79台设备的订单。2010年以后，尤其是莫迪政府上台以后，大力加强基础设施建设，并实施了一系列减税、降低投资门槛、基建投资等改革计划或优惠政策。巨大的市场潜力与企业自身具备的相对优势，企业加快了市场拓展的步伐，不断地机会构建，尤其是创新机会的构建与市场开发，使企业除获得客户订单之外，也进一步增强了竞争优势。在进入南亚市场后期阶段，特变电工的成长性表现出“高成长速度—高成长潜力”的特点。在成长速度上，2017年，企业变压器年产量超过西门子和ABB，位居世界第一，尤其是在印度特高压市场份额上，遥遥领先。在成长潜力上，企业突破了特高压±1200千伏交流技术，掌握了太阳能核心控制部件技术，成为行业标准设计与引领者。与此同时，变电站的建设大大改善了当地用电条件，提高了当地居民生活水平，赢得了当地政府与社会的肯定。

第三节　结论与讨论

通过选取传音、天士力、海尔和特变电工4家企业进行探索性多案例研究，本书探讨了中国跨国企业信息搜寻的动因、搜寻方式以及结果表现，提炼了中国跨国企业在新兴市场的机会构建机制与构建模式，并系统分析了在信息搜寻与机会构建不断迭代作用下，中国跨国企业在新兴市场实现国际化成长的演化路径。

一、中国跨国企业信息搜寻的微观机制

跨国企业在海外市场拓展过程中，需要信息资源的支持，企业拥有的信息资源越丰富，越有利于企业经营活动的开展（Shepherd et al.，2012）。然而，在新兴市场嵌入情境的复杂性，使得有价值的信息隐蔽性更高（Ãkerman，2015）。通过对4家案例企业素材的分析可以发现，驱动中国企业信息搜寻的动因在于已有信息不对称和新的信息缺失所造成的"信息鸿沟"。为了缩小或弥补信息鸿沟，中国跨国企业通过市场端搜寻、技术端搜寻以及制度端搜寻，获取并整理关键性的信息资源。与此同时，通过多来源、多渠道的信息搜寻可使企业从不同角度洞察信息之间的内在关联，降低信息分散的随机性，进而使企业充分评估东道国环境变化和感知到可能的潜在机会集（见图3.3）。

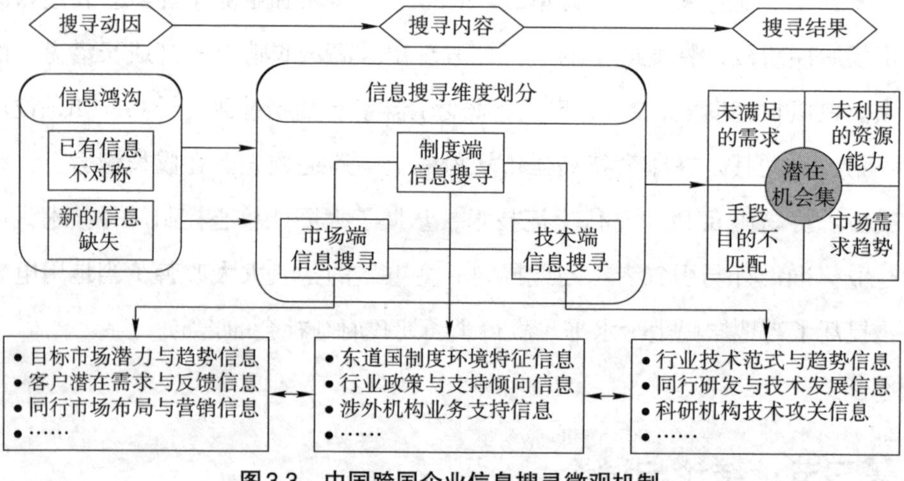

图3.3 中国跨国企业信息搜寻微观机制

第一，市场端信息搜寻。市场端信息搜寻是指企业从组织外部网络主体搜寻有关市场潜力与发展趋势、客户需求与偏好、同行市场布局以及合作伙伴渠道供应等方面的信息。通过搜寻与市场相关的信息，能够帮助企业更敏锐地、更快速地锚定市场趋势或客户痛点，为挖掘或开发潜在市场机会或创

造新的机会提供关键的信息支撑。通过对案例素材编码与分析，本书发现中国跨国企业在市场端的信息搜寻活动主要包括：①目标市场潜力与趋势信息。主要涉及对东道国地区未来经济发展态势、市场潜力、人口红利以及供给状况等方面的信息。②客户潜在需求与反馈信息。主要包括对客户现有要求、需求偏好以及对已有产品或服务的反馈信息的收集与处理。③同行市场布局与营销信息。主要包括同行竞争企业或同类产品企业在东道国市场定位、布局特点以及渠道、广告等营销策略信息。

第二，技术端信息搜寻。技术端信息搜寻是指企业从外部网络主体搜寻有关技术范式、行业标准、同行研发信息以及科研机构技术攻关方向等方面的关键信息资源。由于技术会因国别、体制、文化等因素的影响而呈现特定的标准（Kogut and Zander，1992），通过搜寻与技术相关的信息，企业能够了解东道国行业标准、技术范式以及最新的技术发展趋势，进而指导企业改进或调整技术发展方向。通过对案例素材编码与分析，本书发现中国跨国企业在技术端的信息搜寻活动主要包括：①行业技术范式与趋势信息。主要涉及企业收集与评估行业相关标准、参数以及未来一段时间内技术发展方向。②同行产品研发与技术发展信息。涉及对同类产品企业的技术水平、研发重点以及产品功能等情况了解，以便改进或调整自身技术或产品研发方向。③科研机构技术攻关信息。科研院所、高校实验室以及公共或商业研究机构往往能够代表技术的前沿与发展方向，中国跨国企业通过与它们建立联系，能够第一时间获取技术进步、产品研发等最新信息，有助于突破企业对现有技术认知的局限性。

第三，制度端信息搜寻。制度端信息搜寻是指企业从外部制度网络主体搜寻有关制度环境特征、行业政策规定、政策优惠条款以及政策性准入等信息资源。与东道国政府、监管机构以及母国涉外机构等制度网络主体建立联系，使企业获取相关政策信息，进而使企业对所处制度环境、行业发展趋势更有预见性。通过对案例素材编码与分析，本书发现中国跨国企业在制度端的信息搜寻活动主要包括：①东道国制度环境特征信息。主要涉及对东道国整体制度环境的评估，如制度环境灵活性、稳定性等特征以及对制度优势与制度缺陷、危害等劣势做出评价，并决定是否进入或退出该市场区域。②行业政策与支持倾向信息。主要包括对市场或行业准入类、优惠类等信息进行收集与加工处理。③涉外机构业务支持信息。涉外机构主要指驻外使馆、驻外办公室以及涉外协会等，企业通过与它们建立联系，能够获取必要的信息资源和渠道资源。

二、中国跨国企业机会构建机制与模式划分

中国跨国企业对东道国市场、技术、制度等方面的变化、事件以及相互关联的信息搜寻，所感知到的机会通常是模糊的、广泛的机会集（Oyson and Whittaker，2010；Foss and Klein，2012），这些潜在的机会集并不都能给中国跨国企业带来预期的经济价值，而机会构建正是通过企业认知与行动创造性地将潜在的机会集转变并开发为现实、具体的市场机会的过程（Oyson and Whittaker，2015）。基于过程观视角，本书将中国跨国企业在新兴市场的机会构建机制提炼并归纳为“快速连接”“超预期匹配”以及“反思”三个关键行动，并基于构建过程特征，将其划分为套利机会构建和创新机会构建两种模式（见图3.4）。具体而言：快速连接是企业第一时间与已有客户或潜在客户进行互动并初步确立商业关系，使企业更准确了解客户需求偏好、可能存在的障碍以及所需资源或能力，进而为构建手段选择锚定方向；超预期匹配是企业瞄准通过连接所获得的准确需求，对企业内外部资源与不同竞争属性（如质量、价格、速度、服务等）进行有机整合，以更快的响应速度、更高的性价比、更好的服务体验等方式为客户提供价值；反思能够使企业超越当前规范和规则限制，洞察到外部环境更多的差异性与可能性，并重新定位超预期匹配过程中所提供的方案的适配性，回馈于新一轮的连接行动。在快速连接、超预期匹配、反思三个过程不断迭代与循环中可实现企业在新兴市场的机会构建。

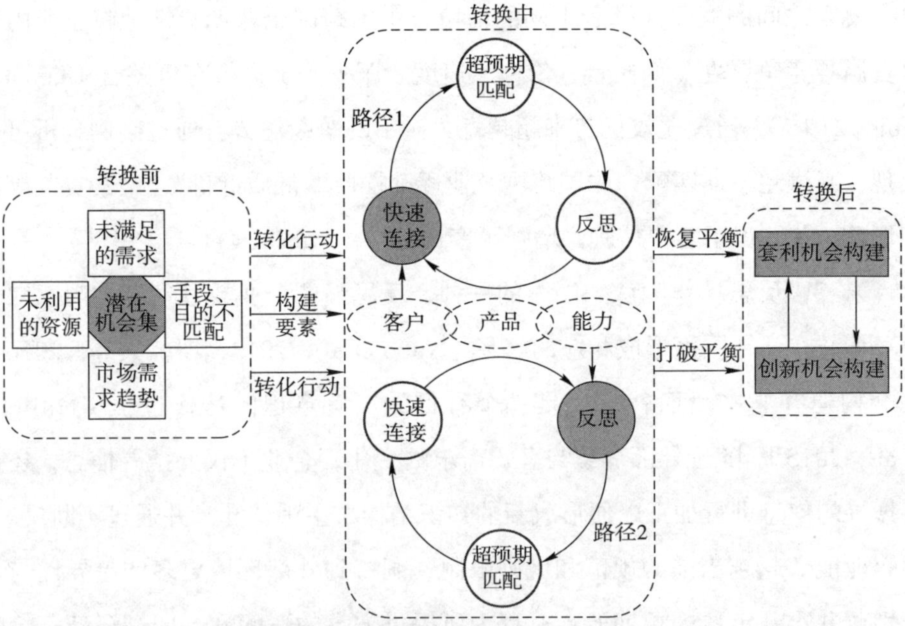

图3.4　中国跨国企业机会构建内在机制

第一，快速连接。快速连接是指企业第一时间以实地走访、对话等直接形式或者通过商业中介机构、合作伙伴等间接形式与客户进行互动并确立初步商业关系。由于信息搜寻所感知到的机会具有广泛性、模糊性以及潜在性等特征（Foss and Klein，2012；Oyson and Whittaker，2015），通过与客户连接，企业可以确定他们的需求偏好、对产品的要求、可能存在的障碍以及所需资源或能力等，进而为机会构建手段选择锚定方向。通过案例分析可以发现，中国跨国企业通过与客户快速连接，筛选并缩小了由信息搜寻所感知到的潜在机会集，进一步提高了潜在机会集的可行性、价值性。同时，市场需求、客户要求的进一步明确，也对下一步提供产品或服务更有针对性。

第二，超预期匹配。超预期匹配是指企业以更快的响应速度、更高的性价比、更好的服务体验等方式来为市场或客户提供价值。事实上，作为后来者，中国跨国企业普遍缺乏全球市场资源、品牌、专有技术等传统意义上的垄断优势（Li and Oh，2016），无法与发达市场跨国企业或者具有本土优势的东道国企业“同赛道”竞争。超预期匹配背后的竞争逻辑是复合竞争，而非单一要素之间的竞争。基于不同的情境，中国跨国企业创造性地将企业内外部资源与竞争属性（如质量、价格、速度、服务等）进行有机整合（Luo and Child，2015），通过比较优势来超越竞争对手的垄断优势。通过案例分析可以发现，通过超预期匹配，中国跨国企业逐渐摆脱"低质低价""山寨货"等认知形象，并获得了客户信赖，增强了客户黏性（Yuhsiang et al.，2016）。

第三，反思。作为认知能力的一种，反思强调企业或管理者主观感知外部环境并在认知层面形成相应的解释（Autio et al.，2013；斯晓夫等，2016）。机会构建并非一蹴而就，而是一个有目的、有意识的迭代过程（Mainela et al.，2015）。随着外部环境与客户需求的变化，企业不仅要搜寻信息，还会将搜寻的信息进行加工以便形成新的知识结构与主观认知，并通过不断反思，使企业能够超越当前的规范和规则限制，洞察到外部环境更多的差异性与可能性，并重新定位超预期匹配过程中所提供方案的适配性，回馈于新一轮的连接行动。通过案例分析可以发现，中国跨国企业的反思主要有两种：一种是对已有市场机会进行修正，对客户连接方式、超预期匹配形式等进行调整；另一种是创造新的市场机会，通过对搜集的信息加工所形成的新知识结构与认知来引发全新的市场需求。

进一步地，通过对机会构建全过程的特征分析，并结合案例企业机会构建时的市场状态、对信息要求、价值提供方式等，本书将中国跨国企业在新兴市场机会构建划分为套利机会构建和创新机会构建两种模式（两种构建模式比较见表3.10）。套利机会构建过程遵循"快速连接→超预期匹配→反思"这一构建路径，强调企业对未满足的需求保持高度警觉，通过解决供给与需求矛盾，将市场从不均衡状态重新转向均衡状态。通过案例分析可以发现，企业选择构建套利机会，其东道国市场往往存在巨大的市场需求缺口，企业通过与客户进行快速连接，提供超预期的产品或服务来匹配，并通过不断反思改进行动，对客户连接方式、超预期匹配形式等进行调整，进而实现机会修正。

表3.10 套利机会构建与创新机会构建模式异同

构建模式	套利机会构建	创新机会构建
市场状态转变	由不均衡向均衡转变	由均衡向不均衡转变
对信息要求	对信息的需求量大，尤其是市场端信息，对技术端信息要求较少	需要整合新信息，对信息要求较少，对技术方面的信息要求偏多
构建行动路径	快速连接→超预期匹配→反思	反思→超预期匹配→快速连接
机会构建起点	基于市场或客户	基于企业认知能力
认知能力要求	洞察与分析	想象与创造
时间优势体现	缩短市场追赶时间	延长竞争优势持续时间
价值提供方式	提供价值	创造价值
机会构建内在机理	套利机会来源于市场状态的不平衡，构建机会的过程就是企业解决供需矛盾，其不在于为市场提供新颖价值，涵盖企业在市场中经营的方式，以此满足不满意的需求，最终将市场转向均衡状态	构建创新机会时，企业不仅要搜寻海外市场环境中的各种信息，更为关键的是，企业根据搜寻的信息进行整合，以形成新的知识结构，是基于企业创造性想象与实践相结合的产物

资料来源：本书作者整理。

创新机会构建过程遵循“反思→超预期匹配→快速连接”这一构建路径。创新机会构建往往需要整合新的信息、重构资源组合，是企业创造性思维与实践相结合的产物。创新机会的构建是基于创造性破坏并能够带来新的经济价值（Holmén et al.，2007；Anokhin et al.，2011），是将市场从平衡状态转移到不平衡状态。通过案例分析可以发现，进入市场中后期的企业往往选择构建创新机会，随着市场拓展的不断深入，企业所获得的信息越来越多，但所感知或识别到的潜在机会却越来越少。在这两者矛盾触发下，中国跨国企业通过不断反思来创造全新的市场需求，并通过超预期匹配的方式进行产品或服务手段、流程创新，最后通过快速连接来验证其是否满足市场需求或客户偏好。

三、中国跨国企业在新兴市场的成长性实现机制

制度环境复杂但经济增长潜力巨大的新兴市场逐渐成为跨国企业竞争的重点区域。相比于在发达市场进行战略资产寻求，中国跨国企业在新兴市场的拓展中更具有明显的机会寻求动机（Kotabe and Kothari，2016；Luo and

Tung，2017）。通过对4家案例企业在新兴市场拓展过程的分析，本书发现由于“外来者”和“后发者”身份，中国跨国企业在新兴市场往往处在信息不对称和新的信息缺失的处境，在面临信息鸿沟的情况下，会触发企业对外部环境进行信息搜寻，并以机会“构建”的方式，创造性地将信息搜寻所感知到的潜在机会集转变并开发为现实、具体的市场机会。在信息搜寻与机会构建不断迭代的作用下，实现了企业在新兴市场的成长性。基于此，本书立足于新兴市场情境，探讨了中国跨国企业在新兴市场的成长性实现机制，并尝试构建“信息搜寻—机会构建—国际化成长”的理论框架，揭示中国跨国企业在新兴市场拓展的内在逻辑与微观机理（见图3.5）。

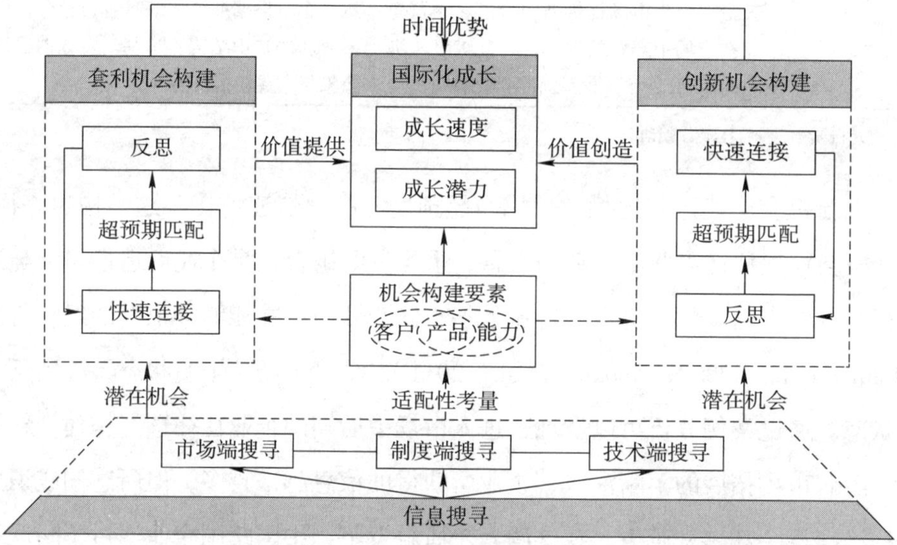

图3.5　中国跨国企业在新兴市场的成长性实现机制框架

信息是企业生存与发展的关键资源之一（Sleptsov and Anand，2008；Hsieh and Kelley，2016），能否有效地搜集和解读信息对于企业战略决策至关重要（Shepherd et al., 2012; Bergh et al., 2018）。然而，由于“外来者”和“后发者”身份，中国跨国企业在新兴市场往往处在信息不对称和新的信息缺失的处境，导致其不能充分评估东道国环境变化和感知到可能的潜在机会。通过案例分析，本书发现中国跨国企业通过与市场客户、同行竞争，行业协会、科研机构等商业网络主体，以及政府、非政府组织、涉外机构等制度网络主体建立关系，搜寻并整理分散在市场端、技术端以及制度端的不对称信息及其变化所产生的新信息，进而增加企业自身信息承载量。与此同时，多来源、多渠道的信息搜寻使企业可以从不同角度洞察信息之间的内在关联，降低了信息分布的随机性、不对称性（Makadok and Barney，2001；Bergh et al.，2018），使企业能够洞察到市场需求趋势变化、行业技术范式与发展趋势以及制度、政策的倾向性，为挖掘或开发潜在市场机会或创造新的机会提供了关键的信息支撑。

机会构建是中国跨国企业信息搜寻与其实现国际成长性的内在作用机制，也是导致不同企业在新兴市场的成长性呈现差异性特征的关键因素。通过案例企业分析可以发现，中国跨国企业对东道国市场、技术、制度等方面的变化、事件以及相互关联的信息搜寻，所感知到的机会通常是模糊的、广泛的机会集，这些潜在的机会集并不都能给中国跨国企业带来预期的经济价值并作用于企业国际化成长；而机会构建正是通过企业认知与行动创造性地将潜在的机会集转变并开发为现实、具体的市场机会的过程（Oyson and Whittaker，2015）。通过对案例素材进一步挖掘与分析，本书发现，中国跨国企业在新兴市场的机会构建过程中涉及客户、产品以及能力三大要素，并通过“快速连接”“超预期匹配”“反思”这三个关键行动不断迭代与循环来实现海外市场的机会构建。与此同时，基于构建过程特征，将其划分为套利机会构建和创新机会构建两种模式，并最终作用于中国跨国企业在新兴市场的成长性。

四、案例研究总结与讨论

本书通过对传音、天士力、海尔和特变电工这4家企业进行探索性多案例研究，得到以下三个结论：第一，中国跨国企业信息搜寻的动因在于其面临已有信息不对称和新的信息缺失造成的信息鸿沟，并通过市场端搜寻、技术端搜寻和制度端搜寻来获取关键性的信息资源，帮助企业感知到潜在机会集。第二，由于信息搜寻所感知到的机会通常是模糊的、广泛的机会集，这些潜在的机会集并不都能给企业带来预期的经济价值，而机会构建正是通过企业认知与行动创造性地将潜在的机会集转变并开发为现实、具体的市场机会，并基于过程观，将机会构建划分为快速连接、超预期匹配和反思三个关键行动。第三，通过对机会构建过程特征分析与归纳，本书将机会构建划分为套利机会构建和创新机会构建两种模式，并最终作用于企业成长速度与成长潜力。

本书的理论贡献主要表现在三个方面：第一，基于中国跨国企业在新兴市场的信息搜寻实践，本书发现不同于图书情报和创业领域过于强调搜寻方式或对信息认知模式，中国跨国企业在新兴市场的信息搜寻过程中更加侧重搜寻渠道获取、搜寻信息类型的收集和整合，并基于信息内容属性，将信息搜寻划分为市场端搜寻、技术端搜寻和制度端搜寻，一定程度上将聚焦于图书情报和创业领域的信息搜寻研究向国际商务领域延伸与拓展。第二，本书通过解构中国跨国企业在新兴市场的拓展过程，基于过程观视角，打开了企业如何将潜在机会集转变并开发为现实、具体的市场机会这一“黑箱”，并提炼了机会构建在快速连接、超预期匹配和反思这三个方面的具体表现，从实践层面弥补了现有研究大多聚焦在理论思辨层面或构建要素上的探讨（Suddaby et al.，2014；Oyson and Whittaker，2015；斯晓夫等，2016）。此外，本书也响应了Mainela等（2014）提出的以“互动”为重点的国际机会构建路径。第三，基于市场寻求动机，本书构建了“信息搜寻—机会构建—国际化成长”的理论框架，揭示了中国跨国企业如何实现在新兴市场的快速扩张与国际化成长，将研究核聚在新兴市场情境下，打破了海外市场环境同质性假定（Alon et al.，2018；Buckley et al.，2018），并响应了近期国内外学者对于拓宽中国跨国企业理论的解释边界，为后续研究提供了一个新的研究视角（Buckley et al.，2018；毛基业、李亮，2018）。

本书基于市场寻求动机，提炼了中国跨国企业在新兴市场实现快速成长的内在机制并得出了一些有价值的结论，但仍有一些不足之处有待未来研究继续完善。第一，中国跨国企业在新兴市场的机会构建是一个不断试错、动态调整与不断反思的过程，而企业在这一过程中受到外部环境因素与组织内部因素共同影响，但考虑到整体框架，本书对于信息搜寻和机会构建的探讨更多聚焦在内生性因素的考量，而忽视了外生性情境变化对机会构建的影响，未来研究可以进一步探讨外部情境因素的影响作用。第二，尽管本书搭建了“信息搜寻—机会构建—国际化成长”的理论框架，并严格遵循复制逻辑，提炼出中国跨国企业在新兴市场机会构建内在机制与构建模式，但却忽略了不同新兴市场或国家之间情境的差异性对机会构建机制可能造成的影响，未来研究可以加入对比分析，探讨在不同新兴市场或国家特殊情境下机会构建的差异性。第三，样本的局限性。虽然本书选择的案例企业所在行业在中国跨国企业国际化过程中具有一定的代表性，所选4家案例企业与本书的研究问题、研究情境比较契合，但由于样本数量的局限性，研究结论可能具有一定的局限性，未来可以加入更多其他行业、不同性质企业进行案例研究，或者通过大样本实证分析进一步验证并提高本书结论的普适性。

第四章
概念模型构建与研究假设发展

本章主要根据文献梳理与案例研究结果，阐述构念模型的理论逻辑，并引入情境因素，构建信息搜寻、机会构建与国际化成长之间作用关系与影响机理的整体构念模型。本章尝试从理论层面解释本研究概念模型的理论逻辑，进一步阐明整体模型与关键构念之间的潜在逻辑与作用机制，并在现有理论基础与文献研究指引下，发展模型中相关概念之间作用关系的具体假设，为实证检验提供理论支撑。

第一节　概念模型构建及其理论逻辑

一、“信息搜寻—机会构建—国际化成长”概念模型的理论逻辑

通过理论回顾和案例分析，可以发现中国跨国企业在其他海外新兴市场拓展具有明显的市场寻求动机（Kotabe and Kothari，2016；Luo and Tung，2017）。由于国际化起步较晚，当新的市场机会出现时，它（新的机会）会直接被发达市场跨国企业或东道国本土企业优先占据（许晖、单宇，2019）。为了打破原有的竞争规则，中国跨国企业并不完全遵循“机会发现—机会捕获”这一传统路径，而是通过不断监测、审视外部环境变化信息，创造性地将感知到的潜在机会转变为现实具体机会，通过主动“构建”机会的方式，激活已“锁定”的市场与客户资源或者创造新的市场需求，这成为中国跨国企业

在新兴市场实现快速成长的关键所在。通过文献梳理发现，现有研究中解释力较强且和中国跨国企业机会构建及其国际化成长研究最为匹配的基础理论主要包括国际化动机理论、创业领域和国际商务领域机会识别与开发以及企业成长理论。这些理论为本书提炼“信息搜寻—机会构建—国际化成长”这一概念模型提供了逻辑基础与理论基础，涵盖了机会构建的前置因素选择、构建过程机制与模式的探讨以及企业国际化成长的衡量指标选取。具体而言：

现有研究对于国际化动机理论适用情境与边界的重新思考，为揭示中国跨国企业在其他海外新兴市场实现快速成长的内在机理奠定了逻辑基础。传统的对外直接投资（FDI）理论认为企业国际扩张主要有4个动机：寻求市场机会、寻求自然资源、进行生产成本套利以及获得战略资产（Dunning，1993；Buckley，2007；Lattemann et al.，2012）。近年来，以中国为代表的新兴市场跨国企业的快速崛起吸引了国际商务、战略管理相关领域学者的广泛关注，研究认为新兴市场跨国企业积极进行跳板行为背后的动机大致可分为战略资产寻求和市场机会寻求（Luo and Tung，2007）。随着企业实践不断深入，越来越多的研究关注新兴市场跨国企业在不同区域或国家扩张行为的特殊性。Luo和Tung（2017）指出，以中国为代表的新兴市场跨国企业遵循双重路径：投资于发达市场的多是战略资产寻求，涉及较多的跳板行动，而投资于其他新兴市场或发展中经济体，更多的是为了寻求市场机会，主要考虑海外市场潜力大小、是否存在利基市场以及制度套利等因素（Gubbi and Elango，2016；Luo and Tung，2007，2017）。因此，市场寻求动机为中国跨国企业在其他海外新兴市场实现快速成长提供了理论支撑，为本书以“机会”为核心提炼的“信息搜寻—机会构建—国际化成长”概念模型奠定了逻辑基础。

创业领域关于机会识别的研究，强调了“信息”是创业机会发现与识别的关键驱动要素，为探讨机会构建的前因变量提供了理论依据。Eckhardt和Shane（2003）认为创业活动的第一步就是信息的搜寻与处理，不同搜集和解读信息的能力可能使一些人能够识别到创业机会，而另一些人则不能（Eckhardt and Shane，2003；Patel and Fiet，2010）。与创业研究情境相似的是，一方面，中国跨国企业在新兴市场也面临高度不确定性，进而导致企业需要依赖有效信息做出决策判断；另一方面，由于“外来者”和“后发者”身份，其往往面临着高度的信息不对称，企业无法获取较为完整的信息甚至处于信息缺失的处境（杜晓君等，2015），通过信息搜寻，从不同角度洞察信息之间的内在关联，可降低信息分布的随机性、不对称性（Makadok and Barney，2001；Bergh et al.，2018），使企业能够洞察到市场需求趋势变化、行业技术范式与发展的趋势以及制度、政策的倾向性，并为下一步机会构建锚定方向。然而，与创业研究不同的是，创业机会是发现或创造一种新“手段—目的”关系，其信息搜寻更加强调信息加工和处理方式（Angelika and Sara，2017）。在国际商务领域研究中，机会被视为进入新市场的可能性（Williams and Gregoire，2015），其信息搜寻更加侧重信息搜寻渠道、信息的获取等。

国际商务领域关于机会构建要素的探讨，为从过程观视角打开企业机会构建内在机制提供了理论与实践指引，对于机会属性的研究则为机会构建模式划分及其与企业国际化成长之间作用关系提供了理论支撑。国际商务领域研究认为，机会构建是企业创造性地将潜在机会转变为现实机会，是一个有目的、深思熟虑的互动过程（Zahra，2008；Alvarez et al.，2010；Oyson and Whittaker，2015）。由于感知到的国际机会通常是广泛的、模糊的，它们只是代表潜在机会，为了使这些机会可以被开发并成为进入国际市场的基础，必须通过企业家认知和行动转变并开发为现实、具体的市场机会，这一过程涉及客户、产品以及能力三大要素（Oyson and Whittaker，2015），这就为本书提炼机会构建内在机制提供了理论与实践指引；而关于机会的时间依赖性与价值属性已得到研究者的广泛认同。一方面，机会的价值属性表现在是为社会或市场提供新颖价值还是满足客户不满意需求，这也成为本书划分机会构建模式的重要理论依据；另一方面，中国跨国企业通过机会构建，能够为企业带来时间上的优势与创造价值收益，这就为机会构建与国际化成长之间的作用关系提供了理论支撑。

二、"信息搜寻—机会构建—国际化成长"概念模型构建

通过第二章理论回顾、第三章案例研究以及上一小节概念模型的理论逻辑阐述，本书立足于新兴市场情境，基于市场寻求动机搭建了"信息搜寻—机会构建—国际化成长"的主体理论框架。同时，为了弥补案例研究对于情境因素考虑不足的问题，基于中国跨国企业自身特质与新兴市场独特情境特征考量，本书将研究情境具体量化到组织层面的风险承担和环境层面的制度复杂性，进一步探讨不同情境因素对于信息搜寻、机会构建与国际成长绩效的影响，本书所搭建的概念模型框架如图4.1所示。

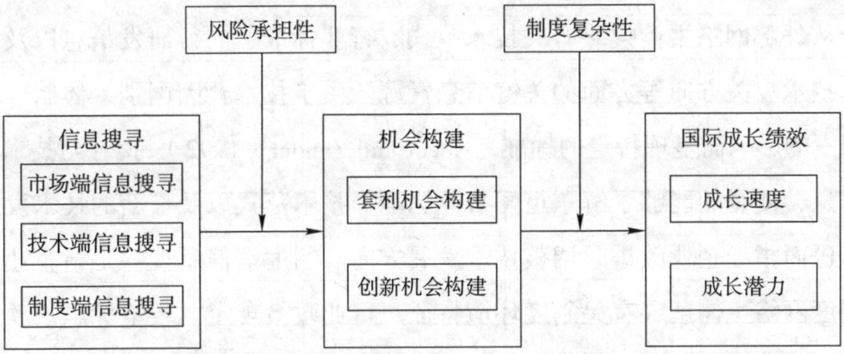

图4.1　信息搜寻、机会构建及其对国际化成长的作用关系概念框架

（一）信息搜寻作为机会构建的前因变量

信息是企业生存与发展的关键资源之一（Sleptsov and Anand，2008；Hsieh and Kelley，2016），有效地搜集和解读信息对于企业战略决策至关重要（Shepherd et al.，2012；Bergh et al.，2018）。不论是创业领域还是国际商务领域都强调了信息对于机会的重要性。尤其是在新兴市场情境下，由于嵌入情境的复杂性，有价值的信息隐蔽性更高（Åkerman，2015），企业越来越难以获得支持决策的有效信息（沈涛等，2015）。与此同时，由于"外来者"和"后发者"身份，中国企业往往面临着高度的信息不对称，企业无法获取较为完整的信息甚至处于信息缺失的处境（杜晓君等，2015）。结合第三章案例研究发现，不同于创业领域强调对信息进行加工和处理（Angelika and Sara，

2017），对于中国企业在新兴市场的机会构建过程中，则更加重视信息搜寻渠道、信息的获取。

结合理论回顾与案例分析结果，本书从信息搜寻渠道以及信息获取类型角度考量，将中国跨国企业的信息搜寻划分为市场端信息搜寻、技术端信息搜寻以及制度端信息搜寻。其中，市场端信息搜寻是指企业从组织外部网络主体搜寻有关市场潜力与发展趋势、客户需求与偏好、同行市场布局以及合作伙伴渠道供应等方面的信息。搜寻与市场相关的信息，能够帮助企业更敏锐地、更快速地锚定市场趋势或客户痛点（Gielnik et al.，2014），为开发潜在市场机会或创造新的市场需求提供关键性的信息支撑。技术端信息搜寻是指企业从外部网络主体搜寻有关技术范式、行业标准、同行研发信息以及科研机构技术攻关方向等方面的关键信息资源。由于技术会因国别、体制、文化等因素的影响而呈现特定的标准（Kogut and Zander，1992），搜寻与技术相关的信息，使企业能够了解东道国行业标准、技术范式以及最新的技术发展趋势，进而指导企业改进或调整技术发展方向。制度端信息搜寻是指企业从外部制度网络主体搜寻有关制度环境特征、行业政策规定、政策优惠条款以及政策性准入等信息资源（Oparaocha，2015）。与东道国政府、监管机构以及母国涉外机构等制度网络主体建立联系，能够使企业获取相关政策信息，使企业对所处制度环境、行业发展趋势更有预见性。

（二）中国跨国企业的机会构建模式

在Oyson和Whittaker（2010，2015）关于机会构建涉及客户、产品以及能力三个要素研究基础上，结合第三章案例研究，本书基于过程观视角，将中国跨国企业在新兴市场的机会构建机制提炼并归纳为“快速连接”“超预期匹配”“反思”这三个关键行动，并通过这三个关键行动的不断迭代与循环来实现企业在新兴市场的机会构建。

由于机会构建是一个完整的过程，基于实证分析考量，单独检验每一个构建行动没有太大的实际意义。基于此，本书通过对机会构建全过程特征的分析，并结合案例企业机会构建时的市场状态、对信息的要求、价值提供方式，将中国跨国企业在新兴市场的机会构建划分为套利机会构建和创新机会构建两种模式。其中，套利机会构建起点在客户，遵循“快速连接→超预期匹配→反思”这一构建路径，强调企业对未满足的需求保持高度警觉，通过解决供给与需求矛盾，将市场从不均衡状态重新转向均衡状态。中国跨国企业通过与客户进行快速连接，提供超预期的产品或服务来匹配，并通过不断反思改进行动，对客户连接方式、超预期匹配形式等进行调整，进而实现机会修正。

创新机会构建起点在能力，遵循“反思→超预期匹配→快速连接”这一构建路径。创新机会构建不仅要搜寻海外市场环境中的各种信息，更为关键的是，企业根据搜寻的信息进行整合，以形成新的知识结构，是基于企业创造性想象与实践相结合的产物。创新机会的构建是基于创造性破坏并能够带来新的经济价值（Anokhin et al.，2011），是将市场从平衡状态转移到不平衡状态。通过第三章案例分析，处于进入市场中后期的企业往往选择构建创新机会，随着市场拓展的不断深入，企业可获得的信息越来越多，但所感知或识别到的潜在机会却越来越少。在这两者矛盾触发下，中国跨国企业通过不断反思来创造全新的市场需求，并通过超预期匹配的方式进行产品或服务手段、流程创新，最后通过快速连接来验证其是否满足市场需求或客户偏好。

（三）中国跨国企业的国际化成长衡量指标

科学、合理地评估中国跨国企业在新兴市场的绩效表现成为国际商务领域学者关心的焦点与难点，也是衡量企业机会构建成效的关键。现有研究主要基于发达市场跨国企业以经济或财务为主的绩效评估体系，如财务绩效、市场资本化、利润率等（Buckley et al.，2018）。现实中，很多中国跨国企业在新兴市场短期内都没有可衡量的经济或数字成果（Kim，2006；Ning，2009），部分企业甚至牺牲短期收益以博取在全球市场的快速成长（Wang，2014），更关注收入增长而不是利润率（Buckley et al.，2018）。因此，仅以经济或者财务绩效作为衡量指标，未将企业未来的增长与发展动力等因素纳入考核体系，难以揭示中国跨国企业的国际化成效（Deng，2013）。相较于财务绩效而言，企业的成长绩效更能够表现出中国跨国企业在新兴市场拓展过程中的扩张性和动态性特征（Koryak et al.，2015）。它不仅以提高经济效益和追求利润为标志，更加侧重企业盈利能力的增长和国际市场份额占比增速，是一个相对动态的评价指标（Bianchi et al.，2017）。

关于指标衡量维度划分，在借鉴Mishina（2004）、Bianchi等（2017）、张玉利（2004）等相关学者提出的从“量”“质”两个维度或者从成长逻辑出发等研究基础上，结合案例企业的国际化成长结果分析，本书将中国跨国企业在新兴市场的成长绩效划分为成长速度和成长潜力两个维度。其中，成长速度表现为销售增长速度、市场扩张范围、企业人数增速以及业务边界拓展等方面；成长潜力则体现在企业形象提升、客户满意度、对市场变化与需求的反应能力以及产品或服务创新等方面。本书将成长绩效划分为成长速度和成长潜力，一方面，积极响应Bianchi等（2017）、张玉利（2004）、郭海等（2018）众多相关学者从“量”“质”维度衡量企业成长性研究；另一方面，成长速度和成长潜力也代表了机会属性的时间维度和价值维度，在一定程度上也能够体现中国跨国企业的快速国际化现象与高成长潜力的特征。

（四）组织与环境层面的情境因素

根据中国跨国企业在新兴市场拓展过程中所面临的现实情况，本书基于中国跨国企业自身特质与新兴市场独特情境特征，增加了“风险承担”和“制度复杂性”两个情境变量，来探讨不同情境因素对于信息搜寻、机会构建与国际成长绩效之间的影响机制。

1. 组织层面的风险承担

风险承担是指企业愿意在结果不确定或收益与损失异常的项目中投入大量资源的承担程度（Rauch et al.，2009；Peter et al.，2011；Chen et al.，2020），即企业为了获得或构建市场机会而愿意承担风险的程度（Peter et al.，2011）。一方面，由于中国跨国企业的海外市场的机会构建涉及跨越及整合来自多个国家的情境因素，并通过企业家主导行动来引入新商品、服务以及组织方式等（Shane and Venkataraman，2000；Reuber et al.，2018），又由于在环境复杂的新兴市场，企业无法确定引入的新手段、新目的或者新“手段—目的”是否一定满足市场需求与客户需要，因而企业在海外市场拓展中需要承担一定的风险（Peter et al.，2011；Chen et al.，2020）；另一方面，以往研究假定建立在传统发达市场跨国企业的实践基础上，这些企业本身具有风险规避特征，而以中国为代表的新兴市场跨国企业往往发源于相对不成熟的市场（Buckley et al.，2018），为了实现追赶甚至超越，其在机会构建过程中考虑的是“可承受损失”，而非预期收益，企业本身就具有风险承担性、冒险性等特征（Wales，2016）。

现有研究关于组织的风险承担对于机会构建的影响尚未达成一致。创业学派认为，具有较高风险承担的企业更可能会加大对创新项目投入，提升自身技术储备能力，更可能会抓住并构建创新机会以获得高额回报（Li et al.，2009；Chen et al.，2020）。传统的资源学派认为，过高的风险承担容易使跨国企业暴露在危险的境地，一旦失败就有可能陷入不可挽回的局面，企业更倾向于在原有供求关系框架中通过局部优化进行套利活动（Janney and Dess，2006）。针对理论界的争论，本书认为在中国跨国企业信息搜寻与机会构建过程中，风险承担程度高低会对企业行为产生深刻影响，为了检验这种作用关系，本书将风险承担纳入整体理论框架予以分析。

2. 环境层面的制度复杂性

制度理论兼具经济导向和社会导向，制度包括正式规则（法律、法规、专业标准、程序）和非正式约束（习俗、规范、文化），被广泛用于解释中国跨国企业的定位选择（Meyer and Peng，2016；Estrin et al.，2018）。从战略进入的角度看，企业进入国外市场是为了通过利用企业特有优势来获得最大的经济回报，并最大程度地减少制度不确定性、市场需求下降以及现有市场中的其他威胁或风险（Meyer and Peng，2016）。新兴市场国家正处于社会经济转型期，政府更迭频繁、新旧制度体系交叉变迁，进而导致其社会、制度等方面发展的不均衡、不完善，这就使中国跨国企业在其他海外新兴市场面临异常复杂的制度环境（Marano et al.，2017）。

现有研究关于制度复杂性对中国跨国企业在新兴市场拓展的影响还存在争论。一些学者认为，制度复杂性可能会抑制中国跨国企业的适应能力，当制度复杂性较高时，制度环境中充斥了大量难以预测、边界不清晰以及冲突性因素，这些因素抑制了企业对所处环境的预测与判断能力（Zhu and Sardana，2020），并可能给企业带来一定的风险，而这种风险表现在一旦由于中国跨国企业判断失败违背了东道国制度体系内的“游戏规则”，可能会导致企业受到相应惩罚，甚至遭受毁灭性损失（陈嘉文、姚小涛，2015）。但也有学者认为，这些发源于高度不成熟的母国市场的跨国企业，也促使它们形成了一种独特能力，即在复杂环境下将制度劣势转化为优势的能力（Hoskisson et al.，2013；Luo and Tung，2017），尤其是在与母国制度环境相似的海外市场，它们习惯于在“困难的”治理条件下运营（Boisot and Meyer，2008）。基于此，立足于新兴市场情境，本书认为制度复杂性可能会对中国跨国企业的国际化成长产生不同的影响，为了进一步检验这种作用关系，本书将制度复杂性纳入整体理论框架予以分析。

第二节　研究假设发展

一、中国跨国企业信息搜寻与机会构建

信息是企业生存与发展的关键资源之一（Sleptsov and Anand，2008；Hsieh and Kelley，2016），有效地搜集和解读信息对于企业战略决策与机会构建至关重要（Makadok and Barney，2001；Shepherd et al.，2012；Bergh et al.，2018）。已有研究表明，机会源于信息不对称性，具有信息优势的企业可以优先推断潜在的机会价值，并决定是否采取行动来构建与开发机会（Acedo and Jones，2007；Reinecke and Ansari，2015）。然而，由于信息分散的随机性（Makadok and Barney，2001；Bergh et al.，2018；张晓红等，2018），市

场行为主体并不能均等地拥有各种信息，也没有任何企业能够拥有供其做出最优决策时所需要的所有信息，因此，只有通过各种渠道收集与搜寻机会构建过程中可能需要的信息，才能增加企业构建机会的可能性（Shane，2012；Reinecke and Ansari，2015）。

对于中国跨国企业而言，整合来自多个国家环境中的要素信息是构建海外机会的前提条件，也决定了中国跨国企业能否通过对现有市场、技术以及制度方面的信息分析，识别潜在需求或者创造新的市场需求（Laperrière and Spence，2015；Oyson and Whittaker，2015；Reuber et al.，2018）。中国跨国企业的信息搜寻对机会构建的影响主要体现在以下几方面：第一，通过与市场客户、竞争对手、供应商以及其他市场参与主体建立联系，搜寻有关市场结构、竞争情况和客户需求偏好等信息（Laursen and Salter，2006；Ozgen and Baron，2007；Hsieh and Kelley，2016），使中国跨国企业更有可能了解到与其现有业务完全不同的领域和实践，促进企业识别与现有业务、流程不同的创新机会（Troilo et al.，2014；李宁娟等，2018）；第二，在新兴市场环境充满不确定性、复杂性的情境下，通过信息搜寻，获取准确且及时的信息资源，能够提升企业对风险的感知程度，提高企业对机会价值实现可能性的预判准确度（Ramoglou and Tsang，2016）；第三，信息搜寻有助于提升企业对信息价值的甄别能力（Gielnik et al.，2014；禹献云、周青，2018），通过洞察行业技术趋势、同行技术水平等变化信息，发现潜在的技术缺口、规避技术创新可能带来的风险以及对产业政策和行业发展趋势的预见性，从而指导企业调整海外市场机会构建方向与重点（McGaughey，2007）。

基于此，本书提出以下假设：

假设1：中国跨国企业的信息搜寻对其机会构建具有显著的正向影响。

进一步，考虑到中国跨国企业搜寻信息类型、搜寻渠道获取等方面存在差异，而不同内容或维度信息对于机会所起到的作用也不尽相同（王倩，2011），并最终对机会构建行动的有效性产生影响，为了进一步检验中国跨国企业的信息搜寻对其机会构建的作用关系，本书分别检验市场端信息搜寻、技术端信息搜寻以及制度端信息搜寻对套利机会构建与创新机会构建之间的作用关系。具体来讲：

第一，市场端信息搜寻与套利机会构建。从市场环境中搜寻信息是激发创新性成果的关键（Cassiman and Veugelers，2006；纪炀等，2019），能够使企业更敏锐地、迅速地发掘客户痛点或市场空白，及时改进或开发现有产品和服务，满足潜在市场需求或创造出新的市场机会（Wei and Atuahene-Gima，2009）。现有研究表明，高频率的市场信息搜寻能够提升企业对市场信息获取的丰富程度，从而更深层次地理解市场需求和顾客偏好的变化（Troilo et al.，2014；李宁娟等，2018），使企业能够更有效地预测环境变化。此外，中国跨国企业通过对市场主要参与者的观察，如收集海外市场同行竞争者的市场布局以及营销策略等重点信息，观察并深度调研东道国客户的消费习惯与偏好等信息，使企业能够优先洞察到可能存在的市场缺陷或者潜在市场，帮助企业早于竞争对手利用解码的市场信息进行套利行动。

基于此，本书提出以下假设：

假设1a：中国跨国企业的市场端信息搜寻正向影响其套利机会构建。

第二，技术端信息搜寻与套利机会构建。技术信息是企业获取核心技术优势的关键资源之一（Leten et al.，2016）。技术端信息搜寻可以帮助企业了解各国的技术发展阶段、发展趋势以及攻关重点等，为企业开发新产品、新服务等方面提供技术导向（Danneels and Sethi，2011；Leten et al.，2016）。尤其是在海外市场拓展过程中，国际范围内技术的进步和技术差距将导致技术信息及其优势分布不均衡。在这种情境下，一方面，对技术端信息的一系列搜寻活动，使企业感知并识别到技术范式变革所形成的技术空缺，并基于自身特有资源禀赋与特定能力，展开广泛的套利行动（Kyriakopoulos and Moorman，2004）；另一方面，积极搜寻与获取有关竞争对手的关键技术信息，积累并解析竞争对手的技术元素信息（Gielnik et al.，2014），从而为企业产品改进、服务流程完善等锚定方向。

基于此，本书提出以下假设：

假设1b：中国跨国企业的技术端信息搜寻正向影响其套利机会构建。

第三，制度端信息搜寻与套利机会构建。制度是管理市场交易的“游戏规则”，为企业之间互动建立了一个公认的框架（North，1990；Scott，2014），并显著影响了企业的战略选择与绩效（Peng et al.，2008）。中国跨国企业在其他海外新兴市场拓展过程中，由于东道国政府更迭频繁、新旧制度不断交叉变迁，企业面临异常复杂的制度环境（Marano et al.，2017），但在国内不成熟的市场环境中的经营实践与成长经验，也使得企业培育了在相似市场环境、制度背景下生存和发展的特殊能力，它们更加擅长在与其母国制度相似的新兴市场或发展中国家找出薄弱环节进行套利（Boisot and Meyer，2008；Buckley et al.，2018）。通过对政府、非政府组织、行业协会等制度网络主体进行信息搜寻，与监督、监管机构等交换信息，中国跨国企业对其所处制度环境有了更透彻的了解，对于东道国产业政策发展趋势也更有预见性（McGaughey，2007），进而引导企业进行机会构建与开发（Hafsi and Tian，2005）。此外，通过与公共或者非公共制度相关实体互动，企业能够优先获取市场渠道、融资信息以及获取无法通过社会、商业网络关系获得的资源支持（Oparaocha，2015），进一步促进企业进行套利行动（Eckhardt and Shane，2003；Alvarez et al.，2013）。

基于此，本书提出以下假设：

假设1c：中国跨国企业的制度端信息搜寻正向影响其套利机会构建。

第四，市场端信息搜寻与创新机会构建。扫描并搜寻外部市场环境中的事件、趋势以及联系是企业的一项关键信息活动（Hsieh and Kelley，2016），这种扫描与搜寻不仅是为了解决特定问题而展开，还包括对宏观环境的广泛扫描（Garg and Priem，2003）。在开拓新兴市场过程中，中国跨国企业有规律地对市场环境与客户环境进行搜寻活动，使企业对消费者的喜好变化更加了解（姜黎辉等，2008），进而有利于抓住商业价值较高的创新机会（Kozhevnikov et al.，2014）。一方面，高频率、多层次的信息扫描可使企业更有可能接触到包括顾客、竞争者以及上下游合作伙伴等外部市场主体的相关信息，就越有可能了解到与自身业务完全不同的领域和实践，从而更有可能识别与现有业务、流程不同的创新机会（Troilo et al.，2014）；另一方面，由于对某一领域信息的积累存在正反馈效应，随着信息搜寻的不断深入，企业在某一领域会形成信息优势，这在一定程度上能够克服企业自身知识狭窄与信息匮乏所造成的认知固化（Barreto，2012），进而有助于企业在该领域进行突破性创新。

基于此，本书提出以下假设：

假设1d：中国跨国企业的市场端信息搜寻正向影响其创新机会构建。

第五，技术端信息搜寻与创新机会构建。技术端信息搜寻主要指对外部技术发展和变化趋势的信息搜寻，是促使企业构建创新机会最直接的方式（Danneels and Sethi，2011）。现有研究认为，在产品开发的前端进行信息搜寻能够激发创新概念的产生，具有识别机会的作用；在产品开发的末端进行信息搜寻能够精准定位市场需求，具有降低不确定性的作用（李宁娟等，2018）。由于技术会因国别、体制、文化等因素的影响而呈现特定的标准（Kogut and Zander，1992），在新兴市场拓展过程中，中国企业通过与世界范围内的科研院所、高校、公共/商业研究机构等科研主体以及技术联盟企业等进行技术知识与信息搜寻，不仅能够增加企业本身差异性技术元素（Danneels and Sethi，2011），给企业带来更多创新性的想法，还有利于企业把握技术未来趋势与发展方向。与此同时，通过搜寻并加工整理组织内外部各种信息资源，企业能够突破原有技术认知的局限，以更加激进的方式创造出潜在的解决方案，并有可能形成突破性的技术创新（Zahra and George，2002；Shepherd et al.，2017），进而促进创新机会的构建与开发。

基于此，本书提出以下假设：

假设1e：中国跨国企业的技术端信息搜寻正向影响其创新机会构建。

第六，制度端信息搜寻与创新机会构建。机会来自外部环境的变化，由于新兴市场国家正处于社会经济转型期，大规模的政治、经济、制度等变革在带动本国经济发展的同时，也为中国跨国企业带来了开拓市场的机会

（Hafsi and Tian，2005；Young et al.，2018；许晖等，2020）。东道国政府对某些产业管制放松或者政策扶持力度变化（Sarasvathy，2001；Alvarez and Barney，2010），往往可能蕴藏着巨大的潜在市场需求（魏江等，2016）。但这种需求往往是通过政府资源支持、政策指引所形成的隐性机会，因此，中国跨国企业需要通过与政府、主管部门等政府机构建立联系，优先获取相关政策信息，进而指导企业进一步构建与开发机会。现有研究认为，企业常常在组织化和制度条件不足的领域推出新的产品或服务（Regnér and Edman，2014），由于制度环境模糊或者不确定性存在，企业只有通过不断迭代与转变来应对外部环境变化，进而更有可能促进创新机会构建（Susan et al.，2018）。

基于此，本书提出以下假设：

假设1f：中国跨国企业的制度端信息搜寻正向影响其创新机会构建。

二、中国跨国企业机会构建与国际成长绩效

现有研究认为跨国企业国际市场拓展的实质是跨边界对机会的发现、评估及利用，以创造未来产品和服务的过程（Oviatt and McDougall，2005；Mainela et al.，2015），它们着眼于在全球范围内整合各种资源去探寻与开发潜在机会（Ellis，2011；An et al.，2018），而不拘泥于当前资源条件的限制。Ellis（2011）研究指出，跨国企业的快速成长得益于它们敏锐地感知到海外市场机会并快速、有效地采取行动。Mainela等（2014，2015）认为，国际机会构建是发现或者创造了一种情境，即企业跨越并整合来自多个国家的情境因素，通过企业主导行动来引入新产品、服务及组织方式等，并最终改变经济活动，而这种改变经济活动体现在对潜在市场机会的开发或创造一种新的市场需求（Mainela et al.，2014；Oyson and Whittaker，2015）。中国跨国企业在新兴市场的机会构建如果成功，意味着其能够顺利进入并立足于东道国市场。因此，中国跨国企业的机会构建对其国际化成长具有显著的影响作用。

机会构建的目的是在特定时间内能够给企业带来预期的经济价值（Shane

and Venkataraman，2000；Reuber et al.，2018），因此，中国跨国企业在新兴市场的机会构建对其国际化成长的积极作用可以从时间优势和创造价值两个方面得到体现。一方面，从时间维度上看，由于机会的价值会随着时间流逝而不断降低（Jennings et al.，2015），越早地感知到潜在机会并将其转变为现实具体机会，就越能够使企业获得机会开发之初所产生的高额利润（Reinecke and Ansari，2015）。Bonaglia等（2007）认为，中国跨国企业在时间上的"加速"，既是企业机会构建的结果，又是企业建立竞争优势的推动力。另一方面，从价值维度上讲，构建机会所产生价值的大小依赖供求关系的不平衡以及创新程度（Zahra，2008；Agnieszka，2015），构建新机会意味着企业新业务与新利润单元的产生，进而促进企业绩效的提升（Mitchell and Shepherd，2010）。中国跨国企业向其他海外新兴市场提供的产品新颖性越高、创新性越强，企业在东道国市场所获得的价值可能性会更高，进而为其带来更高的成长绩效（Brouthers et al.，2014）。

基于此，本书提出以下假设：

假设2：中国跨国企业的机会构建对其国际成长绩效具有显著的正向影响。

此外，随着国际化进程不断深入，中国跨国企业的机会构建模式、方式也随之发生转变或者有所侧重，进而导致其成长速度与成长潜力也可能会发生变化。为了进一步验证中国跨国企业的机会构建对其国际成长绩效的影响，本书分别检验套利机会构建、创新机会构建对其成长速度与成长潜力之间的作用关系。

套利机会构建强调企业对未满足的需求保持高度警觉，并解决供给与需求的矛盾，不是为市场或客户提供新颖价值，而是涵盖企业在市场中的经营方式，以满足不满意的需求，其本质是对原有业务的局部优化或改进（Dutta and Crossan，2010；Mainela et al.，2014）。对东道国市场需求、消费偏好的充分挖掘，并对现有产品、技术等进行相应改进与优化升级，能够使企业撬动潜在的市场需求，进而帮助其获得利润并培育一定的竞争优势（Roman et al.，2013）。具体来讲，套利机会构建对企业成长绩效的促进作用主要体现在以下三个方面：第一，最大限度地规避由于盲目扩张或决策失误所带来的潜在风险与损失，使企业能够以最小的风险代价获取可观利润（Román et al.，2013）。在套利机会构建过程中，对现有市场的缺口或者客户不满意的需求充分挖掘，为企业下一步技术或产品改造升级提供准确方向，进而使企业以较低的风险代价换取更高的经济收益（Román et al.，2013）。此外，以市场缺口或需求不满意作为机会构建的切入口，企业可以缩短决策论证时间，降低决策失误的概率（Alvarez et al.，2013）。第二，加快进入市场并缩短被市场接受的时间，为企业带来更快、更直接的经济价值（Mainela et al.，2014）。相比于创新机会构建，套利机会构建一开始就是瞄准竞争对手所忽视的潜在需求或客户不满意的地方，通过应用最新技术或服务理念对现有产品进行更新换代、完善服务流程体系等，充分挖掘东道国市场中存在的“利差”，其实质是原有业务的一种延伸（Angelsberger et al.，2017），进而能够缩短或减少东道国市场或客户对新产品或服务流程认可与接受的时间，加快企业扩张速度与范围，进一步提升企业未来的发展潜力。第三，降低资源消耗，减少企业资金、时间等成本压力。在发展初期，中国跨国企业往往面临着时间紧缺和资源匮乏双重约束，通过对已有产品、技术等进行改进与优化，可以大大降低企业的研发投入、时间消耗，使其能够将有限的资源投入到更多的海外市场中去（Schmidt and Keil，2013）。

基于此，本书提出以下假设：

假设2a：中国跨国企业的套利机会构建正向影响其成长速度。

假设2b：中国跨国企业的套利机会构建正向影响其成长潜力。

创新机会强调机会的产生是基于创造性破坏并为市场带来新的经济价值（Holmén et al.，2007；Anokhin et al.，2011），将市场转移到不平衡状态。创新机会构建不仅要搜寻海外市场环境中的各种信息，更为关键的是将搜寻的信息进行整合，以形成新的知识结构，是基于企业创造性想象与实践相结合的产物。尽管有的研究认为，由于创新往往采用一种新颖、独特或者最新的技术范式来创造新产品、新流程甚至开辟新领域，常常面临巨大的成本消耗与失败的风险，一定程度上会影响企业的绩效水平（Awate et al.，2012），但是大多数研究表明，创新机会对于企业成长起到了积极的促进作用（Kreiser et al.，2010；Hyytinen et al.，2015；Vogel，2016）。具体来讲：一方面，创新机会构建代表着企业最先进入尚未开发的新领域，企业往往采用新的商业模式、颠覆性技术以及为客户提供全新的产品和服务体验，并与其他竞争企业区别开来，一定程度上能够使企业获得先发优势，从而有助于企业快速成长（Kreiser et al.，2010；Tan et al.，2020）。此外，由于创新提高了其他企业模仿、复制的困难程度（Barney，2011），进而延长了企业竞争优势的持续时间（Hyytinen et al.，2015；Vogel，2016）。另一方面，创新机会构建所产生的新知识有利于提升企业的竞争优势（Perez-Lun et al.，2011；Agnieszka，2015）。中国跨国企业在海外创新机会构建过程中，成功经验与新知识创造可以直接转化为企业财富，并体现在企业成长绩效上；而对失败的总结与改进也能够使企业在未来机会构建中提前规避风险（Peter et al.，2011）。此外，向市场提供新的产品或服务，能够为企业树立敢于创新的企业形象，向市场主体展示企业未来的发展潜力（Bianchi et al.，2017），一定程度上能够赢得投资者、客户以及其他市场主体的关注，为企业持续地快速成长奠定坚实的基础。

基于此，本书提出以下假设：

假设2c：中国跨国企业的创新机会构建正向影响其成长速度。

假设2d：中国跨国企业的创新机会构建正向影响其成长潜力。

三、机会构建的中介作用

根据上述内容可知，中国跨国企业的国际机会构建在信息搜寻与其国际成长绩效之间可能起到中介作用。一方面，信息搜寻是企业对外部环境认知过程的重要体现，通过多来源、多渠道的信息搜寻，中国跨国企业可以从不同角度洞察到信息之间的内在关联，降低信息分布的随机性、不对称性（Makadok and Barney，2001；Bergh et al.，2018），使企业能够优先洞察到市场需求趋势变化、行业技术范式与发展趋势以及制度、政策的倾向性，为开发潜在市场机会或创造新的市场需求提供关键性的信息支撑（Yoo and Sawyerr，2014）；另一方面，中国跨国企业在新兴市场拓展具有明显的市场寻求动机（Kotabe and Kothari，2016；Luo and Tung，2017），它们的快速成长得益于创造性地将信息搜寻所感知到的潜在机会转变并开发成现实、具体的市场机会（Oyson and Whittaker，2015），通过主动“构建”机会的方式，激活已“锁定”的市场与客户资源或者创造新的市场需求。由此可见，机会构建在中国跨国企业的信息搜寻与其国际成长绩效之间的关系中，起到一定的传递作用，在两者之间充当中介角色。

基于此，本书提出以下假设：

假设3：中国跨国企业机会构建在信息搜寻与其国际成长绩效之间有中介作用。

假设3a：套利机会构建在信息搜寻与其国际成长绩效之间有中介作用。

假设3b：创新机会构建在信息搜寻与其国际成长绩效之间有中介作用。

四、风险承担的调节作用

风险承担是指企业愿意在结果不确定或收益与损失异常的项目中投入大量资源的承担程度（Rauch et al.，2009；Peter et al.，2011；董保宝、葛宝山，2014）。由于海外市场机会构建涉及跨越并整合来自多个国家情境因素，并通过企业家主导行动来引入新商品、服务以及组织方式等（Shane and Venkataraman，2000；Reuber et al.，2018），尤其是在环境复杂的新兴市场，企业无法确定引入的新手段、新目的或者新“手段—目的”是否一定满足市场需求与客户需要，因此，企业在海外市场拓展中需要承担一定的风险（Peter et al.，2011；Chen et al.，2020）。风险承担程度越高的企业就更可能会加大对创新项目的投入，更可能抓住市场机会，进而给企业带来卓越的业绩（Chen et al.，2020）。但与此同时，企业的风险承担水平过高也容易使其暴露在危险境地，一旦失败就会陷入不可挽回的局面（Janney and Dess，2006）。

对于中国跨国企业而言，识别与构建国际机会是长期性和不确定性的战略行为，因而企业的风险承担意识显得尤为重要（Peter et al.，2011；Alimadadi et al.，2018）。已有研究认为，企业海外机会构建与开发过程显著依赖企业对外部环境不确定性的承担水平（Hagen and Zucchella，2014）。即使面对环境复杂、市场变化以及同行竞争等诸多不确定性挑战，中国跨国企业仍然通过各种渠道、各种方式等来积极搜寻与机会相关的信息资源，进而为企业机会构建提供信息资源支持（Sleptsov and Anand，2008；Voss et al.，2011；姜黎辉等，2008）。因此，本书认为风险承担会对中国跨国企业的信息搜寻与机会构建之间的作用关系产生一定影响。

基于此，本书提出以下假设：

假设4：中国跨国企业的风险承担对信息搜寻与其机会构建有调节作用。

由于中国跨国企业的信息搜寻活动是一种有动机、有目的的企业行为，在搜寻信息内容、搜寻渠道以及搜寻模式选择上会受到组织认知因素的影响（Vaghely and Venkataraman，2010）。而风险承担一定程度上也代表了组织对外部环境的一种认知，其程度高低可能会影响到不同信息搜寻方式与机会构建模式之间的作用关系。基于此，本书进一步检验风险承担对不同维度信息搜寻与套利、创新机会构建之间的作用关系，具体而言：

第一，风险承担对信息搜寻与套利机会构建之间的作用关系的影响。风险承担是企业愿意投入存在风险项目的偏好程度，也是反映中国跨国企业与发达市场跨国企业差异的重要变量之一（Deng，2013；Wales，2016），对企业的战略决策具有深刻的影响。套利机会更多涉及在原有供求关系框架内的局部优化，是对现有产品、技术以及商业模式等进行渐进性改进，并赋予现有产品和服务新的功能和内涵，以此来达到提高产品竞争力和扩大市场销量的目的。一方面，风险承担程度较低的企业，更倾向于通过高频率的信息搜寻，获取有关市场结构、竞争情况、客户需求偏好等信息（Ozgen and Baron，2007；Hsieh and Kelley，2016），以确保信息的准确性、丰富性以及多样性，进而引导企业改进现有产品或服务流程，促进套利机会构建；另一方面，信息搜寻是一种有动机、有目的的组织行为，企业通过信息搜寻所获得的各种类型、多种渠道信息需要进一步加工整理与处理，而这一过程会受到企业认知模式的影响（Sleptsov and Anand，2008）。风险承担性较低的企业，可能更多受到理性分析驱使（Vaghely and Venkataraman，2010），它们更着眼于细节，习惯于渐进式线性分析，其判断评估过程也相对缓慢（Kozhevnikov et al.，2014）。从这点上看，风险承担较低的企业往往能够促进套利机会构建。因此，本书认为风险承担可能负向调节了信息搜寻与套利机会构建之间的作用关系。

基于此，本书提出以下假设：

假设4a：风险承担负向调节市场端信息搜寻与套利机会构建之间的关系。

假设4b：风险承担负向调节技术端信息搜寻与套利机会构建之间的关系。

假设4c：风险承担负向调节制度端信息搜寻与套利机会构建之间的关系。

第二，风险承担对信息搜寻与创新机会构建之间的作用关系的影响。不同于套利机会是对供求关系的局部改变，创新机会构建更多强调了创造性变化（Holmén et al.，2007；Anokhin et al.，2011）。现有研究认为，企业的风险承担不仅可以更好地识别到市场机会，而且机会的创新性也更高（Hsieh and Kelley，2016）。由于中国跨国企业的信息搜寻活动是一种有动机、有目的的企业行为，一方面，具有较高风险倾向的企业往往会产生积极的偏见（Shepherd et al.，2017），这种积极的偏见不仅使企业更容易看到信息中的积极信号，从而产生更多的机会性解释（Kickul et al.，2009；Barreto，2012），而且机会性解释有利于创造性活动的开展；另一方面，风险承担程度较高的组织为其自身营造了一种开放的创新氛围，使企业不仅愿意积极搜寻各类新颖信息资源，接受新观点、容纳新事物，而且使企业更为大胆、更为冒险地对新旧信息进行创新性连接与整合（Sadler，2016），极大地促进了创造性观点的产生（Samuelsson and Davidsson，2009；Perez-Lun et al.，2011）。此外，由于机会的时间依赖性（Jennings et al.，2015），广泛的信息搜寻在为企业提供机会识别与构建的必要信息的同时，在一定程度上也可能会造成信息冗余，如果企业缺乏风险承担性，就会对环境变化的反应迟钝；而风险承担性较高的企业更容易过滤到微小但有价值的信息，进而使企业可以快速决策以便抓住转瞬即逝的创新机会。

基于此，本书提出以下假设：

假设4d：风险承担正向调节市场端信息搜寻与创新机会构建之间的关系。

假设4e：风险承担正向调节技术端信息搜寻与创新机会构建之间的关系。

假设4f：风险承担正向调节制度端信息搜寻与创新机会构建之间的关系。

五、制度复杂性的调节作用

制度理论被广泛用于解释以中国为代表的新兴市场跨国企业国际扩张研究（Meyer and Peng，2016；Estrin et al.，2018）。有学者研究指出，资源基础观、产业基础观以及制度基础观三者共同揭示了企业如何做出战略选择以及获取竞争优势（Hitt et al.，2004；Peng，2012），并强调制度要素在新兴市场及其对新兴市场跨国企业国际扩张的重要性（Meyer and Peng，2016）。由于新兴市场国家正处于社会经济转型期，政府更迭频繁、新旧制度体系交叉变迁，进而导致其社会、制度等方面发展的不均衡、不完善，这就使中国跨国企业在其他海外新兴市场面临异常复杂的制度环境（Marano et al.，2017）。Luo等（2017）、邓少军等（2018）进一步指出，制度复杂性在新兴市场以及转型国家更可能呈现出一些独特特征，如模糊性、易变性以及冲突性等。目前制度复杂性对中国跨国企业在新兴市场拓展的影响还存在争论。一些学者认为，制度复杂性可能会抑制中国跨国企业的适应能力，当制度复杂性较高时，制度环境中充斥了大量难以预测、边界不清晰以及冲突性因素，这些因素抑制了企业对所处环境的预测与判断能力（Zhu and Sardana，2020），并可能给企业带来一定风险，而这种风险表现一旦由于中国跨国企业判断失败而违背了东道国制度体系内的“游戏规则”，可能会导致企业受到相应惩罚，甚至遭受毁灭性损失（陈嘉文、姚小涛，2015）。

但也有学者指出，这些发源于相对不成熟市场的中国跨国企业，也促使它们形成了一种独特能力，即在复杂环境下将制度劣势转化为制度优势的能力（Hoskisson et al.，2013；Luo and Tung，2017）。基于对母国制度的理解，中国跨国企业更加擅长在与其母国制度相似的新兴市场或发展中国家进行制度套利（Boisot and Meyer，2008）。Luo等（2011）研究指出，对于新兴市场跨国企业而言，它们在本国遭受的不利条件在海外投资时会变成一种优势，尤其是在与母国制度环境相似的新兴市场，因为它们习惯于在“困难的”治理条件下运营（Boisot and Meyer，2008）。中国跨国企业在其他海外新兴市场的机会构建就是能够优先识别复杂环境下的模糊性、广泛性以及潜在性的机会集，并通过企业认知与行动将其转变为现实、具体的市场机会。制度环境越复杂，就越能够为企业提供更大的代理空间进行机会构建行动，以此促进企业在新兴市场的快速成长。因此，本书认为制度复杂性会影响中国跨国企业机会构建与其国际成长绩效之间的关系。

基于此，本书提出以下假设：

假设5：制度复杂性对中国跨国企业机会构建与其国际成长绩效有调节作用。

进一步结合现有理论与案例研究结果来看，由于套利机会构建与创新机会构建对信息要求、能力要求、构建路径以及最终构建结果的时间优势与价值提供方式等存在差异，因此本书认为制度复杂性对于套利机会构建和创新机会构建与其国际成长绩效之间所起的调节效应也会有所差异，本书将进一步检验制度复杂性对不同机会构建模式与其国际成长绩效之间的作用关系，具体而言：

第一，制度复杂性对于套利机会构建与其国际成长绩效的影响。套利机会构建主要源自不均衡状态的市场或者来源于市场机制失效导致市场效率较低的情境下（Kirzner，1973；Mainela et al.，2014）。由于新兴市场国家正处于社会经济转型期，政府更迭频繁、新旧制度体系交叉变迁，进而导致其社会、制度等方面发展的不均衡、不完善（Marano et al.，2017）。然而，中国跨国企业基于对母国制度的理解，更加擅长在与母国制度相似的新兴市场找出薄弱环节进行套利（Witt and Lewin，2007；Boisot and Meyer，2008），制度环境越复杂，就越能够给企业提供更大的代理空间进行套利行动（Dacin et al.，2002；Susan et al.，2018）；另外，制度复杂性较高时，盲目的国际扩张在一定程度上会给企业带来极大的风险，而套利机会构建起始于对客户进行快速连接，基于市场准确需求和客户具体要求进行匹配以及提供适配的产品或服务，能够保证企业嵌入业务系统与市场需求相匹配（Tartaglione and Formisano，2018），一定程度上能够抵消制度复杂性可能给企业海外市场拓展造成的不利影响（邓少军等，2018）。此外，套利机会构建手段更加侧重于对现有"手段—目的"关系的局部优化，其相对耗用时间较短，进而能够减少制度不稳定性或波动性等随时间变化而对企业机会构建过程带来的风险（Alvarez and Barney，2010；Mainela et al.，2015）。因此，制度复杂性较高的情境会直接促进中国跨国企业通过套利机会构建的方式，在最短的时间内为企业创造时间优势与创造价值，进而促进企业在新兴市场的快速成长。

基于此，本书提出以下假设：

假设5a：制度复杂性正向调节套利机会构建与其成长速度之间的关系。

假设5b：制度复杂性正向调节套利机会构建与其成长潜力之间的关系。

第二，制度复杂性对于创新机会构建与其国际成长绩效的影响。创新机会强调机会的产生是基于创造性破坏并为市场带来新的经济价值（Holmén et al.，2007；Anokhin et al.，2011），将市场转移到不平衡状态。创新机会构建不仅要搜寻海外市场环境中的各种信息，更为关键的是要将搜寻的信息进行整合，以形成新的知识结构，是基于企业创造性想象与实践相结合的产物。虽然构建创新机会可以使企业最先进入尚未开发的新领域，凭借先发优势和进入壁垒增加企业收益（Vogel，2016；刘佳、李新春，2013），但与此同时，创新所带来的负面影响是失败的风险，并有可能损耗掉企业仅有的资源（鲁喜凤，2017）。与市场环境复杂性、技术环境复杂性等不同的是，制度环境中的法律、规则以及惯例为企业行动建立了一个公认的框架要求

（North，1990），尤其是正式制度（如法律、法规、专业标准、程序），对企业是一种“刚性”约束（Scott，2014；Meyer and Peng，2016）。在制度复杂性较高的情境下，有可能进一步放大由于创新失败而带来的风险，这种放大的风险表现在一旦由于中国跨国企业判断失败导致创新违背了东道国制度体系内的“游戏规则”，可能会导致其付出高昂的代价，包括在东道国面临更严格监管、受到东道国利益相关者的排斥，造成东道国的不信任等（Meyer et al.，2011；Zhu and Sardana，2020；吴冰等，2018），甚至遭受毁灭性损失（陈嘉文、姚小涛，2015），从而影响企业在东道国市场的长远发展。因此，企业在制度复杂性较高时，会削弱自身通过创新机会构建手段来实现企业国际化成长。

基于此，本书提出以下假设：

假设5c：制度复杂性负向调节创新机会构建与其成长速度之间的关系。

假设5d：制度复杂性负向调节创新机会构建与其成长潜力之间的关系。

六、研究假设汇总及实证模型

通过对中国跨国企业的信息搜寻、机会构建与其国际化成长三者之间关系的探讨，并基于中国跨国企业自身特质与新兴市场独特情境特征，引入风险承担和制度复杂性作为调节因素，最终搭建了本书的概念模型框架（见图4.2），同时，对上文所提炼出来的假设关系进行汇总（见表4.1）。

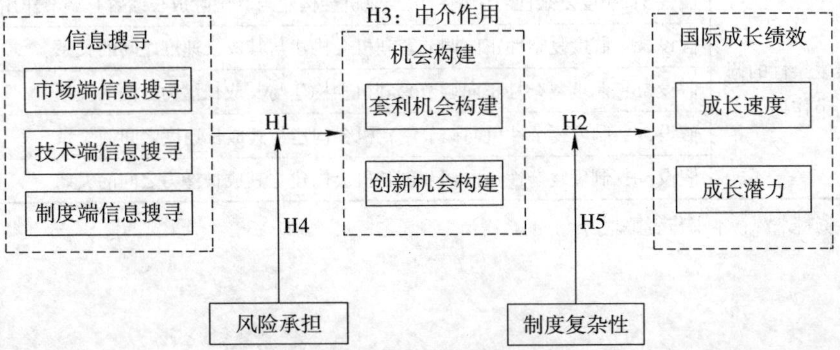

图4.2 实证研究模型框架

表4.1　研究假设汇总

作用路径	假设内容
信息搜寻—机会构建	假设1：中国跨国企业的信息搜寻对其机会构建具有显著的正向影响
	假设1a：中国跨国企业的市场端信息搜寻正向影响其套利机会构建
	假设1b：中国跨国企业的技术端信息搜寻正向影响其套利机会构建
	假设1c：中国跨国企业的制度端信息搜寻正向影响其套利机会构建
	假设1d：中国跨国企业的市场端信息搜寻正向影响其创新机会构建
	假设1e：中国跨国企业的技术端信息搜寻正向影响其创新机会构建
	假设1f：中国跨国企业的制度端信息搜寻正向影响其创新机会构建
机会构建—国际成长绩效	假设2：中国跨国企业的机会构建对其国际成长绩效具有显著的正向影响
	假设2a：中国跨国企业的套利机会构建正向影响其成长速度
	假设2b：中国跨国企业的套利机会构建正向影响其成长潜力
	假设2c：中国跨国企业的创新机会构建正向影响其成长速度
	假设2d：中国跨国企业的创新机会构建正向影响其成长潜力
机会构建的中介作用	假设3：中国跨国企业机会构建在信息搜寻与其国际成长绩效之间有中介作用
	假设3a：套利机会构建在信息搜寻与其国际成长绩效之间有中介作用
	假设3b：创新机会构建在信息搜寻与其国际成长绩效之间有中介作用
风险承担的调节作用	假设4：中国跨国企业的风险承担对信息搜寻与其机会构建有调节作用
	假设4a：风险承担负向调节市场端信息搜寻与套利机会构建之间的关系
	假设4b：风险承担负向调节技术端信息搜寻与套利机会构建之间的关系
	假设4c：风险承担负向调节制度端信息搜寻与套利机会构建之间的关系
	假设4d：风险承担正向调节市场端信息搜寻与创新机会构建之间的关系
	假设4e：风险承担正向调节技术端信息搜寻与创新机会构建之间的关系
	假设4f：风险承担正向调节制度端信息搜寻与创新机会构建之间的关系
制度复杂性的调节作用	假设5：制度复杂性对中国跨国企业机会构建与其国际成长绩效有调节作用
	假设5a：制度复杂性正向调节套利机会构建与其成长速度之间的关系
	假设5b：制度复杂性正向调节套利机会构建与其成长潜力之间的关系
	假设5c：制度复杂性负向调节创新机会构建与其成长速度之间的关系
	假设5d：制度复杂性负向调节创新机会构建与其成长潜力之间的关系

资料来源：本书作者整理。

第五章 研究设计与小样本测试

本章主要根据整体研究思路与规划，针对第四章研究模型中涉及的相关变量、维度关系，设计原始调研问卷并进行小样本预调研和测试，根据预测试结果修正原始问卷，最终确立正式的调研问卷。本章分析的关键研究变量包括：信息搜寻、国际机会构建、风险承担、制度复杂性以及国际成长绩效。本章主要内容与研究安排如下：首先，结合现有相关文献和案例研究结果对所涉及的核心变量进行操作化定义、维度划分并确定相应的测度量表；其次，根据研究变量及其维度设计初始调研问卷；最后，在小范围内选取并收集部分典型样本数据，通过探索性因子分析对初始调研问卷进行修正和净化，最终确立正式的调研问卷。

第一节　问卷设计

合理、有效地设计调研问卷是进行研究数据收集与获取的重要前提，问卷设计的科学性、规范性和严谨性对于统计分析结果至关重要。本书主要研究中国跨国企业如何通过信息搜寻与机会构建来实现在新兴市场的成长性问题，所涉及的研究变量包括：信息搜寻、国际机会构建、风险承担、制度复杂性以及成长绩效。本书主要参考Bradburn等（2004）建议的调查问卷设计方法和流程进行问卷开发：第一，明确信息搜寻、国际机会构建、成长绩效、风险承担以及制度复杂性等核心构念内涵与边界；第二，根据需要测量的变量建立测量题项库，通过对相关文献梳理，选择效度和信度较高的量表进行分析，对于英文量表，参照Farh等（2006）的建议，以直接翻译的形式，将英文测量问项在保证原有含义的基础上，转换为中文测量问项；第三，基于本书的研究情境和案例研究结论，对现有量表进行适当调整和修正，确定变量的测项，并通过邮件或即时通信来征求本领域专家的建议，并与研究团队成员进行反复讨论，对具体维度和相关测项进行校正，形成初始变量测项；第四，针对变量涉及的题项与调研企业高管和海外市场一线负责人员进行讨论，对变量测项的表述方式和措辞进行修改，使问卷题项更加符合企业海外运营实践且便于受访对象更好理解，在此基础上形成初始调查问卷。

本书研究采用的问卷内容主要有两部分：第一部分，受访对象及所在企业的基本信息；第二部分，关键变量的李克特（Likert）7点式计分量表，其中，数字1~7表示其程度逐步过渡和递进。问卷的样本企业为海外业务主要在新兴市场拓展或者在新兴市场有分公司、子公司以及分支机构的中国跨国企业。受访对象以匿名方式对企业在新兴市场的信息搜寻、机会构建、企业成长性等相关活动和行为进行评判，涉及的背景信息和基本特征等由受访对象依据客观情况填写。

一、信息搜寻的测量

信息搜寻是指企业在复杂多变的外部市场环境中，通过收集和搜寻稀缺的、有限的供给或需求信息，以便用于支撑复杂的决策过程（Cooper et al.，1995；Wright and Westhead，2009）。由于信息的异质性以及企业所面对新兴市场环境的差异性，企业对信息的需求或倾向也各不相同。本书根据Cooper等（1995）、Wright和Westhead（2009）、王倩（2011）、徐向龙和张杨勋（2016）相关研究，并结合第三章案例研究归纳的维度，设计了预调研测试量表，从市场端信息搜寻、技术端信息搜寻以及制度端信息搜寻3个二级指标共16个题项进行测量（见表5.1）。

表5.1 信息搜寻的测量条目

变量	维度	编号	测量问项	测量依据
信息搜寻	市场端信息搜寻	IS1	我们企业经常扫描目标市场的动向以及未来发展趋势信息	Cooper等（1995）；Laursen、Salter（2006）；Sidhu等（2007）；Wright、Westhead（2009）；周冬梅（2014）；Martini（2017）；徐向龙、张杨勋（2016）；等等
		IS2	我们企业经常关注竞争对手以及合作伙伴市场布局或渠道	
		IS3	我们企业经常关注并收集目标市场客户偏好及其变化信息	
		IS4	我们企业经常了解并收集客户对产品或服务的意见与建议	
		IS5	我们企业经常关注与企业相关行业的最新市场动态变化	
	技术端信息搜寻	IS6	我们企业经常扫描目标市场产品创新和技术进步等相关信息	Santanen等（2004）；Sidhu等（2007）；Martini（2017）；蔡淑琴、张星（2010）；曹兴、邱伟星（2019）；等等
		IS7	我们企业经常关注国际范围内本行业技术、工艺等发展情况	
		IS8	我们企业经常收集竞争对手企业产品研发、技术攻关等信息	
		IS9	我们企业经常参加科研单位或行业协会主办的相关会议	
		IS10	我们企业关注如何将获取的信息应用指导研发方向或产品设计	
	制度端信息搜寻	IS11	我们企业清楚国家相关政策对本行业的定位（鼓励或限制等）	McGaughey（2007）；Oparaocha（2015）；王倩（2011）；曹兴、邱伟星（2019）；等等
		IS12	我们企业非常了解本行业以及上下游产业的相关政策、规定	
		IS13	我们企业积极加入行业协会或参加行业协会举办的会议	
		IS14	我们企业经常与行业主管部门咨询规划和产业重点	
		IS15	我们企业经常主动与当地政府部门建立良好发展关系	
		IS16	我们企业经常根据相关政策调整自身发展战略、经营方向等	

资料来源：本书作者整理。

二、国际机会构建

中国跨国企业的海外机会构建是发现或者创造一种情境，即企业跨越并整合来自多个国家情境因素，通过企业主导行动来引入新产品、服务及组织方式等，最终改变经济活动，这种改变经济活动体现在对潜在市场机会的开发或创造一种新的市场需求（Mainela et al.，2014；Oyson and Whittaker，2015）。这一过程涉及客户、产品以及能力三大要素（Oyson and Whittaker，2015）。本书借鉴Kirzner（1997）、Mainela等（2014）对机会类型的划分，根据Zahra（2005）、Anokhin等（2011）、Reuber等（2018）相关研究，并结合第三章案例研究归纳的维度，设计了预调研测试量表，从套利机会构建和创新机会构建2个二级指标共9个题项进行测量（见表5.2）。

表5.2 国际机会构建的测量条目

<table>
<tr><th>变量</th><th>维度</th><th>编号</th><th>测量问项</th><th>测量依据</th></tr>
<tr><td rowspan="9">国际机会构建</td><td rowspan="4">套利机会构建</td><td>OC1</td><td>我们企业对市场需求或客户需求保持警觉，并随时满足需要</td><td rowspan="4">Kirzner（1997）；Alvarez、Barney（2007）；Holcombe（2003）；Mainela等（2014）；Venkataraman等（2012）；等等</td></tr>
<tr><td>OC2</td><td>我们企业能够针对捕捉到的市场变化而调整产品设计与开发</td></tr>
<tr><td>OC3</td><td>我们企业能够有效填补技术变革、制度变迁所造成的市场缺陷</td></tr>
<tr><td>OC4</td><td>我们企业擅长开发竞争对手忽略的市场需求，满足客户诉求</td></tr>
<tr><td rowspan="5">创新机会构建</td><td>OC5</td><td>即使新产品尚不完美，我们企业也会推出，以便得到市场反馈</td><td rowspan="5">Schumpeter（1934）；Anokhi等（2011）；Mainela等（2014）；Zahra（2005）；张玉利、杨俊（2008）；等等</td></tr>
<tr><td>OC6</td><td>即使市场需求尚未明确，我们企业也愿意推出新产品/服务</td></tr>
<tr><td>OC7</td><td>我们企业会感知并提前瞄准全新的消费群体推出新产品/服务</td></tr>
<tr><td>OC8</td><td>我们企业会以试错方式（研发—产品—反馈）推出新产品/服务</td></tr>
<tr><td>OC9</td><td>我们企业会快速推出新产品或改进产品来引领市场需求</td></tr>
</table>

资料来源：本书作者整理。

三、国际成长绩效

相对于企业财务绩效而言，成长绩效不仅以提高经济效益和追求利润为标志，更加侧重企业盈利能力的提升和国际市场份额占比增速（Koryak et al.，2015），是一个相对动态的评价指标（Bianchi et al.，2017）。在借鉴Mishina（2004）、Bianchi等（2017）、张玉利（2004）等提出从“量”“质”两个维度或者从成长逻辑考量企业成长基础上，根据Jantunen等（2008）、Bianchi等（2017）、Bai等（2020）在国际商务、国际创业等领域中采用的成长绩效测量量表，并结合第三章案例研究归纳维度与测量要点，设计了预调研测试量表，从成长速度和成长潜力2个二级指标共7个题项进行测量（见表5.3）。

表5.3　国际成长绩效的测量条目

变量	维度	编号	测量问项	测量依据
国际成长绩效	成长速度	IGP1	与主要竞争对手相比，我们企业海外销售额增长速度更快	Chandler、Hanks（1993）；Homburg等（2010）；Protcko、Dornberger（2014）；Jantunen等（2008）；郭海等（2018）；等等
		IGP2	与主要竞争对手相比，我们企业海外市场扩张范围速度更快	
		IGP3	与主要竞争对手相比，我们企业员工人数增长速度更快	
		IGP4	与主要竞争对手相比，我们企业经营业务范围扩张速度更快	
	成长潜力	IGP5	与全球竞争对手相比，我们企业向客户提供产品满意度更高	Mishina（2004）；马淑文（2011）；Bianchi等（2017）；陈佳贵和黄速建（1997）；张玉利（2004）；等等
		IGP6	与主要竞争对手相比，我们企业应对市场变化反应的能力更强	
		IGP7	与主要竞争对手相比，我们企业在资源转化或创新方面更有效率	

资料来源：本书作者整理。

四、风险承担的测量

风险承担是指企业愿意在结果不确定或收益与损失异常的项目中投入大量资源的承担程度（Rauch et al.，2009；Peter et al.，2011；董保宝、葛宝山，

2014），即企业为了获得较好的市场机会而愿意承担风险的程度。在中国跨国企业国际市场拓展过程中，海外机会构建与开发明显依赖企业对外部环境不确定性的风险承担水平（Peter et al.，2011），风险承担程度较高的企业更可能通过各种渠道、各种方式等积极搜寻与机会相关的信息资源，克服企业在机会构建过程中信息不对称性或新的信息缺失，更可能会加大对创新项目的投入，从而给企业带来卓越的业绩（Chen et al.,2020）。针对风险承担这一概念，本书参考Rauch等（2009）、Peter等（2011）、Chen等（2020）以及董保宝和葛宝山（2014）等的评价量表，设计了预调研测试量表，从3个题项对风险承担进行评价和测度（见表5.4）。

表5.4　风险承担的测量条目

变量	编号	测量问项	测量依据
风险承担	RT1	我们企业愿意采取可能失败的冒险行动	Rauch等（2009）；Peter等（2011）；Chen等（2020）；董保宝、葛宝山（2014）；等等
	RT2	我们企业倾向于首先推出新产品而不是跟随竞争对手的策略	
	RT3	我们企业倾向于更大胆的态度，积极应对环境中的不确定性	

资料来源：本书作者整理。

五、制度复杂性的测量

制度复杂性是指在高度动荡或动态的制度环境下，正式规则（如法律、法规、专业标准、程序）和非正式约束（如习俗、文化、价值观）交叉波动所形成的制度复杂结构（Greenwood et al.，2014）。制度复杂性是新兴市场最为显著的特征之一，中国跨国企业在新兴市场实际运营过程中必然会受到法律、法规等正式规则和文化规范、价值观等非正式规则的根本影响（North，1990；Scott，2014；吴晓云、陈怀超，2013；叶广宇、黄胜，2016）。此外，新兴市场以及转型国家更可能呈现出一些独特特征，如模糊性、易变性以及冲突性等（邓少军等，2018）。根据Meyer和Peng（2016）、Luo和Zhang（2016）、邓少军等（2018）、吴航和陈劲（2020）等的相关研究，设计了预调研测试量表，从4

个题项对新兴市场的制度复杂性进行评价和测度（见表5.5）。

表5.5　制度复杂性的测量条目

变量	编号	测量问项	测量依据
制度复杂性	IC1	在东道国市场，影响组织运营的制度、政策等总是不断变化的	Luo、Zhang（2016）；Meyer、Peng（2016）；邓少军等（2018）；吴航、陈劲（2020）；等等
	IC2	在东道国市场，存在政府干预、腐败以及政策法规模糊现象	
	IC3	在东道国市场，文化信仰、价值观等非正式制度差异很大	
	IC4	在东道国市场，存在很多相互冲突或者无效的制度	

资料来源：本书作者整理。

第二节　小样本测试

在信息搜寻、机会构建、国际成长绩效、风险承担以及制度复杂性等变量的量表开发过程中，尽管充分梳理和借鉴了国内外相关研究的成熟量表，并结合了第三章案例研究所归纳总结的维度，但考虑到中国跨国企业在新兴市场拓展的现实状况和特殊情境因素，需要就所开发的量表预先开展小规模调研，以便对初始量表进行适当修正，形成一个最适合正式调研的量表，为下一步开展大规模的问卷调研奠定基础。

从2019年8月开始，本研究团队依托学校平台，向京津冀、长三角以及珠三角等地共发放问卷150份，问卷发放对象主要为海外业务集中在新兴市场的中国跨国企业。最后，经过筛选和初步统计回收有效问卷共计115份，回收率为77%。接下来，本书将使用小范围收集的样本对初始问卷及其题项进行测试，根据测试结果修正初始问卷以便进行下一步正式的大规模问卷调研。

一、预测试检验标准

在预测试阶段，本书主要针对信息搜寻、机会构建、国际成长绩效、风险承担以及制度复杂性等变量的量表从信度和效度两个方面出发予以检验和修正。具体而言：第一，信度主要反映检验结果的可靠性、稳定性或一致性，即某一测验在多次施测后所得分数的稳定、一致程度。问卷信度越好，则证明开发的量表标准误就越低。第二，效度是指测量的正确性，即一个测验能够测量出其所要测量的问题的程度。问卷效度越高，则验证所开发的量表在很大程度上能够反映本书研究问题的真实性。

在信度检验上，本书主要参照Cronbach's α值和修正后总相关系数（Corrected Item Total Correction）这两个参考指标进行量表净化。具体而言：第一，Cronbach's α值，参照Peterson（1994）的建议，当测量变量的Cronbach's α值大于0.7时，表明量表具有较好的可靠性；第二，修正后总相关系数（CITC），根据Osterlind（1989）的建议，当CITC大于0.5时，表明量表的信度达到可以接受的标准。

在效度检验上，本书将采用探索性因子分析的方法对测量量表的效度进行检验。在进行探索性因子分析之前，本书首先进行KMO值和Bartlett's球形检验。以验证小样本问卷是否符合探索性因子分析的检验前提。此外，为了进一步确保量表信效度，本书还测度了量表的组成信度（CR）和构建效度（CV）。具体检测步骤如下：第一，参照Kaiser（1974）提出的标准，当KMO值介于0.6~1，且Bartlett's球形检验卡方近似值越大且显著（$sig<0.05$）时，才适合进行探索性因子分析；第二，根据Tabachnick和Fidell（2007）的建议，当因子载荷量大于0.7，解释方差百分比达到50%时，则是非常理想的标准；第三，根据Hair等（1998）的建议，当组成信度（CR）大于0.6，平均方差萃取率（AVE）大于0.5时是非常理想的标准。

通过遵循上述信度、效度检验步骤与筛选标准，对本书初始问卷的分析结果进行分析与比较，并根据结果对本书涉及的变量所对应的测量量表进行校对、修正，实现量表的净化，最终形成本书的正式调研问卷。

二、量表测试检验

（一）信息搜寻的净化与探索性因子分析

在初始量表中，信息搜寻包括市场端信息搜寻、技术端信息搜寻以及制度端信息搜寻3个维度，测量题项共计16项，接下来本书就针对信息搜寻量表进行信度和效度检验。

1. CITC与信度分析

从表5.6对信息搜寻量表的Cronbach's α值和CITC值分析结果可以发现，信息搜寻整体量表的Cronbach's α值为0.918，数值达到大于0.7的标准水平。进一步，分析信息搜寻各个维度发现：第一，市场端信息搜寻维度的Cronbach's α值为0.896，数值达到大于0.7的标准水平。市场端信息搜寻的5个题项（IS1、IS2、IS3、IS4、IS5）的CITC值在0.659~0.719，数值均达到大于0.5的标准水平。第二，技术端信息搜寻维度的Cronbach's α值为0.748，数值达到大于0.7的标准水平。技术端信息搜寻维度除了3个题项（IS7、IS8、IS9）的CITC值达到大于0.5的标准水平之外，剩余题项“IS6：我们企业经常扫描目标市场产品创新和技术进步等相关信息”的CITC的值为0.444和题项“IS10：我们企业关注如何将获取的信息应用指导研发方向或产品设计”的CITC的值为0.431，低于0.5的标准水平。根据量表净化原则，CITC值小于0.5的，应予以剔除。第三，制度端信息搜寻维度的Cronbach's α值为0.859，数值达到大于0.7的标准水平。而制度端信息搜寻维度除了题项“IS15：我们企业经常主动与当地政府部门建立良好发展关系”的CITC值为0.479，低于0.5的标准水平之外，其余5个题项（IS11、IS12、IS13、IS14、IS16）的CITC值在0.589~0.700，数值均达到大于0.5的标准水平。根据量表净化原则，CITC值小于0.5的，应予以剔除；若删除该题项后制度端信息搜寻维度的整体信度将提升到0.917，因此将题项IS15剔除。

表5.6　信息搜寻量表的CITC和信度分析

变量维度	测试条目	CITC	删除该条目后Cronbach's α值	各维度的Cronbach's α值	量表的Cronbach's α值
市场端信息搜寻	IS1	0.674	0.911	0.896	0.918
	IS2	0.719	0.910		
	IS3	0.673	0.911		
	IS4	0.689	0.911		
	IS5	0.659	0.912		
技术端信息搜寻	IS6	0.444	0.915	0.748	
	IS7	0.572	0.914		
	IS8	0.661	0.912		
	IS9	0.571	0.914		
	IS10	0.431	0.920		
制度端信息搜寻	IS11	0.638	0.913	0.859	
	IS12	0.700	0.911		
	IS13	0.688	0.911		
	IS14	0.633	0.913		
	IS15	0.479	0.917		
	IS16	0.589	0.914		

资料来源：本书作者整理。N=115。

2. KMO值和Bartlett's球形检验

从表5.7对信息搜寻量表中的KMO值和Bartlett's球形检验分析结果可以看出，信息搜寻量表的KMO值为0.889，数值达到大于0.6的标准水平；Bartlett's球形检验的卡方值的显著性水平为0.000，数值达到小于0.05的标准水平，表明信息搜寻这一变量经过净化后的研究量表可以进一步进行探索性因子分析。

表5.7　信息搜寻量表的KMO值和Bartlett's球形检验

Kaiser-Meyer-Olkin取样适当性		0.889
Bartlett's球形检验	卡方值	848.8
	自由度	78
	显著性	0.000

资料来源：本书作者整理。N=115。

3. 探索性因子分析

从表5.8对信息搜寻量表的探索性因子分析结果来看，在剔除IS6、IS10以及IS15题项后，本书通过主成分分析方法对信息搜寻量表题项进行因子提取，从包含13个题项的信息搜寻测量量表中提取出3个因子，其特征值分别为3.510、2.387、3.093，累计方差解释率为69.147%，数值达到大于50%的标准水平。基于以上对信息搜寻的信度和效度检验，最终形成该变量的正式量表。

表5.8　信息搜寻量表的探索性因子分析结果

变量维度	测量题项	因子载荷		
		F1	F2	F3
市场端信息搜寻	IS1	0.759		
	IS2	0.738		
	IS3	0.809		
	IS4	0.752		
	IS5	0.829		
技术端信息搜寻	IS7		0.682	
	IS8		0.803	
	IS9		0.817	
制度端信息搜寻	IS11			0.794
	IS12			0.750
	IS13			0.623
	IS14			0.599
	IS16			0.761
特征值		3.510	2.387	3.093
方差解释率/%		26.997	18.361	23.789
累计方差解释率/%		69.147		

资料来源：本书作者整理。N=115。

（二）国际机会构建的净化与探索性因子分析

在初始量表中，国际机会构建包括套利机会构建和创新机会构建2个维度，测量题项共计9项。接下来，本书就国际机会构建的量表进行信度和效度检验。

1. CITC与信度分析

从表5.9对国际机会构建量表的Cronbach's α值和CITC值分析结果可以发现，国际机会构建整体量表Cronbach's α值为0.897，而套利机会构建、创新机会构建两个维度的Cronbach's α值分别为0.829、0.876，数值均达到大于0.7的标准水平。进一步，在测量套利机会构建的4个题项（OC1、OC2、OC3、OC4）以及创新机会构建的5个题项（OC5、OC6、OC7、OC8、OC9）的CITC值在0.570~0.827，数值均达到大于0.5的标准水平。

表5.9　国际机会构建量表的CITC和信度分析

变量维度	题项编号	CITC	删除该条目后Cronbach's α值	各维度Cronbach's α值	量表的Cronbach's α值
套利机会构建	OC1	0.634	0.888	0.829	0.897
	OC2	0.684	0.884		
	OC3	0.570	0.893		
	OC4	0.672	0.885		
创新机会构建	OC5	0.739	0.880	0.876	
	OC6	0.807	0.875		
	OC7	0.827	0.873		
	OC8	0.716	0.882		
	OC9	0.613	0.909		

资料来源：本书作者整理。N=115。

2. KMO值和Bartlett's球形检验

从表5.10对国际机会构建量表中的KMO值和Bartlett's球形检验分析结果可以看出，国际机会构建量表的KMO值为0.884，数值达到大于0.6的标准水平；Bartlett's球形检验的卡方值的显著性水平为0.000，数值达到小于0.05的标准水平，表明国际机会构建这一变量经过净化后的研究量表可以进一步进行探索性因子分析。

表5.10 国际机会构建量表的KMO值和Bartlett's球形检验

Kaiser-Meyer-Olkin取样适当性		0.884
Bartlett's球形检验	卡方值	617.754
	自由度	36
	显著性	0.000

资料来源：本书作者整理。N=115。

3.探索性因子分析

从表5.11对机会构建测量量表的题项进行因子提取，从包含9个题项的国际机会构建测量量表中提取出2个因子，其特征值分别为3.392、2.875，累计方差解释率为69.633%，数值达到大于50%的标准水平。然而，国际机会构建中OC9“我们企业会快速推出新产品或改进产品来引领市场需求”的因子载荷分别落在F1和F2中，这可能是因为改进产品是基于对市场需求或者客户深度调研，最终以满足不满意的市场需求为目标，更可能是套利机会构建。因此，在国际机会构建的量表中，应该将该问项条目进行删除。基于以上对国际机会构建的信度和效度检验，最终形成该变量的正式量表。

表5.11 国际机会构建量表的探索性因子分析结果

变量	测量题项	因子载荷	
		F1	F2
套利机会构建	OC1	0.709	
	OC2	0.777	
	OC3	0.873	
	OC4	0.709	
创新机会构建	OC5		0.688
	OC6		0.751
	OC7		0.702
	OC8		0.700
	OC9	0.561	0.777
特征值		3.392	2.875
方差解释率/%		37.689	31.944
累计方差解释率/%		69.633	

资料来源：本书作者整理。N=115。

（三）国际成长绩效的量表测试检验

在初始量表中，国际成长绩效包括成长速度和成长潜力两个维度，测量题项共计7项，接下来本书就国际成长绩效的量表进行信度和效度检验。

1. CITC与信度分析

从表5.12对国际成长绩效量表的Cronbach's α值和CITC值分析结果可以发现，国际成长绩效整体量表Cronbach's α值为0.918，而成长速度、成长潜力两个维度的Cronbach's α值分别为0.910、0.923，数值均达到大于0.7的标准水平。进一步，在测量成长速度的4个题项（IGP1、IGP2、IGP3、IGP4）以及测量成长潜力的3个题项（IGP5、IGP6、IGP7）的CITC值在0.681~0.793，数值均达到大于0.5的标准水平。

表5.12　国际成长绩效量表的CITC和信度分析

变量	题项编号	CITC	删除该条目后Cronbach's α值	各维度的Cronbach's α值	量表的Cronbach's α值
成长速度	IGP1	0.702	0.912	0.910	0.918
	IGP2	0.747	0.906		
	IGP3	0.773	0.903		
	IGP4	0.793	0.901		
成长潜力	IGP5	0.786	0.902	0.923	
	IGP6	0.764	0.904		
	IGP7	0.681	0.913		

资料来源：本书作者整理。N=115。

2. KMO值和Bartlett's球形检验

从表5.13对国际成长绩效量表中的KMO值和Bartlett's球形检验分析结果可以看出，国际成长绩效量表的KMO值为0.856，数值达到大于0.6的标准水平；Bartlett's球形检验的卡方值的显著性水平为0.000，数值达到小于0.05的标准水平，表明国际成长绩效这一变量经过净化后的研究量表可以进一步进行探索性因子分析。

表5.13 国际成长绩效量表的KMO值和Bartlett's球形检验

Kaiser-Meyer-Olkin取样适当性		0.856
Bartlett's球形检验	卡方值	655.713
	自由度	21
	显著性	0.000

资料来源：本书作者整理。N=115。

3. 探索性因子分析

从表5.14国际成长绩效测量量表的题项进行因子提取，从包含7个题项的国际成长绩效测量量表中提取出2个因子，其特征值分别为3.118、2.679，累计方差解释率为82.817%，数值达到大于50%的标准水平。基于以上对国际成长绩效的信度和效度检验，最终形成该变量的正式量表。

表5.14 国际成长绩效量表的探索性因子分析结果

变量	测量题项	因子载荷	
		F1	F2
成长速度	IGP1	0.817	
	IGP2	0.830	
	IGP3	0.903	
	IGP4	0.802	
成长潜力	IGP5		0.849
	IGP6		0.892
	IGP7		0.890
特征值		3.118	2.679
方差解释率/%		44.543	38.274
累计方差解释率/%		82.817	

资料来源：本书作者整理。N=115。

（四）风险承担的净化与探索性因子分析

1. CITC与信度分析

从表5.15对风险承担的量表的Cronbach's α值和CITC值分析结果可以发现，风险承担整体量表Cronbach's α值为0.839，数值达到大于0.7的标准水平。进一步，风险承担的3个题项（RT1、RT2、RT3）的CITC值在0.624~0.775，数值均达到大于0.5的标准水平。

表5.15　风险承担量表的CITC和信度分析

变量维度	测试条目	CITC	删除该条目后Cronbach's α值	变量的Cronbach's α值
风险承担	RT1	0.718	0.764	0.839
	RT2	0.775	0.702	
	RT3	0.624	0.857	

资料来源：本书作者整理。N=115。

2. KMO值和Bartlett's球形检验

从表5.16对风险承担量表中的KMO值和Bartlett's球形检验分析结果可以看出，风险承担量表的KMO值为0.689，数值达到大于0.6的标准水平；Bartlett's球形检验的卡方值的显著性水平为0.000，数值达到小于0.05的标准水平，表明风险承担这一变量经过净化后的研究量表可以进一步进行探索性因子分析。

表5.16　风险承担量表的KMO值和Bartlett's球形检验

Kaiser-Meyer-Olkin取样适当性		0.689
Bartlett's球形检验	卡方值	150.636
	自由度	3
	显著性	0.000

资料来源：本书作者整理。N=115。

3. 探索性因子分析

从表5.17对风险承担量表的探索性因子分析结果可以发现，风险承担的3个题项的因子载荷量在0.817~0.913，数值达到大于0.7的标准水平。此外，特征值为2.282，累计方差解释率为76.075%，数值达到大于50%的理想水平。基于以上对风险承担的信度和效度检验，最终形成该变量的正式量表。

表5.17　风险承担量表的探索性因子分析结果

变量	测量题项	因子载荷量
风险承担	RT1	0.884
	RT2	0.913
	RT3	0.817
特征值	2.282	
累计方差解释率/%	76.075	

资料来源：本书作者整理。N=115。

（五）制度复杂性的净化与探索性因子分析

1. CITC与信度分析

从表5.18对制度复杂性的量表的Cronbach’s α值和CITC值分析结果可以发现，制度复杂性整体量表Cronbach’s α值为0.784，数值达到大于0.7的标准水平。进一步，制度复杂性的3个题项（IC1、IC2、IC3）的CITC值在0.552~0.723，数值均达到大于0.5的标准水平；但制度复杂性的第4个题项IC4“在东道国市场，存在很多相互冲突或者无效的制度”的CITC的值为0.420，低于0.5的标准水平。根据量表净化原则，CITC值小于0.5的，应予以剔除；若删除该题项后制度复杂性的量表的整体信度将提升到0.820，因此将题项IC4剔除。

表5.18　制度复杂性量表的CITC和信度分析

变量	测试条目	CITC	删除该条目后Cronbach’s α值	变量的Cronbach’s α值
制度复杂性	IC1	0.552	0.751	0.784
	IC2	0.723	0.666	
	IC3	0.700	0.675	
	IC4	0.420	0.820	

资料来源：本书作者整理。N=115。

2. KMO值和Bartlett’s球形检验

从表5.19对制度复杂性量表中的KMO值和Bartlett’s球形检验分析结果可以看出，制度复杂性量表的KMO值为0.701，数值达到大于0.6的标准水平；

Bartlett's球形检验的卡方值的显著性水平为0.000，数值达到小于0.05的标准水平，表明制度复杂性这一变量经过净化后的量表可以进行探索性因子分析。

表5.19　制度复杂性量表的KMO值和Bartlett's球形检验

Kaiser-Meyer-Olkin取样适当性		0.701
Bartlett's球形检验	卡方值	124.583
	自由度	3
	显著性	0.000

资料来源：本书作者整理。N=115。

3.探索性因子分析

从表5.20对制度复杂性量表的探索性因子分析结果可以发现，在剔除IC4这一题项后，制度复杂性剩下的3个题项的因子载荷量在0.830~0.892，数值达到大于0.7的标准水平。此外，特征值为2.213，累计方差解释率为73.750%，数值达到大于50%的理想水平。基于以上对制度复杂性的信度和效度检验，最终形成该变量的正式量表。

表5.20　制度复杂性量表的探索性因子分析结果

变量	测量题项	因子载荷量
制度复杂性	IC1	0.854
	IC2	0.892
	IC3	0.830
特征值	2.213	
累计方差解释率/%	73.750	

资料来源：本书作者整理。N=115。

三、正式问卷的确定

通过预调研和小样本测试，根据小样本预测试结果，本书参照国际化相关理论，在研究团队充分论证和反复讨论的基础上，对信息搜寻、国际机会构建、成长绩效、风险承担以及制度复杂性各个变量的量表题项进行修正。同时，征求本领域专家的建议，对细分维度和相关题项表述与措辞进行了修改，进一步提升问卷题项的清晰度，在此基础上形成最终的正式调查问卷，如表5.21所示。

表5.21 正式调查问卷中研究变量的测项条目

变量	题项	题项内容
市场端信息搜寻	市场端信息搜寻1	我们企业经常扫描目标市场的动向以及未来发展趋势信息
	市场端信息搜寻2	我们企业经常关注竞争对手以及合作伙伴市场布局或渠道
	市场端信息搜寻3	我们企业经常关注并收集目标市场客户偏好及其变化信息
	市场端信息搜寻4	我们企业经常了解并收集客户对产品或服务的意见与建议
	市场端信息搜寻5	我们企业经常关注与企业相关行业的最新市场动态变化
技术端信息搜寻	技术端信息搜寻1	我们企业经常关注国际范围内本行业技术、工艺等发展情况
	技术端信息搜寻2	我们企业经常收集竞争对手企业产品研发、技术攻关等信息
	技术端信息搜寻3	我们企业经常参加科研单位或行业协会主办的相关会议
制度端信息搜寻	制度端信息搜寻1	我们企业清楚国家相关政策对本行业的定位（鼓励或限制等）
	制度端信息搜寻2	我们企业非常了解本行业以及上下游产业的相关政策、规定
	制度端信息搜寻3	我们企业积极加入行业协会或参加行业协会举办的会议
	制度端信息搜寻4	公司企业经常向行业主管部门咨询规划与产业重点
	制度端信息搜寻5	我们企业经常根据相关政策调整自身发展战略、经营方向等
套利机会构建	套利机会构建1	我们企业对市场需求或客户需求保持警觉，并随时满足需要
	套利机会构建2	我们企业能够针对捕捉到的市场变化而调整产品设计与开发
	套利机会构建3	我们企业能够有效填补技术变革、制度变迁所造成的市场缺陷
	套利机会构建4	我们企业擅长开发竞争对手忽略的市场需求，满足客户诉求
创新机会构建	创新机会构建1	即使新产品尚不完美，我们企业也会推出，以便得到市场反馈
	创新机会构建2	即使市场需求尚未明确，我们企业也愿意推出新产品/服务
	创新机会构建3	我们企业会感知并提前瞄准全新的消费群体推出新产品/服务
	创新机会构建4	我们企业会以试错方式（研发—产品—反馈）推出新产品/服务
成长速度	成长速度1	与主要竞争对手相比，我们企业海外销售额增长速度更快
	成长速度2	与主要竞争对手相比，我们企业海外市场扩张速度更快
	成长速度3	与主要竞争对手相比，我们企业员工人数增长速度更快
	成长速度4	与主要竞争对手相比，我们企业经营业务扩张速度更快
成长潜力	成长潜力1	与全球竞争对手相比，我们企业向客户提供产品满意度更高
	成长潜力2	与主要竞争对手相比，我们企业应对市场变化反应的能力更强
	成长潜力3	与主要竞争对手相比，我们企业资源转化或创新方面更有效率

续表

变量	题项	题项内容
风险承担	风险承担1	我们企业愿意采取可能失败的冒险行动
	风险承担2	我们企业倾向于首先推出新产品而不是跟随竞争对手的策略
	风险承担3	我们企业倾向于更大胆的态度，积极应对环境中的不确定性
制度复杂性	制度复杂性1	在东道国市场，影响组织运营的制度、政策等总是不断变化
	制度复杂性2	在东道国市场，存在政府干预、腐败以及政策法规模糊现象
	制度复杂性3	在东道国市场，文化信仰、价值观等非正式制度差异很大

资料来源：本书作者整理。

第六章
实证分析与模型检验

在第五章小样本测试所确定的研究量表和正式问卷基础上，本章主要针对在新兴市场有商业投资或业务运营的中国跨国企业，扩大调研问卷的收集范围，调研内容主要聚焦在中国跨国企业在新兴市场环境中的信息搜寻、机会构建与国际化成长相关内容。本章具体内容安排如下：第一，基于大样本问卷调研结果，对数据基本特征进行描述性统计分析和相关说明。第二，运用验证性因子分析对所获得的数据进行检验，对信息搜寻、机会构建、国际成长绩效、风险承担、制度复杂性以及相关控制变量进行信度和效度的评估。第三，应用AMOS 23.0、SPSS 22.0等数据分析工具对整体概念模型中变量之间的作用关系进行检验，主要内容包括变量之间相关性分析、路径分析、中介效应以及调节效应等检验。第四，基于数据分析出来的量化结果来检验本书所提出的假设关系，为研究结论的提炼提供科学、准确的分析基础。

第一节　研究数据的收集与特征描述

一、数据收集

由于本书的研究情境是中国跨国企业在其他海外新兴市场拓展情况，因此，在数据收集过程中主要选取海外业务主要在新兴市场或者在新兴市场有子公司、分公司的中国跨国企业作为调研对象。本书调研主要依托南开大学的研究平台，为中国跨国企业数据搜集、获取提供了便利。此外，本书数据分析还得到了国外合作团队的支持，在问卷设计、量表开发以及样本选择等方面充分考虑了中国企业在新兴市场的特殊情境，并且双方进行了多次深度交流与论证，进一步保障了本书数据的科学性与有效性。

为了确保前期数据收集、后期数据分析处理的信度，本书对研究对象筛选标准进行了清晰界定：①企业总部位于中国境内，且企业所有权为中国境内的机构或法人；②调查对象主要以在新兴市场经营业务为主，能够独立为市场或客户提供产品与服务，并且在新兴市场运营时间超过1年以上的总公司、分公司、子公司以及分支机构；③企业在新兴市场的销售额占总销售额的10%以上；④企业海外主营业务包括贸易出口（商品、大宗货物）、销售商品、提供服务、交钥匙工程、一体化解决方案等。

为了进一步保证问卷数据的信度与效度，本书涉及的调研对象主要聚焦在中层以上的管理人员，包括董事长、总经理等总部人员，也包括新兴市场的分公司、子公司经理等负责人。受访人员部门主要涉及战略部、市场部、运营部以及研发单位、信息办等部门。这些中层以上的管理人员对于企业在新兴市场的运营活动参与度较高，更加熟悉并掌握与本书研究问题相关活动的详细过程。从2020年1月至2021年8月，问卷收集历时一年半，共经历了5轮次的问卷发放，围绕京津冀、长三角、珠三角等经济发展水平较高的地区或省份，对中国跨国企业在新兴市场的运营情况进行调查。由于受疫情影响，前2轮问卷主要通过电子问卷进行收集，后3次主要以纸质版调查问卷为主。本次共发放问卷530份，收回389份，回收率为73.4%，根据样本选择标准进行初步筛选，剔除不满足条件的样本34份。此外，对于未完成的问卷或者连续出现相同回答6次以上（含6次）的予以剔除，最终获得有效问卷288份，有效率为54.3%。总体样本量符合本研究模型的需要。

二、大样本的统计描述

（一）样本企业特征描述

问卷收集主要围绕京津冀、长三角、珠三角等经济发展水平较高地区或省份进行调查。样本企业调研对象是针对在不同新兴市场的中国跨国企业总部、分公司、子公司等相关负责人。新兴市场地区分布的多元化，能够有效避免地区特征和外部环境等外生变量对于数据分析的影响，提高了数据的信度，进而保证了分析结论的可推广性。具体调查样本企业基本特征及背景信息如表6.1所示。

表6.1　中国跨国企业特征描述性统计

特征	类别	样本数量	占比/%
企业性质	国有企业及控股	97	33.68
	民营企业及控股	191	66.32
企业规模（员工人数）	100人以下	66	22.92
	100~1000人	98	34.03
	1000~5000人	72	25.00
	5000人以上	52	18.06
国际化年限	1年及以下	35	12.15
	2~5年	113	39.24
	6~10年	92	31.94
	10年以上	48	16.67
海外销售占比	10%~30%	175	60.76
	30%~50%	68	23.61
	50%以上	45	15.63
样本企业在新兴市场分布情况	东南亚、南亚	67	23.26
	中亚、中东地区	72	25.00
	非洲地区	112	38.89
	拉丁美洲地区	21	7.29
	中东欧地区	16	5.56

资料来源：本书作者整理。N=288。

根据表6.1中的问卷基本信息统计可以看出企业的一些基本特征：①企业

属性。问卷结果显示民营企业以及控股为191家，占比为66.32%，国有企业以及控股占比相对较低（33.68%）。民营企业经营业务范围广，代表性强，一定程度上也可以避免国有企业的国有属性性质在新兴市场业务运营可能带来的内生性影响。②企业规模。企业分布比较均匀，且以中小企业为主，大型（特大）企业占比超过1/4，而特大型企业主要以大型装备制造类、工程承包类为主。③从国际化年限与海外销售占比看，大部分企业国际化年限在2~10年，占比超过70%，而海外销售占比大部分集中在10%~30%，具体比例为60.76%，其次为30%~50%，具体比例为23.61%。从综合国际化年限和海外销售占比这两个指标看，样本企业的国际化水平处于中等。④从调研企业在新兴市场的分布情况看，非洲地区占比最高，达到38.89%，东南亚、南亚地区与中亚、中东地区占比相当，分别为23.26%、25.00%。占比较少的地区为中东欧地区，仅占比5.56%，这一占比分布也比较符合中国商务部发布的《中国对外投资合作发展报告》（2019）对中国在新兴市场投资情况的描述，即中国跨国企业倾向于在非洲、亚洲等新兴市场进行对外投资与业务经营，这表明研究样本具有较强的代表性，与本书研究主题较为契合。

（二）研究变量的统计描述

基于受访企业的样本调研数据，本书对调查问卷中涉及的信息搜寻、机会构建、国际成长绩效、风险承担以及制度复杂性等变量进行描述性统计分析，受访样本企业上述变量的均值、标准差、偏度以及峰度等统计指标如表6.2所示。

表6.2　研究变量的描述性统计

变量	维度	题项编号	均值	标准差	偏度	峰度	维度/变量均值	
信息搜寻	市场端信息搜寻	市场端信息搜寻1	4.927	1.455	−0.624	−0.193	4.954	4.766
		市场端信息搜寻2	5.035	1.421	−0.817	0.304		
		市场端信息搜寻3	5.101	1.344	−0.497	−0.223		
		市场端信息搜寻4	5.111	1.367	−0.721	0.319		
		市场端信息搜寻5	4.594	1.474	−0.458	−0.216		

续表

变量	维度	题项编号	均值	标准差	偏度	峰度	维度/变量均值	
信息搜寻	技术端信息搜寻	技术端信息搜寻1	4.358	1.505	−0.156	−0.441	4.333	4.766
		技术端信息搜寻2	4.215	1.473	−0.212	−0.389		
		技术端信息搜寻3	4.427	1.454	−0.348	−0.506		
	制度端信息搜寻	制度端信息搜寻1	4.847	1.292	−0.347	−0.138	4.838	
		制度端信息搜寻2	4.757	1.340	−0.450	0.165		
		制度端信息搜寻3	4.910	1.268	−0.479	0.160		
		制度端信息搜寻4	4.910	1.279	−0.443	0.228		
		制度端信息搜寻5	4.764	1.299	−0.400	0.159		
国际机会构建	套利机会构建	套利机会构建1	4.080	1.545	−0.072	−0.529	4.512	4.640
		套利机会构建2	4.583	1.507	−0.232	−0.527		
		套利机会构建3	4.639	1.473	−0.525	−0.023		
		套利机会构建4	4.747	1.494	−0.506	−0.223		
	创新机会构建	创新机会构建1	4.691	1.436	−0.406	−0.168	4.768	
		创新机会构建2	4.688	1.335	−0.270	−0.378		
		创新机会构建3	4.632	1.355	−0.265	−0.461		
		创新机会构建4	5.059	1.291	−0.483	−0.032		
国际成长绩效	成长速度	成长速度1	4.812	1.535	−0.386	−0.604	4.795	4.733
		成长速度2	4.799	1.364	−0.352	−0.389		
		成长速度3	4.802	1.406	−0.423	−0.348		
		成长速度4	4.767	1.431	−0.455	−0.057		
	成长潜力	成长潜力1	4.566	1.442	−0.312	−0.527	4.649	
		成长潜力2	4.608	1.437	−0.281	−0.391		
		成长潜力3	4.774	1.505	−0.407	−0.337		
风险承担		风险承担1	5.622	1.293	−1.138	1.524	5.435	
		风险承担2	5.274	1.240	−0.446	−0.179		
		风险承担3	5.410	1.298	−0.931	0.792		
制度复杂性		制度复杂性1	5.045	1.339	−0.522	0.075	4.942	
		制度复杂性2	4.910	1.306	−0.550	0.085		
		制度复杂性3	4.872	1.349	−0.605	0.185		

资料来源：本书作者整理。N=288。

从表6.2中可以看出，在信息搜寻的变量中，"市场端信息搜寻""技术端信息搜寻”与“制度端信息搜寻”3个维度的差异较大，其中，“技术端信息搜寻”得分最低（4.333），而“市场端信息搜寻”“制度端信息搜寻”两个变量得分较高，分别为4.954、4.838，这初步说明在机会构建过程中，市场端信息搜寻与制度端信息搜寻可能更为重要，需要进一步检验；在国际机会构建变量中，“套利机会构建”与“创新机会构建”两个维度的差异性较大，其中，创新机会构建得分相对较高，初步说明中国跨国企业更热衷于创新性活动；在国际成长绩效变量中，“成长速度”与“成长潜力”两个维度差异较小，仅仅为0.15左右的差异。

此外，从表6.2还可以看出，除了“风险承担1”的偏度绝对值大于1之外，其余各指标统计的偏度绝对值均小于1（参考偏度绝对值小于3），且峰度绝对值小于2（参考峰度绝对值小于10），各变量指标的数据分布符合正态分布的标准。因此，可以进行下一步数据分析和检验。

第二节　数据质量评估

本书将使用AMOS 23.0和SPSS 22.0数据分析软件，首先对数据的信度进行评估，然后分析数据的效度。

一、数据信度评估

本书通过Cronbach's α值对所收集调查的数据进行内部一致性信度检验，具体测度值如表6.3所示。数据分析结果表明：所有变量或维度的Cronbach's α值介于0.802~0.922，均大于0.7的理想水平，这说明问卷调查所获取的数据符合内部一致性标准，满足进一步假设关系统计检验的要求。

表6.3　研究变量及其维度信度检验汇总

变量及维度		问项条目	Cronbach's α值	
信息搜寻	市场端搜寻	市场端信息搜寻1、市场端信息搜寻2、市场端信息搜寻3、市场端信息搜寻4、市场端信息搜寻5	0.893	0.939

续表

变量及维度		问项条目	Cronbach's α值	
信息搜寻	技术端信息搜寻	技术端信息搜寻1、技术端信息搜寻2、技术端信息搜寻3	0.922	0.939
	制度端信息搜寻	制度端信息搜寻1、制度端信息搜寻2、制度端信息搜寻3、制度端信息搜寻4、制度端信息搜寻5	0.906	
国际机会构建	套利机会构建	套利机会构建1、套利机会构建2、套利机会构建3、套利机会构建4	0.804	0.872
	创新机会构建	创新机会构建1、创新机会构建2、创新机会构建3、创新机会构建4	0.813	
国际成长绩效	成长速度	成长速度1、成长速度2、成长速度3、成长速度4	0899	0.915
	成长潜力	成长潜力1、成长潜力2、成长潜力3	0.905	
风险承担		风险承担1、风险承担2、风险承担3	0.802	
制度复杂性		制度复杂性1、制度复杂性2、制度复杂性3	0.840	

资料来源：本书作者整理。N=288。

二、数据效度评估

本书遵照Thompson（2004）的研究思路，通过采用验证性因子分析法（CFA），应用AMOS 23.0数据分析工具，对研究变量进行效度检验。具体检验包括两个方面：第一，收敛效度检验。本书通过测度信息搜寻、国际机会构建、国际成长绩效、风险承担以及制度复杂性等变量的组成信度（CR）和平均方差萃取率（AVE）两个指标来检验模型的建构效度。参见Hair等（1998）、Tornell和Larcker（1981）的建议，当模型满足以下标准时则被视为非常理想的状态：①因子载荷量（Std.）大于0.5；②构建信度（CR）大于0.6；③平均方差萃取率（AVE）大于0.5。第二，区别效度检验。本书依据Tornell和Larcker（1981）提出的区分效度判定标准进行评价，即每一个潜在变量的AVE值的平方根应大于该变量与其他各变量之间的相关系数。

（一）收敛效度检验

1.信息搜寻的收敛效度检验

通过对信息搜寻开展验证性因子分析（CFA），得到关于信息搜寻这一变量的市场端信息搜寻、技术端信息搜寻、制度端信息搜寻3个维度所包含的13个条目的因子载荷量、标准误、多元相关平方、组成信度以及平均方差萃取率。从表6.4可以得知：市场端信息搜寻的因子载荷量（Std.）在0.720~0.859，均大于0.5的评判标准；组成信度（CR）为0.896，大于0.6的评判标准；平均方差萃取率（AVE）为0.633，大于0.5的评判标准。技术端信息搜寻的因子载荷量在0.869~0.915，均大于0.5的评判标准；组成信度（CR）为0.924，大于0.6的评判标准；平均方差萃取率（AVE）为0.801，大于0.5的评判标准。制度端信息搜寻的因子载荷量（Std.）在0.762~0.856，均大于0.5的评判标准；组成信度（CR）为0.908，大于0.6的评判标准；平均方差萃取率（AVE）为0.633，大于0.5的评判标准。这一测度结果表明信息搜寻这一变量的3个维度市场端信息搜寻、技术端信息搜寻、制度端信息搜寻量表符合标准要求，具有收敛效度。

表6.4　信息搜寻的收敛效度分析结果

变量	题项	参数显著性估计				因子载荷量	信度	收敛效度
		Unstd.	S.E.	t-value	P	Std.	CR	AVE
市场端信息搜寻	市场端信息搜寻1	1				0.859	0.896	0.633
	市场端信息搜寻2	0.96	0.054	17.819	***	0.844		
	市场端信息搜寻3	0.841	0.053	15.821	***	0.782		
	市场端信息搜寻4	0.836	0.055	15.26	***	0.764		
	市场端信息搜寻5	0.849	0.061	13.986	***	0.720		
技术端信息搜寻	技术端信息搜寻1	1				0.901	0.924	0.801
	技术端信息搜寻2	0.993	0.043	23.298	***	0.915		
	技术端信息搜寻3	0.931	0.044	21.085	***	0.869		
制度端信息搜寻	制度端信息搜寻1	1				0.810	0.908	0.633
	制度端信息搜寻2	0.975	0.068	14.353	***	0.762		
	制度端信息搜寻3	1.037	0.062	16.835	***	0.856		
	制度端信息搜寻4	1.04	0.062	16.709	***	0.851		
	制度端信息搜寻5	0.977	0.065	15.01	***	0.788		

注：*** 表示 $P<0.001$。

资料来源：本书作者整理。N=288。

2. 国际机会构建的收敛效度检验

通过对国际机会构建开展验证性因子分析（CFA），得到关于国际机会构建变量的套利机会构建、创新机会构建2个维度所包含的8个条目的因子载荷量、标准误、多元相关平方、组成信度以及平均方差萃取率。从表6.5可以得知：套利机会构建的因子载荷量（Std.）在0.656~0.742，均大于0.5的评判标准；组成信度（CR）为0.805，大于0.6的评判标准；平均方差萃取率（AVE）为0.508，大于0.5的评判标准。创新机会构建的因子载荷量（Std.）在0.574~0.876，均大于0.5的评判标准；组成信度（CR）为0.817，大于0.6的评判标准；平均方差萃取率（AVE）为0.534，大于0.5的评判标准。这一测度结果表明国际机会构建的2个维度套利机会构建、创新机会构建量表符合标准要求，具有收敛效度。

表6.5　国际机会构建的收敛效度分析结果

变量	题项	参数显著性估计				因子载荷量	信度	收敛效度
		Unstd.	S.E.	t-value	P	Std.	CR	AVE
套利机会构建	套利机会构建1	1				0.656	0.805	0.508
	套利机会构建2	1.088	0.107	10.196	***	0.732		
	套利机会构建3	1.042	0.104	10.045	***	0.717		
	套利机会构建4	1.093	0.106	10.298	***	0.742		
创新机会构建	创新机会构建1	1				0.767	0.817	0.534
	创新机会构建2	1.062	0.073	14.519	***	0.876		
	创新机会构建3	0.825	0.074	11.193	***	0.671		
	创新机会构建4	0.672	0.071	9.451	***	0.574		

注：*** 表示P<0.001。

资料来源：本书作者整理。N=288。

3. 国际成长绩效的收敛效度检验

通过对国际成长绩效开展验证性因子分析（CFA），得到关于国际成长绩效这一变量的成长速度、成长潜力2个维度所包含的7个条目的因子载荷量、标准误、多元相关平方、组成信度以及平均方差萃取率。从表6.6可以得知：成长速度的因子载荷量（Std.）在0.748~0.885，均大于0.5的评判标准；组成信度（CR）为0.901，大于0.6的评判标准；平均方差萃取率（AVE）为

0.697，大于0.5的评判标准。成长潜力的因子载荷量（Std.）在0.816~0.908，均大于0.5的评判标准；组成信度（CR）为0.906，大于0.6的评判标准；平均方差萃取率（AVE）为0.764，大于0.5的评判标准。这一测度结果表明国际成长绩效的2个维度成长速度、成长潜力量表符合标准要求，具有收敛效度。

表6.6　国际成长绩效的收敛效度分析结果

变量	题项	参数显著性估计				因子载荷量	信度	收敛效度
		Unstd.	S.E.	t-value	P	Std.	CR	AVE
成长速度	成长速度1	1				0.748	0.901	0.697
	成长速度2	0.978	0.069	14.175	***	0.822		
	成长速度3	1.074	0.071	15.177	***	0.876		
	成长速度4	1.104	0.072	15.336	***	0.885		
成长潜力	成长潜力1	1				0.908	0.906	0.764
	成长潜力2	0.982	0.046	21.536	***	0.895		
	成长潜力3	0.937	0.051	18.335	***	0.816		

注：*** 表示P<0.001。

资料来源：本书作者整理。N=288。

4. 风险承担的收敛效度检验

通过对风险承担这一变量开展验证性因子分析（CFA），得到关于风险承担这一变量所包含的3个条目的因子载荷量、标准误、多元相关平方、组成信度以及平均方差萃取率。从表6.7可以得知：风险承担的因子载荷量（Std.）在0.629~0.932，均大于0.5的评判标准；组成信度（CR）为0.814，大于0.6的评判标准；平均方差萃取率（AVE）为0.600，大于0.5的评判标准。这一测度结果表明风险承担量表符合标准要求，具有收敛效度。

表6.7　风险承担的收敛效度分析结果

变量	题项	参数显著性估计				因子载荷量	信度	收敛效度
		Unstd.	S.E.	t-value	P	Std.	CR	AVE
风险承担	风险承担1	1				0.732	0.814	0.600
	风险承担2	1.221	0.116	10.557	***	0.932		
	风险承担3	0.862	0.085	10.197	***	0.629		

注：*** 表示P<0.001。

资料来源：本书作者整理。N=288。

5. 制度复杂性的收敛效度检验

通过对制度复杂性这一变量开展验证性因子分析（CFA），得到关于制度复杂性这一变量所包含的3个条目的因子载荷量、标准误、多元相关平方、组成信度以及平均方差萃取率。从表6.8可以得知：制度复杂性的因子载荷量（Std.）在0.734~0.878，均大于0.5的评判标准；组成信度（CR）为0.843，大于0.6的评判标准；平均方差萃取率（AVE）为0.644，大于0.5的评判标准。这一测度结果表明制度复杂性量表符合标准要求，具有收敛效度。

表6.8　制度复杂性的收敛效度分析结果

变量	题项	参数显著性估计				因子载荷量	信度	收敛效度
		Unstd.	S.E.	t-value	P	Std.	CR	AVE
制度复杂性	制度复杂性1	1				0.788	0.843	0.644
	制度复杂性2	1.087	0.083	13.043	***	0.878		
	制度复杂性3	0.938	0.076	12.273	***	0.734		

注：*** 表示P<0.001。

资料来源：本书作者整理。N=288。

（二）区别效度检验

参照Tornell和Larcker（1981）提出的区分效度判定标准，本书对信息搜寻、机会构建、国际成长绩效、风险承担以及制度复杂性等各个变量之间的区别效度进行分析。从表6.9可以看出，信息搜寻、机会构建、国际成长绩效、风险承担以及制度复杂性的AVE值的平方根均大于该变量与其他各变量之间的相关系数，因此各测量变量之间具有较好的区别效度。

表6.9　整体模型中变量的区别效度分析结果

变量	AVE	1	2	3	4	5	6	7	8	9
市场端信息搜寻	0.633	0.796								
技术端信息搜寻	0.801	0.668	0.895							
制度端信息搜寻	0.633	0.711	0.715	0.796						
套利机会构建	0.508	0.565	0.511	0.552	0.713					
创新机会构建	0.534	0.639	0.637	0.639	0.645	0.731				

续表

变量	AVE	1	2	3	4	5	6	7	8	9
成长速度	0.697	0.611	0.546	0.542	0.660	0.730	0.835			
成长潜力	0.764	0.708	0.666	0.645	0.596	0.642	0.718	0.874		
风险承担	0.600	0.518	0.455	0.566	0.524	0.649	0.426	0.546	0.775	
制度复杂性	0.644	0.461	0.427	0.341	0.445	0.649	0.345	0.374	0.421	0.802

资料来源：本书作者整理。N=288。

第三节　实证分析

在本节中，笔者主要通过实证分析方法，对第四章所提出的研究假设关系进行检验，并在此基础上进行归纳与总结。涉及内容主要包括以下：首先，对信息搜寻、国际机会构建、国际成长绩效、风险承担以及制度复杂性变量进行相关性分析，初步检验各个变量之间的关系；其次，通过结构方程模型对各个变量、维度之间的作用路径进一步检验；再次，检验国际机会构建的中介效应以及风险承担、制度复杂性的调节效应；最后，在假设检验的基础上对假设关系进行总结与汇总。

一、研究模型分析

（一）相关性分析

为检验变量之间的相关性，本书采用皮尔逊相关性分析方法（Pearson）对所收集的调查问卷样本总体数据进行初步分析。基于表6.10的分析结果可以看出，信息搜寻、国际机会构建、国际成长绩效、风险承担以及制度复杂性5个变量两两之间是相关的，且这种相关关系是显著的。具体而言，中国跨国企业的信息搜寻与其成长绩效（$\beta=0.708$，$P<0.01$）具有显著的正相关关系；中国跨国企业的信息搜寻与其国际机会构建（$\beta=0.642$，$P<0.01$）具有显著的正相关关系；中国跨国企业的机会构建与其成长绩效（$\beta=0.684$，$P<0.01$）具

有显著的正相关关系。通过皮尔逊相关性分析（Pearson），假设1、假设2得到了初步验证。

表6.10　整体模型变量间相关性系数

变量	1	2	3	4	5	6	7	8
人数	1							
销售额	0.177**	1						
国际化年限	0.334**	0.197**	1					
信息搜寻	0.108	0.158**	0.127*	1				
国际机会构建	0.035	0.110	0.104	0.642**	1			
国际成长绩效	0.049	0.209**	0.084	0.708**	0.684**	1		
风险承担	0.073	–0.140*	0.086	0.513**	0.533**	0.462**	1	
制度复杂性	0.023	0.162**	0.039	0.415**	0.501**	0.348**	0.368**	1

注：N=288。**表示P<0.01，*表示P<0.05（双尾检验）。

（二）结构方程模型分析

为进一步准确检验各个变量、维度之间的作用关系，本书采用AMOS 23.0统计分析软件来检验中国跨国企业的信息搜寻、国际机会构建与其国际成长绩效之间的作用关系。本书参照Thomopson（2004）提出的“两步走”模式：第一，对测量模型进行验证性因子分析（CFA），以检验模型配适度是否良好。良好的模型适配度是结构方程分析的必要条件（Byrne，2010），配适度越好，代表模型矩阵与样本矩阵越接近。参考Jackson等（2009）的建议，本书的适配度指标选定χ^2检定、χ^2/df比值、比较配适度指标（CFI）、配适度指标（GFI）、常规拟合指标（NFI）、调整后的配适度指标（AGFI）、平均近似误差均方根（RMSEA）等进行模型适配度评估。第二，在检验模型适配度基础上，进行变量之间的路径分析。

1. 信息搜寻—国际机会构建路径分析

本书首先对中国跨国企业的信息搜寻与其国际机会构建的关系模型进行验证性拟合度检验。从表6.11可以看出，该模型的配适度达到了良好拟合。具体而言，信息搜寻—国际机会构建（模型1—不分维度）的适配度评估数据为χ^2/df=2.178，CFI=0.946，NFI=0.905，GFI=0.907，AGFI=0.858，RMSEA=0.064；信息搜寻—套利机会构建（模型2—分维度）的适配度评估数据为χ^2/df=2.405，CFI=0.952，NFI=0.920，GFI=0.901，AGFI=0.886，RMSEA=0.070；信息搜寻—创新机会构建（模型3—分维度）的适配度评估数据为χ^2/df=2.221，CFI=0.959，NFI=0.928，GFI=0.911，AGFI=0.880，RMSEA=0.065。通过模型拟合指标与评估标准进行比对可知，该模型可以被接受。在此基础上，本书对中国跨国企业信息搜寻与其国际机会构建变量之间、具体维度之间进行路径分析（见图6.1、图6.2、图6.3）。具体而言：第一，中国跨国企业的信息搜寻对其国际机会构建具有显著的正相关关系（β=0.762，P<0.001），假设1得到验证支持；第二，中国跨国企业的市场端信息搜寻对其套利机会构建具有显著的正相关关系（β=0.287，P<0.01），假设1a得到验证支持；第三，中国跨国企业的技术端信息搜寻对其套利机会构建不具有显著的关系（β=0.157，P>0.05），假设1b未得到验证；第四，中国跨国企业的制度端信息搜寻对其套利机会构建具有显著的正相关关系（β=0.233，P<0.05），假设1c得到验证支持；第五，中国跨国企业的市场端信息搜寻对其创新机会构建具有显著的正相关关系（β=0.276，P<0.01），假设1d得到验证支持；第六，中国跨国企业的技术端信息搜寻对其创新机会构建具有显著的正相关关系（β=0.277，P<0.01），假设1e得到验证支持；第七，中国跨国企业的制度端信息搜寻对其创新机会构建具有显著的正相关关系（β=0.240，P<0.01），假设1f得到验证支持。

表6.11 信息搜寻—国际机会构建结构方程模型的拟合指标一览表

拟合指数	χ^2	df	χ^2/df	CFI	NFI	GFI	AGFI	RMSEA
良好拟合	—	—	(0，2]	>0.95	>0.95	>0.95	>0.90	<0.05
可以接受	—	—	(2，3]	>0.90	>0.90	>0.90	>0.85	<0.08
模型1	398.586	183	2.178	0.946	0.905	0.907	0.858	0.064
模型2	271.720	113	2.405	0.952	0.920	0.901	0.886	0.070
模型3	250.930	113	2.221	0.959	0.928	0.911	0.880	0.065

资料来源：本书作者整理。N=288。

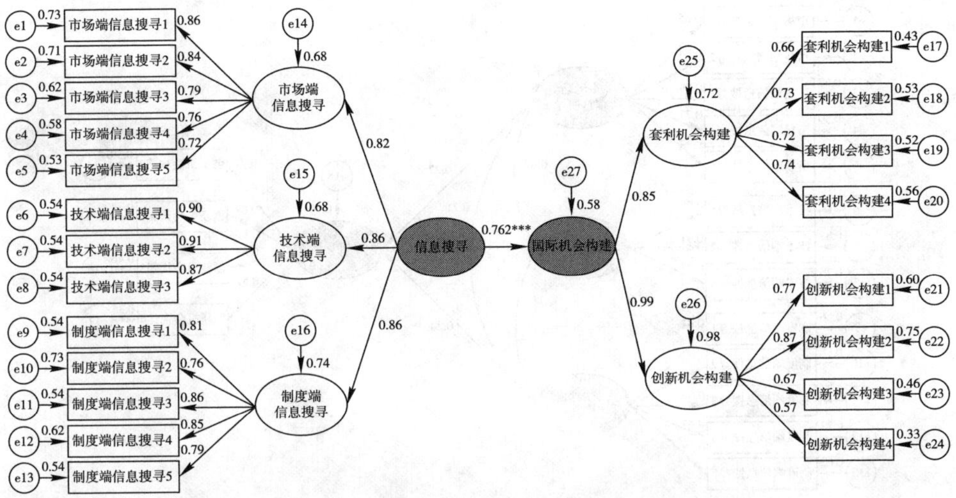

图6.1　信息搜寻对国际机会构建的结构方程模型（模型1）

注：***表示P<0.001。

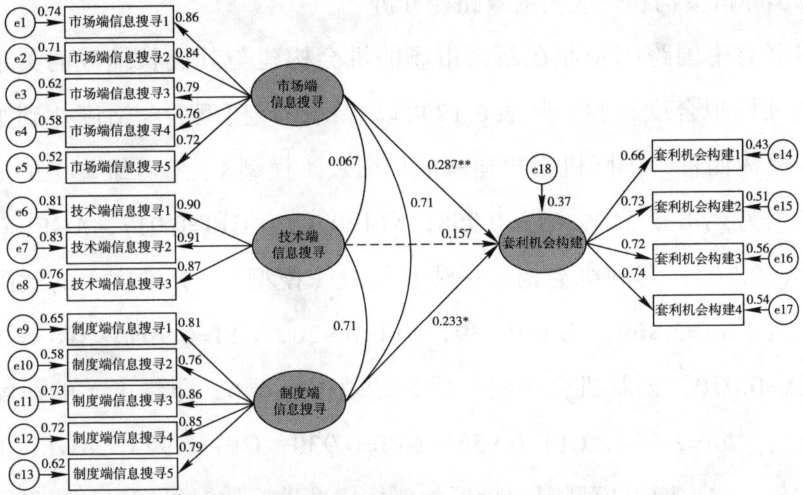

图6.2　信息搜寻对套利机会构建的结构方程模型（模型2）

注：*表示P<0.05，**表示P<0.01。

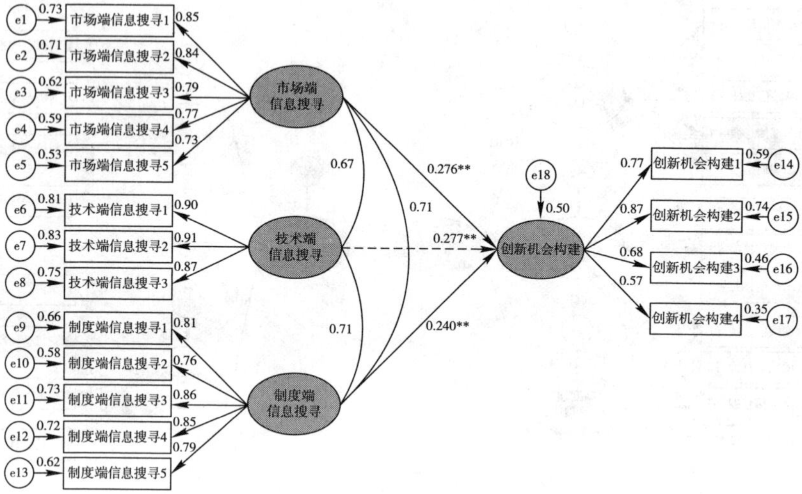

图6.3　信息搜寻对创新机会构建的结构方程模型（模型3）

注：** 表示P<0.01。

2. 国际机会构建—成长绩效路径分析

本书对中国跨国企业在新兴市场的机会构建与其成长绩效的关系模型进行验证性拟合度检验。从表6.12可以看出，该模型的配适度达到了良好拟合。具体而言，国际机会构建—成长绩效（模型4—不分维度）的适配度评估数据为χ^2/df=2.317，CFI=0.958，NFI=0.929，GFI=0.917，AGFI=0.882，RMSEA=0.062；套利机会构建—成长绩效（模型5—分维度）的适配度评估数据为χ^2/df=2.869，CFI=0.939，NFI=0.920，GFI=0.904，AGFI=0.849，RMSEA=0.070；创新机会构建—成长绩效（模型6—分维度）的适配度评估数据为χ^2/df=2.544，CFI=0.958，NFI=0.939，GFI=0.924，AGFI=0.881，RMSEA=0.084。通过模型拟合指标与评估标准进行比对可知，该模型可以被接受。在此基础上，本书对中国跨国企业的国际机会构建与其国际成长绩效变量之间、具体维度之间进行路径分析（见图6.4、图6.5、图6.6）。具体而言：第一，中国跨国企业的机会构建对其国际成长绩效具有显著的正相关关系（β=0.840，P<0.001），假设2得到验证支持；第二，中国跨国企业的套利机会构建对其成长速度具有显著的正相关关系（β=0.740，P<0.001），假设2a得到验证支持；第三，中国跨国企业的套利机会构建对其成长潜力具有显著的

正相关关系（β=0.689，P<0.001），假设2b得到验证支持；第四，中国跨国企业的创新机会构建对其成长速度具有显著的正相关关系（β=0.787，P<0.001），假设2c得到验证支持；第五，中国跨国企业的创新机会构建对其成长潜力具有显著的正相关关系（β=0.708，P<0.001），假设2d得到验证支持。

表6.12 国际机会构建—国际成长绩效结构方程模型的拟合指标一览表

拟合指数	χ^2	df	χ^2/df	CFI	NFI	GFI	AGFI	RMSEA
良好拟合	—	—	（0，2]	>0.95	>0.95	>0.95	>0.90	<0.05
可以接受	—	—	（2，3]	>0.90	>0.90	>0.90	>0.85	<0.08
模型4	197.088	85	2.317	0.958	0.929	0.917	0.882	0.062
模型5	120.508	42	2.869	0.939	0.920	0.904	0.849	0.070
模型6	106.858	42	2.544	0.958	0.939	0.924	0.881	0.084

资料来源：本书作者整理。N=288。

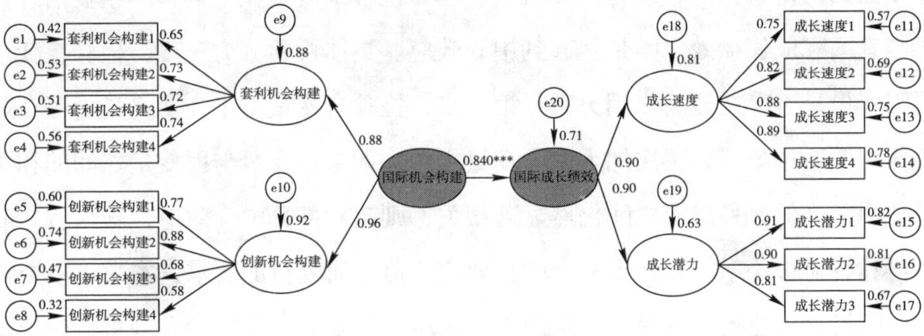

图6.4 国际机会构建对国际成长绩效的结构方程模型（模型4）

注：*** 表示P<0.001。

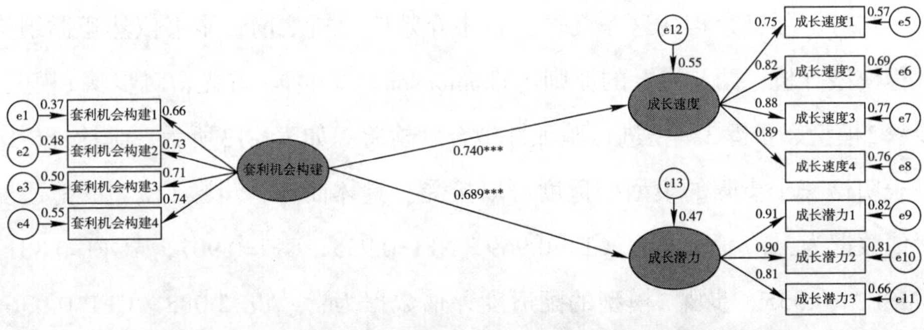

图6.5 套利机会构建对国际成长绩效的结构方程模型（模型5）

注：*** 表示P<0.001。

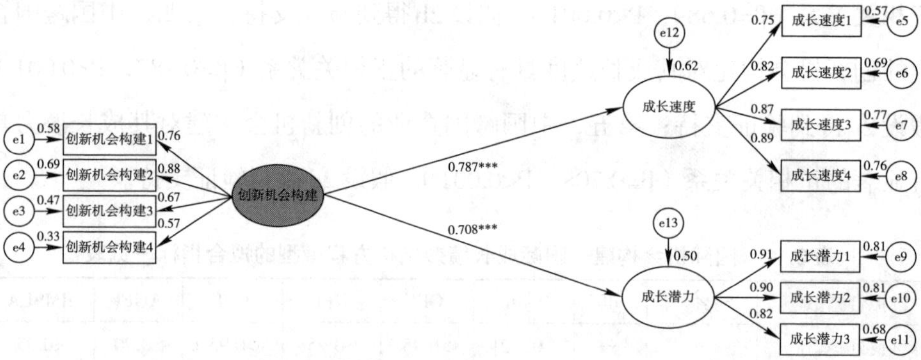

图6.6 创新机会构建对国际成长绩效的结构方程模型（模型6）

注：*** 表示P<0.001。

（三）国际机会构建行为的中介作用分析

在中介效应检验方法选取上，本书参照Baron和Kenny（1986）提出的因果逐步回归的检验方法，检验国际机会构建（包含维度）在中国跨国企业信息搜寻与其国际成长绩效之间是否起到中介效应。具体检验分为三步：检验自变量对因变量是否存在显著作用关系；第二步，检验自变量对中介变量是否存在显著作用关系；第三，再次加入中介变量之后，如果自变量与因变量之间的相关系数明显降低，且二者之间仍然显著相关，则起到部分中介效应，若二者之间不再具有显著关系，则起到完全中介效应。鉴于研究目的要求，本书不仅要检验国际机会构建行为这一个变量的中介效应，还要进一步检验套利机会构建与创新机会构建的中介效应以及两者之间的比较，具体分析如下：

1. 国际机会构建在信息搜寻与其国际成长绩效的中介效应分析

在对国际机会构建这一变量进行中介效应分析之前，本书依然遵循结构方程模型分析“两步走”的原则（Thomopson，2004）。首先，对步骤1模型、步骤2模型、步骤3模型进行验证性拟合度检验。如表6.13所示，统计分析结果表明这三个步骤的模型配适度可以接受。具体而言，步骤1模型的配适度评估数据为：χ^2/df=1.855，CFI=0.969，NFI=0.935，GFI=0.907，AGFI=0.881，RMSEA=0.055。步骤2模型的配适度评估数据为：χ^2/df=2.088，CFI=0.936，NFI=0.885，GFI=0.856，AGFI=0.828，RMSEA=0.062。步骤3模型的配适度评估数据为：χ^2/df=2.000，CFI=0.941，NFI=0.889，GFI=0.860，AGFI=0.833，RMSEA=0.059。通过模型拟合指标和评估标准对比可知，该模型可以接受，可以进行下一步中介效应检验。

表6.13 国际机会构建中介效应结构方程模型的拟合指标一览表

拟合指数	χ^2	df	χ^2/df	CFI	NFI	GFI	AGFI	RMSEA
良好拟合	—	—	（0，2]	>0.95	>0.95	>0.95	>0.90	<0.05
可以接受	—	—	（2，3]	>0.90	>0.90	>0.90	>0.85	<0.08
步骤1模型	304.216	164	1.855	0.969	0.935	0.907	0.881	0.055
步骤2模型	712.089	341	2.088	0.936	0.885	0.856	0.828	0.062
步骤3模型	684.055	340	2.000	0.941	0.889	0.860	0.833	0.059

资料来源：本书作者整理。N=288。

其次，通过采用Baron和Kenny（1986）“三步骤”检验方法对国际机会构建进行中介效应检验，图6.7数据分析结果表明：当加入国际机会构建这一中介变量后，信息搜寻与国际成长绩效之间的标准化相关系数从0.873下降到0.598，且二者之间的作用关系仍然显著（P<0.001）。因此，国际机会构建行为在信息搜寻与国际成长绩效之间具有部分中介作用，假设3得到验证支持。

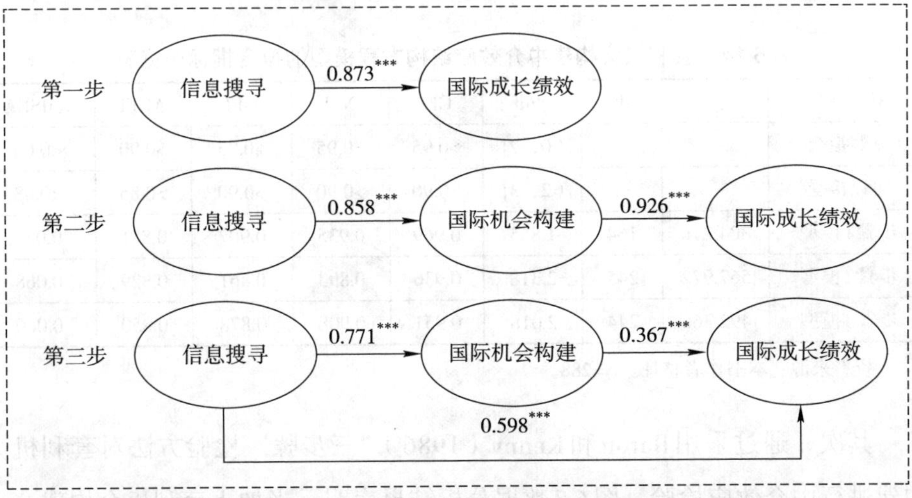

图6.7 国际机会构建对信息搜寻与国际成长绩效中介效应分析

注：*** 表示P<0.001。

2. 国际机会构建（分维度）在信息搜寻与其国际成长绩效的中介效应分析

为了进一步检验套利机会构建与创新机会构建是否起到中介效应以及两者之间的差异性，本书进一步分析了国际机会构建（分维度）在路径“信息搜寻—国际成长绩效”的中介效应。本书首先检验了套利机会构建的中介作用，其次分析了创新机会构建的中介效应。具体如下：

第一，套利机会构建的中介效应。在对套利机会构建这一变量进行中介效应分析之前，本书遵循结构方程模型分析“两步走”的原则（Thomopson，2004）。首先，对步骤1模型、步骤2模型、步骤3模型进行验证性拟合度检验。如表6.14所示，统计分析结果表明这三个步骤的模型配适度可以接受。具体而言，步骤1模型的配适度评估数据为：χ^2/df=1.855，CFI=0.969，NFI=0.935，GFI=0.907，AGFI=0.881，RMSEA=0.055。步骤2模型的配适度评估数据为：χ^2/df=2.318，CFI=0.936，NFI=0.893，GFI=0.861，AGFI=0.829，RMSEA=0.068。步骤3模型的配适度评估数据为：χ^2/df=2.018，CFI=0.951，NFI=0.908，GFI=0.878，AGFI=0.850，RMSEA=0.060。通过模型拟合指标和评估标准对比可知，该模型可以接受，可以进行下一步中介效应检验。

表6.14　套利机会构建中介效应结构方程模型的拟合指标一览表

拟合指数	χ^2	df	χ^2/df	CFI	NFI	GFI	AGFI	RMSEA
良好拟合	—	—	（0，2]	>0.95	>0.95	>0.95	>0.90	<0.05
可以接受	—	—	（2，3]	>0.90	>0.90	>0.90	>0.85	<0.08
步骤1模型	304.216	164	1.855	0.969	0.935	0.907	0.881	0.055
步骤2模型	567.972	245	2.318	0.936	0.893	0.861	0.829	0.068
步骤3模型	492.366	244	2.018	0.951	0.908	0.878	0.850	0.060

资料来源：本书作者整理。N=288。

其次，通过采用Baron和Kenny（1986）“三步骤”检验方法对套利机会构建进行中介效应检验，图6.8数据分析结果表明：当加入套利机会构建这一中介变量后，信息搜寻与国际成长绩效之间的标准化相关系数从0.873下降到

0.717，且二者之间的作用关系仍然显著（P<0.001）。因此，套利机会构建行为在信息搜寻与国际成长绩效之间有部分中介作用，假设3a得到验证支持。

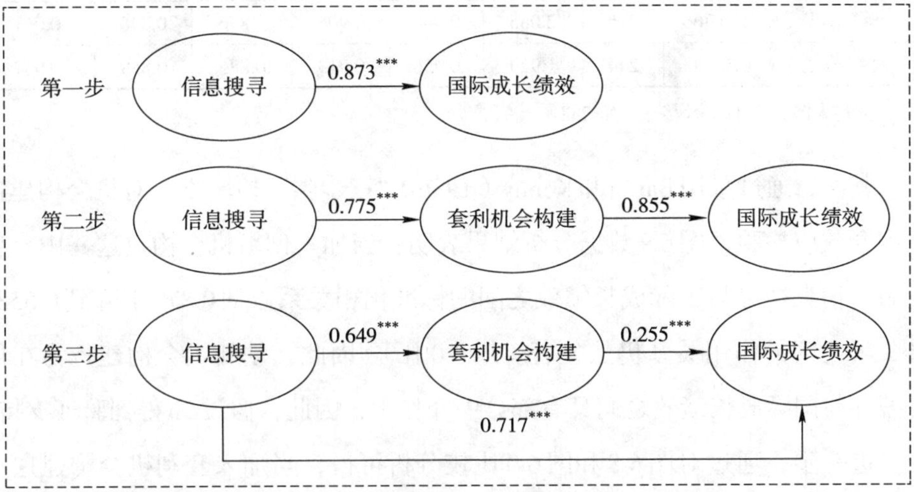

图6.8　套利机会构建对信息搜寻与国际成长绩效中介效应分析

注：*** 表示P<0.001。

第二，创新机会构建的中介效应。在对创新机会构建这一变量进行中介效应分析之前，本书遵循结构方程模型分析“两步走”的原则（Thomopson，2004）。首先，对步骤1模型、步骤2模型、步骤3模型进行验证性拟合度检验。如表6.15所示，统计分析结果表明这三个步骤的模型配适度可以接受。具体而言，步骤1模型的配适度评估数据为：χ^2/df=1.855，CFI=0.969，NFI=0.935，GFI=0.907，AGFI=0.881，RMSEA=0.055。步骤2模型的配适度评估数据为：χ^2/df=2.085，CFI=0.948，NFI=0.906，GFI=0.876，AGFI=0.848，RMSEA=0.061。步骤3模型的配适度评估数据为：χ^2/df=1.929，CFI=0.956，NFI=0.913，GFI=0.885，AGFI=0.859，RMSEA=0.057。通过模型拟合指标和评估标准对比可知，该模型可以接受，可以进行下一步中介效应检验。

表6.15　创新机会构建中介效应结构方程模型的拟合指标一览表

拟合指数	χ^2	df	χ^2/df	CFI	NFI	GFI	AGFI	RMSEA
良好拟合	—	—	(0，2]	>0.95	>0.95	>0.95	>0.90	<0.05

续表

可以接受	—	—	(2, 3]	>0.90	>0.90	>0.90	>0.85	<0.08
步骤1模型	304.216	164	1.855	0.969	0.935	0.907	0.881	0.055
步骤2模型	510.766	245	2.085	0.948	0.906	0.876	0.848	0.061
步骤3模型	470.593	244	1.929	0.956	0.913	0.885	0.859	0.057

资料来源：本书作者整理。N=288。

其次，通过采用Baron和Kenny（1986）“三步骤”检验方法对机会构建进行中介效应检验，图6.9数据分析结果表明：当加入创新机会构建这一中介变量后，信息搜寻与国际成长绩效之间的标准化相关系数从0.873下降到0.653，且二者之间的作用关系仍然显著（P<0.001）。因此，创新机会构建行为在信息搜寻与国际成长绩效之间具有部分中介作用，因此，假设3b得到验证支持。

进一步，通过对图6.8和图6.9比较分析可得，当加入套利机会构建这一中介变量后，信息搜寻对其国际成长绩效标准化路径系数降低了0.156个单位，而加入创新机会构建这一中介变量后，信息搜寻对其国际成长绩效标准化路径系数降低了0.220个单位，这进一步说明，创新机会构建在信息搜寻与其国际成长绩效中所起到的中介效应更为显著。

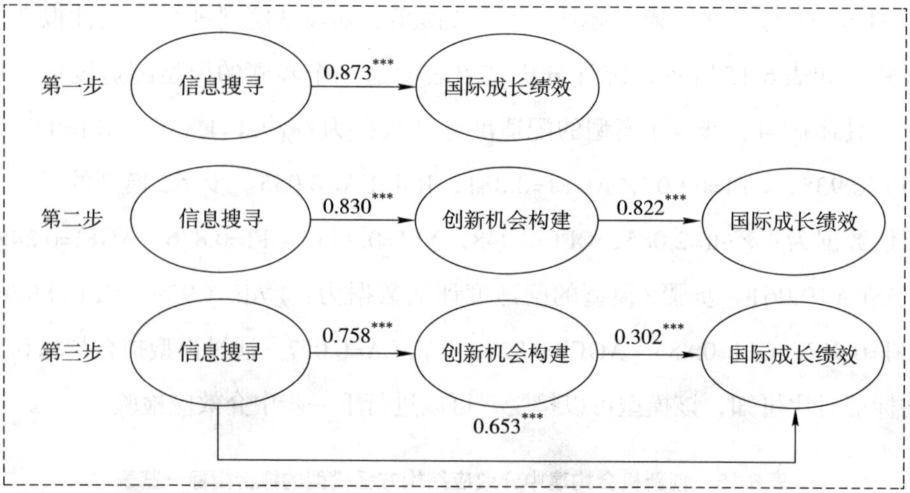

图6.9 创新机会构建对信息搜寻与国际成长绩效中介效应分析

注：***表示P<0.001。

（四）风险承担的调节效应分析

本书采取阶层式的调节回归分析方法对风险承担的调节效应进行检验，为了降低分析过程中的多重共线性的影响，本书参照Kemp（2010）的建议，将信息搜寻、风险承担和国际机会构建的所有变量以及维度进行标准化处理，然后将调节效应涉及的自变量、被解释变量和乘积交互项纳入回归分析模型，检验各个变量之间的作用关系。关于风险承担对信息搜寻与中国跨国企业的机会构建的调节效应主要分别检验两个方面：第一，检验风险承担对信息搜寻各个维度（市场端信息搜寻、技术端信息搜寻、制度端信息搜寻）与套利机会构建之间的调节效应；第二，检验风险承担对信息搜寻各个维度（市场端信息搜寻、技术端信息搜寻、制度端信息搜寻）与创新机会构建之间的调节效应。具体分析如下：

1. 风险承担对信息搜寻各维度与套利机会构建的调节效应分析

在检验风险承担对信息搜寻各维度与套利机会构建的调节作用过程中，使用阶层式的调节回归分析方法。具体步骤如下：

步骤1：控制效应检验。将企业销售额、国际化年限2个控制变量放入模型中进行回归分析，即模型1。步骤2：主效应检验。将市场端信息搜寻、技术端信息搜寻、制度端信息搜寻、风险承担4个解释变量放入模型中进行回归分析，即模型2。步骤3：调节效应检验。将乘积交互项，即市场端搜寻 × 风险承担、技术端搜寻 × 风险承担、制度端搜寻 × 风险承担放入模型中进行回归分析，即模型3。根据表6.16的分析可知，市场端信息搜寻与风险承担的交互项对套利机会构建的作用关系不显著（$\beta=0.015$，$P>0.05$），这说明风险承担对于市场端信息搜寻与套利机会构建之间没有调节效应，假设4a未得到验证；技术端搜寻与风险承担的交互项对套利机会构建的作用关系不显著（$\beta=0.088$，$P>0.05$），这说明风险承担对于技术端搜寻与套利机会构建之间没有调节效应，假设4b未得到验证；制度端信息搜寻与风险承担的交互项对套利机会构建的作用关系显著（$\beta=-0.134$，$P<0.05$），这说明风险承担对于制度端搜寻与套利机会构建之间的关系具有负向调节效应，假设4c得到验证性支持。

表6.16 风险承担对信息搜寻各维度与套利机会构建的调节效应分析

变量	因变量：套利机会构建					
	模型1		模型2		模型3	
	β	t	β	t	β	t
步骤1：控制效应						
企业销售额	0.047	1.261	-0.008	-0.264	-0.009	-0.282
国际化年限	0.008	1.404	0.003	0.564	0.003	0.611
步骤2：主效应						
市场端信息搜寻	—	—	0.212	2.997**	0.209	2.96**
技术端信息搜寻	—	—	0.136	1.919	0.126	1.771
制度端信息搜寻	—	—	0.146	1.948	0.183	2.371*
风险承担	—	—	0.199	3.431**	0.155	2.502*
步骤3：交互项（调节）						
市场端信息搜寻 × 风险承担	—	—	—	—	0.015	0.305
技术端信息搜寻 × 风险承担	—	—	—	—	0.088	1.24
制度端信息搜寻 × 风险承担	—	—	—	—	-0.134	-2.038*
R^2	0.015		0.318		0.329	
调整 R^2	0.008		0.304		0.307	
F	2.215		31.247***		1.402	

注：***表示P<0.001，**表示P<0.01，*表示P<0.05。

资料来源：本书作者整理。N=288。

2. 风险承担对信息搜寻各维度与创新机会构建的调节效应分析

在检验风险承担对于信息搜寻各维度与创新机会构建的调节作用过程中，使用阶层式的调节回归分析方法。具体步骤如下：

步骤1：控制效应检验。将企业销售额、国际化年限2个控制变量放入模型中进行回归分析，即模型1。步骤2：主效应检验，将市场端信息搜寻、技术端信息搜寻、制度端信息搜寻、风险承担4个解释变量放入模型中进行回归分析，即模型2。步骤3：调节效应检验。将乘积交互项，即市场端信息搜寻 × 风险承担、技术端信息搜寻 × 风险承担、制度端信息搜寻 × 风险承担放入模型中进行回归分析，即模型3。根据表6.17的分析可知，市场端信息搜寻与风险承担的交互项对创新机会构建的作用关系显著（β=0.148，P<0.001），这说明风险

承担对于市场端搜寻与创新机会构建之间具有正向调节效应，假设4d得到验证性支持；技术端搜寻与风险承担的交互项对创新机会构建的作用关系不显著（β=0.084，P>0.05），这说明风险承担对于技术端搜寻与创新机会构建之间没有调节效应，假设4e未得到验证；制度端搜寻与风险承担的交互项对创新机会构建的作用关系显著（β=0.210，P<0.001），这说明风险承担对于制度端搜寻与创新机会构建之间的关系具有正向调节效应，假设4f得到验证性支持。

表6.17　风险承担对信息搜寻各维度与创新机会构建的调节效应分析

变量	因变量：创新机会构建					
	模型1		模型2		模型3	
	β	t	β	t	β	t
步骤1：控制效应						
企业销售额	0.058	1.577	−0.01	−0.366	−0.015	−0.563
国际化年限	0.007	1.214	8.53E−06	0.002	0	0.046
步骤2：主效应						
市场端信息搜寻	—	—	0.218	3.564***	0.211	3.555***
技术端信息搜寻	—	—	0.221	3.591***	0.208	3.476**
制度端信息搜寻	—	—	0.106	1.629	0.165	2.558*
风险承担	—	—	0.327	6.489***	0.271	5.201***
步骤3：交互项（调节）						
市场端信息搜寻×风险承担	—	—	—	—	0.148	3.552***
技术端信息搜寻×风险承担	—	—	—	—	0.084	1.406
制度端信息搜寻×风险承担	—	—	—	—	0.210	−3.796***
R^2	0.017		0.488		0.526	
调整 R^2	0.01		0.477		0.511	
F	2.453		64.619***		7.537***	

注：***表示P<0.001，**表示P<0.01，*表示P<0.05。

资料来源：本书作者整理。N=288。

（五）制度复杂性的调节效应分析

关于制度复杂性对中国跨国企业的国际机会构建与其成长绩效的调节效应主要分别检验两个方面：第一，检验制度复杂性对国际机会构建各个维度

（套利机会构建、创新机会构建）与成长速度之间的调节效应；第二，检验制度复杂性对国际机会构建各个维度（套利机会构建、创新机会构建）与成长幅度之间的调节效应。具体分析如下：

1. 制度复杂性对国际机会构建的各个维度与成长速度的调节效应分析

在检验制度复杂性对于国际机会构建各维度与成长速度的调节作用过程中，使用阶层式的调节回归分析方法。具体步骤如下：

步骤1：控制效应检验。将企业销售额、国际化年限2个控制变量放入模型中进行回归分析，即模型1。步骤2：主效应检验。将套利机会构建、创新机会构建、制度复杂性这3个解释变量放入模型中进行回归分析，即模型2。步骤3：调节效应检验。将乘积交互项，即套利机会构建 × 制度复杂性、创新机会构建 × 制度复杂性放入模型中进行回归分析，即模型3。根据表6.18的分析可知，套利机会构建与制度复杂性的交互项对成长速度的作用关系显著（β=0.147，P<0.01），这说明制度复杂性对于套利机会构建与成长速度之间的关系具正向调节效应，假设5a得到验证性支持；创新机会构建与制度复杂性的交互项对成长速度的作用关系不显著（β=–0.016，P>0.01），这说明制度复杂性在创新机会构建与成长速度之间没有调节效应，假设5c未得到验证。

表6.18　制度复杂性对机会构建各维度与成长速度的调节效应分析

变量	因变量：成长速度					
	模型1		模型2		模型3	
	β	t	β	t	β	t
步骤1：控制效应						
企业销售额	0.134	3.68***	0.094	3.338**	0.094	3.39**
国际化年限	6.80E–05	0.012	–0.005	–1.224	–0.006	–1.421
步骤2：主效应						
套利机会构建	—	—	0.258	4.436***	0.241	4.171***
创新机会构建	—	—	0.463	6.916***	0.476	7.119***
制度复杂性	—	—	–0.008	–0.143	0.011	0.207
步骤3：交互项（调节）						
套利机会构建 × 制度复杂性	—	—	—	—	0.147	2.678**

续表

变量	因变量：成长速度					
	模型1		模型2		模型3	
	β	t	β	t	β	t
创新机会构建 × 制度复杂性	—	—	—	—	–0.016	–0.317
R^2	0.047		0.474		0.494	
调整R^2	0.04		0.464		0.482	
F	7.052**		76.144***		5.694**	

注：*** 表示P<0.001，** 表示P<0.01。

资料来源：本书作者整理。N=288。

2. 制度复杂性对国际机会构建各维度与成长潜力的调节效应分析

在检验制度复杂性对于国际机会构建各维度与成长潜力的调节作用过程中，使用阶层式的调节回归分析方法。具体步骤如下：

步骤1：控制效应检验。将企业销售额、国际化年限2个控制变量放入模型中进行回归分析，即模型1。步骤2：主效应检验，将套利机会构建、创新机会构建、制度复杂性这3个解释变量放入模型中进行回归分析，即模型2。步骤3：调节效应检验。将乘积交互项，即套利机会构建 × 制度复杂性、创新机会构建 × 制度复杂性放入模型中进行回归分析，即模型3。根据表6.19的分析结果可知，套利机会构建与制度复杂性的交互项对成长潜力的作用关系不显著（β=–0.068，P>0.05），这说明制度复杂性对于套利机会构建与成长潜力之间没有调节效应，假设5b未得到验证；创新机会构建与制度复杂性的交互项对成长潜力的作用关系显著（β=0.168，P<0.01），这说明制度复杂性对于创新机会构建与成长潜力之间的关系具有正向调节效应，假设5d未得到验证性支持。

表6.19　制度复杂性对机会构建各维度与成长潜力的调节效应分析

变量	因变量：成长潜力					
	模型1		模型2		模型3	
	β	t	β	t	β	t
步骤1：控制效应						
企业销售额	0.086	2.342*	0.056	1.778	0.062	1.987*

续表

变量	因变量：成长潜力					
	模型1		模型2		模型3	
	β	t	β	t	β	t
国际化年限	0.009	1.518	0.004	0.859	0.003	0.721
步骤2：主效应						
套利机会构建	—	—	0.220	3.394**	0.239	3.697***
创新机会构建	—	—	0.379	5.065***	0.348	4.654***
制度复杂性	—	—	0.025	0.414	0.071	1.156
步骤3：交互项（调节）						
套利机会构建 × 制度复杂性	—	—	—	—	–0.068	–1.100
创新机会构建 × 制度复杂性	—	—	—	—	0.168	2.924**
R^2	0.032		0.345		0.368	
调整 R^2	0.026		0.333		0.352	
F	4.779**		44.853***		5.01**	

注：***表示P<0.001，**表示P<0.01，*表示P<0.05。

资料来源：本书作者整理。N=288。

二、研究假设总结

本节采用实证分析的方法对第四章所发展的研究假设进行了检验，研究结果表明大部分假设得到验证性支持（见表6.20），具体来讲：

第一，中国跨国企业的信息搜寻与其机会构建之间的关系。通过实证检验，本书发现信息搜寻（包含各个维度）对于中国跨国企业机会构建不同模式作用关系存在差异性。其中，中国跨国企业的市场端信息搜寻、技术端信息搜寻和制度端信息搜寻对其创新机会构建的作用关系得到验证性支持（假设1d、1e、1f）；中国跨国企业的市场端信息搜寻和制度端信息搜寻对其套利机会构建的作用关系得到验证性支持（假设1a、1c）；但技术端信息搜寻对其套利机会构建的作用关系并不显著（假设1b），可能的原因是，不同于市场端、制度端等信息搜寻大多与机会构建目的相关，技术更多与机会构建手段相联系，通过技术端的信息搜寻，企业更可能突破原有技术认知的局限性，以更加激进的方式创造出新的解决方案，为市场提供新的价值创造而非满足现有需求缺口。

第二，中国跨国企业的机会构建与其国际成长绩效之间的关系。通过实证检验，本书发现中国跨国企业的套利机会构建对其成长速度和成长潜力的作用关系得到验证性支持（假设2a、2b）；中国跨国企业的创新机会构建对其成长速度和成长潜力的作用关系得到验证性支持（假设2c、2d）。

第三，中国跨国企业的机会构建对于信息搜寻与国际成长绩效的中介作用。通过实证检验，本书发现中国跨国企业的国际机会构建在信息搜寻与其国际成长绩效之间起到了部分中介作用，假设3得到验证性支持；中国跨国企业的不同机会构建模式（套利、创新）在信息搜寻与其国际成长绩效之间所起到的中介效应有所差异，其中，相比于套利机会构建，创新机会构建在信息搜寻与其国际成长绩效中所起到的中介效应更为显著，假设3a、3b得到验证性支持。

第四，风险承担对于信息搜寻与机会构建的调节作用。通过实证检验，本书发现风险承担对于市场端搜寻与套利机会构建的调节作用不显著（假设4a），而对市场端搜寻与创新机会构建的调节作用得到验证（假设4d），这说明企业风险承担程度越高，越倾向于搜寻有关市场、客户等信息来支撑自身创新行动；风险承担对于技术端与套利、创新机会构建的调节效应均不显著（假设4b、4e），这可能说明技术端搜寻与机会构建的关系并不受企业风险承担程度高低的制约，一定程度上也证实了在机会构建过程中关于构建手段的客观性、基础性作用；风险承担对于制度端搜寻与套利机会构建起到了负向调节效应（假设4c），与创新机会构建起到了正向调节效应（假设4f）。这说明风险承担性越高的企业，更倾向于通过制度端信息搜寻所感知到的潜在机会进行创新开发，而风险承担性较低的企业，则更擅长洞察制度空白、制度缺陷等进行套利行动。

第五，制度复杂性对于机会构建与国际成长绩效的调节作用。通过实证检验，本书发现制度复杂性对于不同机会构建模式与其成长绩效不同维度的调节效应有较大差异。具体来讲，制度复杂性对于套利机会构建与成长速度的调节效应给予了支持（假设5a），对成长潜力的调节作用不显著（假设5b）；制度复杂性对于创新机会构建与成长速度的调节作用关系不显著（假设5c），对成长潜力具有正向调节效应（假设5d）。这说明当中国跨国企业面临的制度环境越复杂，企业通过套利行动越能够加快成长速度，但起不到提升自身潜力的作用；相反，企业通过创新行动能够培育自身成长潜力，但创新的周期性长、具有反复性等特征，在一定程度上也影响了企业的成长速度。

表6.20　研究假设结果归纳

假设内容	结论
假设1：中国跨国企业的信息搜寻对其机会构建具有显著的正向影响	支持
假设1a：中国跨国企业的市场端信息搜寻正向影响其套利机会构建	支持
假设1b：中国跨国企业的技术端信息搜寻正向影响其套利机会构建	不支持
假设1c：中国跨国企业的制度端信息搜寻正向影响其套利机会构建	支持
假设1d：中国跨国企业的市场端信息搜寻正向影响其创新机会构建	支持
假设1e：中国跨国企业的技术端信息搜寻正向影响其创新机会构建	支持
假设1f：中国跨国企业的制度端信息搜寻正向影响其创新机会构建	支持
假设2：中国跨国企业的机会构建对其国际成长绩效具有显著的正向影响	支持
假设2a：中国跨国企业的套利机会构建正向影响其成长速度	支持
假设2b：中国跨国企业的套利机会构建正向影响其成长潜力	支持
假设2c：中国跨国企业的创新机会构建正向影响其成长速度	支持
假设2d：中国跨国企业的创新机会构建正向影响其成长潜力	支持
假设3：中国跨国企业机会构建在信息搜寻与其国际成长绩效之间有中介作用	支持
假设3a：套利机会构建在信息搜寻与其国际成长绩效之间有中介作用	支持
假设3b：创新机会构建在信息搜寻与其国际成长绩效之间有中介作用	支持
假设4：中国跨国企业的风险承担对信息搜寻与其机会构建有调节作用	部分支持
假设4a：风险承担负向调节市场端信息搜寻与套利机会构建之间的关系	不支持
假设4b：风险承担负向调节技术端信息搜寻与套利机会构建之间的关系	不支持
假设4c：风险承担负向调节制度端信息搜寻与套利机会构建之间的关系	支持
假设4d：风险承担正向调节市场端信息搜寻与创新机会构建之间的关系	支持
假设4e：风险承担正向调节技术端信息搜寻与创新机会构建之间的关系	不支持
假设4f：风险承担正向调节制度端信息搜寻与创新机会构建之间的关系	支持
假设5：制度复杂性对中国跨国企业机会构建与其成长绩效有调节作用	部分支持

续表

假设内容	结论
假设5a：制度复杂性正向调节套利机会构建与其成长速度之间的关系	支持
假设5b：制度复杂性正向调节套利机会构建与其成长潜力之间的关系	不支持
假设5c：制度复杂性负向调节创新机会构建与其成长速度之间的关系	不支持
假设5d：制度复杂性负向调节创新机会构建与其成长潜力之间的关系	不支持

资料来源：本书作者整理。

第七章
研究结论与展望

在系统搜集、梳理并提炼中国跨国企业国际市场拓展相关理论和研究基础上，本书立足于新兴市场情境，将研究问题分解为三个方面的子问题，对中国跨国企业在新兴市场的信息搜寻、机会构建与国际化成长之间的关系进行了深入探讨。在理论基础与文献综述部分，本书梳理了中国跨国企业国际市场拓展、信息搜寻、国际机会构建以及企业成长等理论脉络与相关研究，归纳并总结了现有文献存在的缺口与研究空白，为探索性案例研究与实证检验奠定了坚实的理论基础；在案例研究部分，本书采用探索性多案例研究方法，遵循复制逻辑，提炼了“信息搜寻—机会构建—国际化成长”的理论框架；在实证分析部分，基于中国跨国企业特质与新兴市场独特情境特征，引入了风险承担和制度复杂性这两个关键的情境变量，在理论指导下对整体模型的理论逻辑与研究框架进行了阐述，并提出了相应的研究假设；在大样本实证分析部分，本书对研究模型中相关变量及维度之间的相关性、作用路径以及中介、调节效应进行了检验，为研究结论的提炼提供了可靠的数据支撑。本章主要针对上述章节的理论推导、探索性案例研究与大样本实证检验所得到的结论进行归纳与分析，阐述本书的理论贡献与实践启示，并指出本书中存在的局限性和未来研究方向。

第一节 研究结论与启示

本节主要针对案例研究与实证分析部分所得到的结论进行系统性的阐述与归纳总结，并基于研究结论有针对性地提炼本书的理论贡献与实践启示。

一、研究结论与讨论

基于案例研究与实证检验，本书的研究结论主要包括以下4个方面。

结论一：中国跨国企业在新兴市场的信息搜寻为企业机会构建提供了模糊的、广泛的潜在机会集，市场端信息搜寻、技术端信息搜寻和制度端信息搜寻对于其机会构建的作用存在差异性。

外部环境变化中的信息是机会产生的重要载体，中国跨国企业如何有效地搜集和解读信息对于机会识别与构建至关重要（Makadok and Barney，2001；Shepherd et al.，2012；Bergh et al.，2018）。通过案例分析发现，由于“外来者”和“后发者”身份，中国跨国企业在新兴市场面临已有信息不对称和变化带来的新的信息缺失，为了减少或弥补信息鸿沟，企业通过市场端信息搜寻、技术端信息搜寻和制度端信息搜寻，获取并整合多种来源、多个渠道的信息资源，增加企业原有信息存量。具体而言，通过市场端信息搜寻能够优先洞察到市场潜力与需求变化、行业发展趋势、同行竞争动态以及合作伙伴等相关信息，帮助企业更敏锐、更快速地锚定市场趋势或客户痛点，为开发潜在市场机会或创造新的市场提供关键性的信息支撑；通过技术端信息搜寻能够了解有关技术范式、行业标准、同行研发以及科研机构攻关方向等方面的关键信息，使企业能够了解东道国行业标准、技术范式以及最新的技术发展趋势，指导企业改进或调整技术发展方向；通过制度端信息搜寻能够使企业获得有关制度环境特征、行业政策规定、政策优惠条款以及政策性准入等信息资源，进而使企业对所处制度环境、行业发展趋势更有预见性。

进一步，通过大样本的实证检验，本书发现市场端信息搜寻、技术端信息搜寻和制度端信息搜寻对于中国跨国企业机会构建模式的作用关系存在差异性。具体而言，市场端信息搜寻、技术端信息搜寻和制度端信息搜寻对于创新机会构建具有显著的正向影响；市场端信息搜寻和制度端信息搜寻对于套利机会构建具有显著的正向影响，但技术端信息搜寻对于套利机会构建的作用关系不显著。这可能是由于创新机会构建的起点在于企业的反思能力，强调机会是企业创造性思维与实践相结合的产物。通过对市场、技术以及制度等方面的信息扫描与搜寻，企业越有可能了解到与现有业务完全不同的新领域，同时也使原本碎片化的信息更加完整，从不同角度洞察信息之间的内在关联，进而有利于企业产生创新性的想法。然而，套利机会源于不均衡状态的市场或者市场机制失效导致市场效率较低的情境，其是为市场或客户提供新颖价值，而是涵盖企业在市场中的经营方式，以满足不满意的需求。技术端信息搜寻对套利机会构建的作用关系不显著的原因可能在于：不同于市场端、制度端等信息搜寻大多与机会构建目的相关，技术更多与机会构建手段相联系，通过技术端的信息搜寻，企业更可能突破原有技术认知的局限性，以更加激进的方式创造出新的解决方案，为市场提供新的价值创造而非满足现有需求缺口。

结论二：中国跨国企业在新兴市场的机会构建是将信息搜寻所感知到的潜在机会集转变并开发为现实、具体的市场机会，并且不同的机会构建模式在信息搜寻与国际成长绩效之间起到的中介效应程度也有所不同。

信息搜寻使中国跨国企业感知到的机会通常是模糊的、广泛的、潜在的（Oyson and Whittaker，2010；Foss and Klein，2012），并不都能给企业带来预期的经济价值。通过案例分析，本书发现机会构建是中国跨国企业信息搜寻与其国际化成长之间的内在作用机制，也是导致企业成长绩效呈现差异性的关键因素。本书基于过程观视角，将机会构建划分为快速连接、超预期匹配和反思三个方面。具体而言：快速连接是企业第一时间与已有客户或潜在客户进行互动并初步确立商业关系，进而使企业更准确了解客户需求偏好、可能存在的障碍以及所需资源或能力，将构建手段选择锚定方向；超预期匹配是企业瞄准通过连接所获得的准确需求，将企业内外部资源与不同竞争属性（如质量、价格、速度、服务等）进行有机整合，以更快的响应速度、更高的性价比、更好的服务体验等方式为客户提供价值；反思能够使企业超越当前规范和规则限制，洞察到外部环境更多的差异性与可能性，重新定位超预期匹配过程中所提供方案的适配性，并回馈于新一轮的连接行动。在快速连接、超预期匹配、反思三个过程不断迭代与循环中实现了企业在新兴市场的机会构建。本书基于机会构建过程特征分析，将机会构建模式归纳为套利机会构建和创新机会构建两种模式。

进一步，通过大样本的实证检验，本书检验了机会构建（包含不同机会构建模式）对于信息搜寻与其国际成长绩效之间的中介作用关系，发现机会构建在中国跨国企业的信息搜寻与其成长绩效之间起到了部分中介效应，且不同构建模式（套利、创新）所起到的中介效应有所差异。具体来讲，加入套利机会构建这一变量，信息搜寻与成长绩效之间的标准化相关系数从0.873下降到0.717，但二者之间的关系仍然显著（$P<0.001$），说明套利机会构建在信息搜寻与成长绩效之间具有部分中介效应；同样，加入创新机会构建这一变量，信息搜寻与国际成长绩效之间的标准化相关系数从0.873下降到0.653，但二者之间的关系仍然显著（$P<0.001$），说明套利机会构建在信息搜寻与成长绩效之间具有部分中介效应。但创新机会构建下降得更多，说明对于在新兴市场的中国跨国企业而言，企业更愿意通过构建创新机会来实现企业国际化成长。

结论三：风险承担是中国跨国企业在新兴市场拓展的内生性变量，在信息搜寻与机会构建之间具有重要的调节作用，且对不同维度的信息搜寻与机会构建模式之间的调节作用呈现较大的差异性。

作为一种认知因素，风险承担是指企业愿意在结果不确定或收益与损失异常的项目中投入大量资源的承担程度（Rauch et al.，2009；Peter et al.，2011；Chen et al.，2020）。由于中国跨国企业的海外市场的机会构建涉及跨越并整合来自多个国家情境因素，并通过企业家主导行动来引入新商品、新服务以及新的组织方式等（Shane and Venkataraman，2000；Reuber et al.，2018），尤其是在环境复杂的新兴市场，企业无法确定引入的新手段、新目的或者新“手段—目的”是否一定满足市场需求与客户需要，因此企业在海外市场拓展中需要承担一定的风险（Peter et al.，2011；Chen et al.，2020）。通过实证检验，本书发现风险承担对于不同维度信息搜寻与机会构建模式之间的调节作用呈现较大的差异性。

具体而言，第一，对于市场端信息搜寻与机会构建来讲，风险承担对于市场端信息搜寻与套利机会构建没有起到调节作用，对于创新机会构建起到了正向调节效应。因此，当企业承担风险越高时，中国跨国企业越倾向于搜寻有关市场、客户等信息来支撑自身创新行动。第二，对于技术端信息搜寻与机会构建来讲，风险承担均没有起到调节作用，这说明技术端信息搜寻与机会构建的关系始终没有受到企业风险承担程度高低的影响，这也从侧面证实了机会构建过程中关于构建手段的客观性、基础性作用。第三，对于制度端信息搜寻与机会构建来讲，风险承担对于制度端信息搜寻与套利机会构建起到了负向调节效应，对创新机会构建起到了正向调节效应。这说明风险承担性越高的企业，越倾向于通过制度端信息搜寻所感知到的潜在机会进行创新开发，而风险承担性较低的企业，则更擅长洞察制度空白、制度缺陷等进行套利行动。

结论四：制度复杂性是中国跨国企业在新兴市场拓展的外生性变量，在机会构建与企业国际成长绩效之间具有显著的调节效应并呈现出较大的差异性。

制度复杂性是指在高度动荡或动态的制度环境下，正式规则（如法律、法规、专业标准、程序）和非正式约束（如习俗、文化、价值观）交叉波动所形成的制度复杂结构。制度复杂性是新兴市场最显著的特征之一，中国跨国企业在新兴市场运营过程中必然会受到法律、法规等正式规则和文化规范、价值观等非正式规则的影响（Scott，2014）。它直接影响企业运营效率及竞争规则（Meyer and Peng，2016）。一般来说，复杂的制度环境可能会增加中国跨国企业对新兴市场的预测与控制难度（Zhu and Sardana，2020），进而抑制企业的快速成长。因此，在制度复杂性较高时，国际市场扩张会给企业带来极大的风险。本书研究发现，对制度复杂性的影响不能“一刀切”，制度复杂性对于中国跨国企业的机会构建不同模式与其成长绩效之间的影响存在较大差异性。

通过大样本的实证检验，本书发现制度复杂性对于不同机会构建模式与其成长绩效不同维度的调节效应存在较大差异。具体来讲：第一，套利机会构建与成长绩效之间的调节关系。制度复杂性对于套利机会构建与其成长速度具有正向调节效应，对于成长潜力没有调节作用。即外部制度环境越复杂，企业越愿意通过套利行动加快企业的成长速度，这是因为在母国特定环境背景下，中国跨国企业更能够优先洞察新兴市场中存在的市场空缺，并通过快速行动来弥补市场空缺和客户需求，进而促进企业成长。第二，创新机会构建与成长绩效之间的调节关系。制度复杂性对于创新机会构建与其成长速度没有调节作用，对于成长潜力有正向的调节效应，即制度复杂性越高，中国跨国企业越倾向于选择创新行动来提升自己的成长潜力。这是因为中国跨国企业具有冒险性特质，企业更愿意从复杂的环境中看到机会，并通过创造性思维和行动来打破现有市场的平衡，通过引入新的价值创造来增强企业成长潜力。

二、理论贡献

针对得出的研究结论，本书的理论贡献主要体现在以下4个方面。

理论贡献一：本书立足于新兴市场情境，基于市场寻求动机提炼并检验了“信息搜寻—机会构建—国际化成长”的理论框架，揭示了中国跨国企业如何实现在新兴市场的快速扩张与国际化成长，进一步拓宽了传统国际商务理论框架的解释边界。

本书根据中国跨国企业在开辟新兴市场所表现出来的现实特点，基于市场寻求动机，提炼并检验了“信息搜寻—机会构建—国际化成长”的理论框架，揭示了中国跨国企业在新兴市场实现快速成长的内在机理，一定程度上能够解释中国跨国企业在新兴市场快速扩张背后的理论逻辑。尽管现有文献从内生性、收购式以及网络化等角度探讨企业成长性问题（Peng et al.，2018；Tan et al.，2020），对于理解中国跨国企业实现在国际市场快速成长提供了有益见解，但这些文献大多建立在海外市场环境同质性基础上（Alon et al.，2018；Buckley et al.，2018），基于中国跨国企业向全球市场拓展情境，并没有区分与验证发达市场和新兴市场情境的差异性，而不同情境的差异性对于中国跨国企业的成长路径选择也会有所不同甚至相差甚远（Luo and Zhang，2016；Ramamurti and Williamson，2019）。

本书认为中国跨国企业在新兴市场拓展背后所体现的底层逻辑是“市场寻求”，企业更加重视东道国未来市场潜力、现有需求大小以及客户潜在需求等。为了打破原有的竞争规则，中国跨国企业并不完全遵循“机会发现—机会捕获”这一传统路径，而是通过不断监测环境变化信息，并通过主动“构建”机会的方式，创造性地将信息搜寻感知到的潜在机会集转变、开发为现实、具体的市场机会，并作用于企业国际化成长。本书将研究问题核聚在新兴市场情境下，响应了Buckley等（2018）对于拓宽传统国际商务理论框架的解释边界，而从机会“构建”切入，一定程度上也是对Luo和Tung（2017）研究中提到的关于“中国跨国企业投资于其他新兴市场或发展中国家，更多是为了寻求市场机会”观点的积极响应与有效补充。此外，本书从企业成长“质”和“量”两个层面考量，结合案例研究，将中国跨国企业在新兴市场的成长绩效归纳为成长速度和成长潜力两个维度，进一步补充了关于企业成长绩效衡量指标等相关研究。

理论贡献二：基于信息内容属性，本书将信息搜寻划分为市场端信息搜寻、技术端信息搜寻和制度端信息搜寻，探讨了中国跨国企业信息搜寻的动因、模式以及对机会构建的作用，从信息多维性质出发，为平衡现有矛盾结论提供了新的解释思路与边界条件，一定程度上将聚焦于图书情报和创业领域的信息搜寻研究向国际商务领域延伸。

图书情报领域的信息搜寻着眼于用户的信息查询与数据搜索，强调搜索工具、设备以及方式的应用（Wilson，2006；Liu and Zou，2019；李月琳等，2017）。创业领域的信息搜寻往往与机会相关，更加强调认知的重要性（Vaghely and Venkataraman，2010；Shepherd et al.，2012；张玉利等，2020）。基于中国跨国企业在新兴市场的信息搜寻实践，本书发现不同于图书情报和创业领域过于强调搜寻方式或对信息的认知模式，中国跨国企业在新兴市场的信息搜寻过程更加侧重于搜寻渠道获取、搜寻信息类型的收集和整合。

此外，本书通过探索性多案例研究发现，中国跨国企业信息搜寻的动因在于已有信息不对称和新的信息缺失所造成的“信息鸿沟”，并通过市场端信息搜寻、技术端信息搜寻和制度端信息搜寻来获取关键性的信息资源，帮助企业感知到潜在的机会集。而从信息内容维度出发，本书进一步检验了有关市场、技术以及制度方面的信息搜寻对机会构建的影响作用，实证结果丰富和强化了信息搜寻是创新机会构建基础的证据，也为平衡现存矛盾提供了新的思路与边界条件。此外，立足于新兴市场情境，本书进一步检验了制度、政策等方面的信息对于机会构建起到的积极作用，这也进一步解释并回应了Hafsi和Tian（2005）、魏江等（2016）、Young等（2018）关于处于转型经济背景下的新兴市场国家大规模的制度变革会给企业带来更多的政策性机会窗口的观点。

理论贡献三：对中国跨国企业在新兴市场的机会构建的研究，打开了企业如何将潜在机会集转变为现实具体的机会这一“黑箱”，基于过程观视角，提炼了机会构建在快速连接、超预期匹配和反思三个方面的具体表现，并基于构建过程特征，将机会构建划分为套利机会构建和创新机会构建两种模式，从实践层面弥补了现有研究大多聚焦在理论思辨层面或要素上的探讨。

现有关于机会构建的探讨主要从认知、行为以及“认知—行为”角度展开：持认知视角的学者强调机会构建是通过企业家的创造性思维、社会技巧以及内生性的方式构建出来的（Suddaby et al.，2014；斯晓夫等，2016）；持行为视角的学者认为机会构建是一个对话过程，需要其他主体参与共同开发，并表明互动和转变是机会构建行为的基础（Mainela et al.，2014）；持“认知—

行为”视角的学者进一步阐明了机会构建是将潜在机会转变为现实机会的过程，涉及了客户、产品以及能力三大要素（Oyson and Whittaker，2015），但这些研究大多聚焦在机会构建的理论思辨层面或者要素上的探讨。本书通过解构中国跨国企业在新兴市场拓展实践，基于过程观视角，打开了企业如何将潜在机会转变为现实具体的机会这一“黑箱”，并提炼了机会构建在快速连接、超预期匹配和反思这三个方面的具体表现。同时，本书也响应了Mainela等（2014）提出的以“互动”为重点的国际机会构建路径。

此外，本书基于机会构建过程特征分析，将机会构建归纳为套利机会构建和创新机会构建两种模式，并探讨了两种模式之间的内在机理，将现有研究从关注机会类型划分向机会构建过程推进（Mainela et al.，2014；Åkerman，2015；许晖、单宇，2019）。套利机会构建起点在于客户，遵循“快速连接→超预期匹配→反思”这一构建路径，强调企业对未满足的需求保持高度警觉，通过解决供给与需求矛盾，将市场从不均衡状态重新转向均衡状态；创新机会构建的起点在于能力，遵循“反思→超预期匹配→快速连接”这一构建路径。创新机会构建不仅要搜寻海外市场环境中的各种信息，更为关键是，企业根据搜寻的信息进行整合，以形成新的知识结构，是基于企业创造性想象与实践相结合的产物。值得关注的是，反思（reflective）作为一种认知能力，在机会构建过程中起到了关键作用，其中，在套利机会构建过程中，反思更多强调企业对已有市场机会不断修正的能力；在创新机会构建过程中，反思则代表了一种创造性思维，是对搜集到的信息进行整理所形成的新知识结构与认知，一定程度上也是对Autio等（2013）、斯晓夫等（2016）提到“关于‘反思’作为机会构建的核心”等观点的认可与有效补充。

理论贡献四：对于风险承担和制度复杂性情境因素的探讨，揭示了不同情境下信息搜寻、机会构建与国际成长绩效之间作用关系的差异性，并立足于新兴市场研究，响应了国内外学者对于加深新兴市场情境因素考量的呼吁，补充了对于中国跨国企业在新兴市场拓展过程中因情境因素考量不足所造成理解上的偏差。

现有文献对于中国跨国企业国际化情境探讨主要基于组织与环境两个层面：从组织层面讲，现有从基于身份性假设的来源国劣势、基于对称性假设的外来者劣势以及基于时序性假设的后发者劣势等方面对中国企业国际化情境提出了一些有益见解（Madhok and Keyhani，2012；Marano et al.，2017；杜晓君、蔡灵莎，2016；吴冰等，2018；魏江等，2020）。但这些研究更多地将其视为一种背景引入条件，而且很难实证测量（Amankwah-Amoah and Debrah，2017；Zhang et al.，2018）。此外，这些背景的前提是中国跨国企业向发达市场扩张或者与发达市场跨国企业相比，关于中国跨国企业在新兴市场拓展情境是否适配仍未得到验证。此外，对于环境因素考量，现有研究也大多基于海外市场环境特征整体考量（Alon et al.，2018；Buckley et al.，2018），或者单独考虑在发达市场的情境特征（Banerjee et al.，2015），很少涉及对新兴市场独特情境特征的考量以及对企业可能造成的影响（Marano et al.，2017）。

本书对于风险承担和制度复杂性情境的研究，将抽象的研究情境具体量化到组织层面和制度环境层面，检验了不同情境下中国跨国企业的信息搜寻、机会构建与国际成长绩效之间作用关系的差异性，并立足于新兴市场情境研究，响应了国内外学者对加深新兴市场情境因素考量的呼吁（Luo and Zhang，2016；Ramamurti and Williamson，2019；吴小节等，2019）。对于组织风险承担考量，本书基于机会构建模式，进一步区分并回应了Peter等（2011）、Chen等（2020）关于风险承担的“双刃剑”效应，即当企业风险承担水平较高时，其更愿意将信息搜寻所感知到的潜在机会进行创新开发；当企业风险承担水平较低时，其更擅长洞察制度空白、制度缺陷等进行套利行动。对于制度复杂性情境的研究，本书发现制度复杂性给中国跨国企业在新兴市场拓展带来不利影响，验证了传统的制度理论观点（Scott，2014），但本书也发现了制度因素对于中国跨国企业在新兴市场拓展具有正向的刺激作用，即制度复杂性越高，中国跨国企业越善于通过套利机会加快自身成长速度，通过创新机会培育自身成长潜力，这突破了制度复杂性只会阻碍企业国际化进程的传统认知，也解释了Boisot和Meyer（2008）、Luo和Zhang（2016）、Buckley（2018）等发现的中国跨国企业“制度套利”现象背后的原因。

三、实践启示

针对研究结论，本书的实践启示主要包括以下3个方面。

实践启示一：建立环境扫描系统，充分发挥信息搜寻在外部环境与机会构建中所起的“桥梁”作用。

在以VUCA为特征愈加凸显的新全球化时代，企业赖以生存的海外市场环境与发展路径遭到破坏，中国跨国企业越来越难以预测发展趋势和及时获取有效的市场信号，进而影响了企业的战略决策与机会构建行动。信息搜寻作为一种战略管理工具，企业可以通过信息搜寻，对外部环境与相关主体等信息源载体进行扫描、分析和预测，及时补充自身信息存量，以便支撑复杂的决策过程。同时，对多个来源、多种渠道的信息搜寻使企业能够从不同角度洞察信息之间的新的联系，帮助企业感知与发现潜在的市场机会与发展趋势。中国跨国企业在新兴市场的拓展过程中，由于“外来者”和“后发者”身份，企业面临着已有信息不对称和新的信息缺失的挑战，这就要求中国跨国企业扩大信息搜寻的范围和频率，以减少信息鸿沟对企业机会构建与市场运营带来的不利影响。一方面，企业要积极与市场端、技术端相关联的商业网络主体（如科研机构、行业协会、竞争对手、上下游合作伙伴、潜在客户等）建立初步关系，以帮助企业获取市场变化、同行竞争动态、合作伙伴等相关市场信息以及了解有关技术范式、行业标准、科研机构攻关方向等技术信息，使企业能够更敏锐地、更快速地发掘客户痛点、尚未满足的市场需求以及技术改进空间，为下一步构建机会锚定方向；另一方面，企业要积极与制度端网络主体（如政府机构、行业主管部门、涉外机构等）建立稳定的关系，通过感知制度环境变化、研究相关法律政策以及寻求涉外机构帮助等获得相关政策信息，并融入特定的运营环境中。此外，通过积极地与当地政府等部门进行深度交流，企业对其所处的政治经济环境会有更加透彻的了解，对于产业政策的趋势走向更有预见性，进而有助于指导企业调整海外市场拓展的方向与重点。

实践启示二：重新审视竞争规则，通过构建机会来激活已“锁定”的市场或创造新的市场需求。

面对制度环境复杂但经济增长潜力巨大的新兴市场竞争环境，中国跨国企业要打破原有的竞争规则，创造性地将潜在的机会集转变并开发为现实、具体的市场机会，通过“构建”机会的方式，激活已“锁定”的市场与客户资源或者创造新的市场需求。由于“外来者”和“后发者”身份，新兴市场在出现新的市场机会时，会直接被在市场上耕耘已久的发达市场企业或东道国本土企业优先占据。中国跨国企业并不完全遵循“识别机会—捕获机会”这一路径实现自身成长，而是要通过企业认知与行动创造性地搜寻所感知到的潜在机会集，并将其转变、开发为现实、具体的市场机会。首先，机会构建目的在于满足市场需求，中国跨国企业要第一时间与已有客户或潜在客户进行连接，进一步锁定需求细节、可能的障碍以及所需资源或能力，进而为机会构建手段锚定方向；其次，中国跨国企业要以满足客户需求为准则，对企业内外部资源与不同竞争属性（如质量、价格、速度、服务等）进行有机整合，以更快的响应速度、更高的性价比、更好的服务体验等“超预期匹配”的方式为客户提供价值；最后，中国跨国企业要充分重视认知层面反思能力的重要性，随着外部环境与客户需求的变化，机会构建并非一蹴而就，而是一个不断迭代的过程。企业不仅要在东道国市场环境中搜寻信息，而且还要将搜寻到的信息进行加工以便形成新的知识结构与主观认知，通过不断反思使企业能够超越当前规范和规则限制洞察到外部环境更多的差异性与可能性，促使企业修正已有市场机会或者创造新的市场需求。

实践启示三：立足企业自身特性，充分利用自身独特优势规避制度环境风险，并及时识别与捕获制度机会。

相比于发达市场，新兴市场国家由于政局动荡、恐怖主义事件频发等各类不确定事件以及由此诱发的一系列连锁反应，加上各国法律体系普遍薄弱，制度变革频率更快、波及范围更广，进一步加剧了中国跨国企业在新兴市场的不确定性。但环境不确定性带来风险的同时，也给企业市场拓展带来了机会，中国跨国企业能够依靠其在母国环境背景下培育的特定优势与资源禀赋，有效识别与捕获环境不确定所带来的机会。一方面，中国跨国企业要充分审视自身特质，充分利用其冒险性等特性，重视风险承担在信息搜寻与创新机会构建中所起到的促进作用，通过引进新手段、新目的或者新“手段—目的”组合方式来满足市场需求和客户要求，加速企业国际化成长；另一方面，尽管中国跨国企业在新兴市场面临更高的制度复杂性，给企业带来一定风险，但制度复杂性对中国跨国企业在海外市场运营带来的影响不能“一刀切”。对于中国跨国企业而言，可基于母国特定环境（新兴市场）背景下培育起来的独特能力，例如，将制度劣势转化为优势的能力等，通过制度规避或者制度套利的方式来捕获新兴市场大规模制度变革下蕴藏着的制度机会，加快企业国际化成长。

第二节 研究局限性及未来展望

由于研究问题的复杂性以及研究条件的一些限制，本书仍存在一些不足之处，有待未来研究继续完善。这一节主要对研究过程中的研究方法、研究内容、数据收集与分析等方面的不足之处进行总结，并明确今后进一步研究的方向。

一、研究局限性

本书的研究局限性主要包括以下3个方面：

第一，对于不同新兴市场或国家情境的差异性考量不足。本书通过对中国跨国企业在新兴市场的机会构建与成长性的研究，将新兴市场作为一个整体进行探讨，尽管打破了海外市场环境同质化假定，但忽略了不同新兴市场或国家之间情境的差异性对企业国际化成长的影响。本书的研究对象是在新兴市场运营的中国跨国企业，在数据收集过程中选取主要海外业务或经营范围在新兴市场的中国跨国企业作为分析单元。在案例分析过程中，通过深度访谈与案例素材挖掘，本书发现了中国跨国企业在不同新兴市场海外机会构建过程中，关于客户、产品或服务以及运营管理等存在差异化特点，可以很好地适应东道国不同的政治制度、经济水平以及社会文化等。但由于样本数量有限，本书并没有对不同新兴市场或国家的差异性进行验证，未来研究可以将不同新兴市场或国家情境因素纳入理论框架予以考量，以便更好地解释中国跨国企业在不同新兴市场机会构建的差异性。

第二，对于中国跨国企业在新兴市场的机会构建并没有区分进入时间或考虑阶段的差异性。为了研究数据的准确性和真实性，本书耗费了大量精力借助于多种途径发放调研问卷，根据我国对外直接投资活跃的京津冀、长三角、珠三角等区域确定调研企业范围，并尽可能控制被调研企业的性质、企业规模、年龄和所处产业类型，以确保问卷的质量并降低未回复偏差，尽管在调研问卷中设计了国际化年限等，但由于样本采集的难度制约，本书并没有开展时间序列分析，以更好地解释企业信息搜寻、机会构建与企业成长绩效的关系随时间推移的演化。案例研究部分，在有关企业成长绩效分析中，本书发现成长绩效在新兴市场初期呈现较大差异性，但共同的规律是随着国际化不断深入，成长绩效呈现由低到高的演化轨迹。这可能由不同阶段企业信息存量差距以及机会构建模式偏好所导致。未来可以从动态视角，将时间这一衡量维度加以考虑，进一步探讨在进入不同阶段，企业的信息搜寻、机会构建等有何差异。

第三，对于组织内外部情境因素的考虑范围仍然有限。立足中国跨国企业所具有的特质与新兴市场情境独特特征，本书选择组织层面风险承担和环境层面的制度复杂性2个调节因素，深入探讨了风险承担与制度复杂性在中国跨国企业的信息搜寻、机会构建与国际成长绩效之间作用关系。但在现实中，中国跨国企业在新兴市场运营过程中由于跨地理、文化以及心理边界等方面的差异性与特殊性，企业所具备的特定优势或特质表现是多方面的，其所面临的环境因素也是多维度的，受篇幅限制，本书没有对其余情境变量进行拓展和检验。此外，在案例分析过程中，本书发现随着中国跨国企业国际化进程的深入，企业面临的环境竞争性也不断加强。因此，未来的研究可以进一步拓宽情境变量的范围并结合研究主题考量联合调节效应的影响作用。

二、未来研究方向与展望

针对上述研究的局限性，未来研究方向可以从以下3个方面进行拓展与完善。

第一，充分考虑不同新兴市场区域或国家的差异对于中国跨国企业信息搜寻、机会构建与其国际化成长之间的作用关系。未来研究可以按照新兴市场的经济发展水平划分为两类来考量这种差异性：第一类是进入南亚、东欧等区域发展水平较高、发展较快的新兴市场国家；第二类是进入非洲、南美洲等发展较为缓慢的新兴市场国家。涉及到具体研究中，一方面，要对比中国跨国企业在这些不同区域信息搜寻上所表现的差异性，尤其是重点关注搜寻的信息类型的变化；另一方面，进一步分析机会构建过程和模式在不同区域市场的匹配性，并检验信息搜寻与机会构建之间的作用关系是否发展变化。

第二，基于时间序列数据进行纵向过程研究，分别探讨中国跨国企业在进入新兴市场初期、后期等不同阶段的信息搜寻与机会构建的差异性。具体地讲：对于定量研究部分，在数据收集与分析过程中，明确区分进入初期、进入后期的样本企业并分组进行模型检验，进一步探讨不同阶段的信息搜寻与机会构建之间作用关系的差异性。对于案例研究部分，一是结合调研访谈与二手素材，对案例企业进入新兴市场阶段进行划分，如进入初期、进入后期等两阶段甚至考虑三阶段划分；二是在案例分析部分，对比与分析在新兴市场的不同阶段情境下，中国跨国企业的信息搜寻与机会构建过程的差异性，尤其是重点考虑信息类型的差异与机会构建模式上的不同。

第三，拓展中国跨国企业在新兴市场的信息搜寻、机会构建与国际化成长情境因素。本书基于组织内外部情境因素的考量，探讨了其对于中国跨国企业的信息搜寻、机会构建与国际化成长的影响，但为了保证研究主线的聚焦性与清晰性，仍有诸多情境因素没有涵盖进来。未来研究可以进一步立足于中国跨国企业在新兴市场实践的特征，一方面，进一步挖掘中国跨国企业自身特质因素的影响，如组织灵活性、跨文化经验等组织内部情境因素，对机会构建过程以及模式选择的影响；另一方面，对于新兴市场情境变量选择，还可以基于其他变量，如环境不确定性、环境动态性等对机会构建与企业国际化成长之间作用关系的影响。此外，未来研究还可以结合研究主题考量联合调节效应的影响作用，如制度复杂性与环境竞争性的联合效应。

附 录

调查问卷

尊敬的先生/女士：

您好！衷心感谢您于百忙之中拨冗参与本次问卷调研。本问卷旨在探讨中国企业在其他海外新兴市场拓展的相关问题。本问卷主要涉及海外市场环境的信息搜寻、海外机会构建、成长绩效、风险承担以及制度复杂性等方面的内容，请您根据贵企业实际情况选择与您看法相符或者最为接近的选项填写。

我们向您郑重承诺：本次调研所获取的数据资料仅用于学术研究。调研过程采取完全匿名的方式，任何涉及您身份或显示企业情况的信息均会严格保密。

企业基本情况

1. 贵公司成立于________年，贵公司目前总员工人数有________人

2. 贵公司是________。

a. 国有企业；b. 民营企业

3. 贵公司已经在国际市场运营________年。

4. 贵公司的海外销售占比________。

a. 10% ~ 30%；b. 31% ~ 50%；c. 50% 以上

5. 贵公司的主要海外业务分布在________。

a. 发达市场；b. 新兴市场以及发展中国家

6. 如果贵公司主要业务在新兴市场以及发展中国家，业务具体分布情况________。

a. 东南亚、南亚；b. 中亚、中东地区；c. 非洲地区；d. 拉丁美洲地区；e. 中东欧地区

提示：

☆ 您对于所有问题的回答均要立足贵公司在海外新兴市场拓展的实际情况或具体做法。

☆ 请在您的选项上打“√”：“1”表示程度极低或完全不同意，“7”表示程度极高或完全同意。

序号	1.关于贵公司在海外其他新兴市场的信息搜寻情况，您同意以下的陈述吗？	完全不同意<------->完全同意						
01	我们企业经常扫描目标市场的动向以及未来发展趋势信息	1	2	3	4	5	6	7
02	我们企业经常关注竞争对手以及合作伙伴市场布局或渠道	1	2	3	4	5	6	7
03	我们企业经常关注并收集目标市场客户偏好及其变化信息	1	2	3	4	5	6	7
04	我们企业经常了解并收集客户对产品或服务的意见与建议	1	2	3	4	5	6	7
05	我们企业经常关注与企业相关行业的最新市场动态变化	1	2	3	4	5	6	7
06	我们企业经常关注国际范围内本行业技术、工艺等发展情况	1	2	3	4	5	6	7
07	我们企业经常收集竞争对手企业产品研发、技术攻关等信息	1	2	3	4	5	6	7
08	我们企业经常参加科研单位或行业协会主办的相关会议	1	2	3	4	5	6	7
09	我们企业清楚国家相关政策对本行业的定位（鼓励或限制等）	1	2	3	4	5	6	7
10	我们企业非常了解本行业以及上下游产业的相关政策、规定	1	2	3	4	5	6	7
11	我们企业积极加入行业协会或参加行业协会举办的会议	1	2	3	4	5	6	7
12	我们企业经常与行业主管部门咨询规划与产业重点	1	2	3	4	5	6	7
13	我们企业经常根据相关政策调整自身发展战略、经营方向等	1	2	3	4	5	6	7

序号	2. 关于贵公司在海外新兴市场的机会构建的情况，您同意以下的陈述吗？	完全不同意<------->完全同意						
01	我们企业对市场需求或客户需求保持警觉，并随时满足需要	1	2	3	4	5	6	7
02	我们企业能够针对捕捉到的市场变化而调整产品设计与开发	1	2	3	4	5	6	7

续表

序号	2. 关于贵公司在海外新兴市场的机会构建的情况，您同意以下的陈述吗？	完全不同意<------>完全同意						
03	我们企业能够有效填补技术变革、制度变迁所造成的市场缺陷	1	2	3	4	5	6	7
04	我们企业擅长开发竞争对手忽略的市场需求，满足客户诉求	1	2	3	4	5	6	7
05	即使新产品尚不完美，我们企业也会推出，以便得到市场反馈	1	2	3	4	5	6	7
06	即使市场需求尚未明确，我们企业也愿意推出新产品/服务	1	2	3	4	5	6	7
07	我们企业会感知并提前瞄准全新的消费群体推出新产品/服务	1	2	3	4	5	6	7
08	我们企业会以试错方式（研发—产品—反馈）推出新产品/服务	1	2	3	4	5	6	7
序号	3. 关于贵公司的国际成长绩效情况，您同意以下的陈述吗？	完全不同意<------>完全同意						
01	与主要竞争对手相比，我们企业海外销售额增长速度更快	1	2	3	4	5	6	7
02	与主要竞争对手相比，我们企业海外市场扩张范围速度更快	1	2	3	4	5	6	7
03	与主要竞争对手相比，我们企业员工人数增长速度更快	1	2	3	4	5	6	7
04	与主要竞争对手相比，我们企业经营业务范围扩张速度更快	1	2	3	4	5	6	7
05	与全球竞争对手相比，我们企业向客户提供产品满意度更高	1	2	3	4	5	6	7
06	与主要竞争对手相比，我们企业应对市场变化反应的能力更强	1	2	3	4	5	6	7
07	与主要竞争对手相比，我们企业在资源转化或创新方面更有效率	1	2	3	4	5	6	7
序号	4. 关于贵公司风险承担的情况，您同意以下的陈述吗？	完全不同意<------>完全同意						
01	我们企业愿意采取可能失败的冒险行动	1	2	3	4	5	6	7
02	我们企业倾向于首先推出新产品而不是跟随竞争对手的策略	1	2	3	4	5	6	7
03	我们企业倾向于更大胆的态度，积极应对环境中的不确定性	1	2	3	4	5	6	7
序号	5. 关于贵公司所在新兴市场的制度复杂性情况，您同意以下的陈述吗？	完全不同意<------>完全同意						
01	在东道国市场，影响组织运营的制度、政策等总是不断变化	1	2	3	4	5	6	7
02	在东道国市场，存在政府干预、腐败以及政策法规模糊现象	1	2	3	4	5	6	7
03	在东道国市场，文化信仰、价值观等非正式制度差异很大	1	2	3	4	5	6	7

参考文献

[1] 毕先萍，张琴，胡珊珊. 创业机会来源研究：一个创造观和发现观融合的视角[J]. 经济评论，2013（4）：20–26.

[2] 蔡莉，鲁喜凤，单标安，等. 发现型机会和创造型机会能够相互转化吗？——基于多主体视角的研究[J]. 管理世界，2018，34（12）：81–94.

[3] 曹树金，胡崛. 国外网络信息查寻行为研究进展[J]. 国家图书馆学刊，2002（2）：46–52.

[4] 陈闯，雷家骑，吴晓晖. 资源依赖还是战略制胜——来自非上市公司的证据[J]. 中国工业经济，2009（2）：15–24.

[5] 陈嘉文，姚小涛. 组织与制度的共同演化：组织制度理论研究的脉络剖析及问题初探[J]. 管理评论，2015，27（5）：135–144.

[6] 陈衍泰，厉婧，程聪，等. 海外创新生态系统的组织合法性动态获取研究——以"一带一路"海外园区领军企业为例[J]. 管理世界，2021，37（8）：161–179.

[7] 邓少军，芮明杰，赵付春. 组织响应制度复杂性：分析框架与研究模型[J]. 外国经济与管理，2018，40（8）：3–16+29.

[8] 董保宝，葛宝山. 新企业风险承担与绩效倒U型关系及机会能力的中介作用研究[J]. 南开管理评论，2014，17（4）：56–65+87.

[9] 杜晓君，杨勃，任晴阳. 基于扎根理论的中国企业克服外来者劣势的边界跨越策略研究[J]. 管理科学，2015，28（2）：12–26.

［10］奉小斌. 集群新创企业平行搜索对产品创新绩效的影响：管理者解释与竞争强度的联合调节效应[J]. 研究与发展管理，2016，28（4）：11–21.

［11］郭海，沈睿，王栋晗，等. 组织合法性对企业成长的“双刃剑”效应研究[J]. 南开管理评论，2018，21（5）：16–29.

［12］何郁冰，梁斐. 产学研合作中企业知识搜索的影响因素及其作用机制研究[J]. 科学学与科学技术管理，2017，38（3）：12–22.

［13］贺小刚，李新春. 企业家能力与企业成长：基于中国经验的实证研究[J]. 经济研究，2005（10）：101–111.

［14］黄江明，李亮，王伟. 案例研究：从好的故事到好的理论——中国企业管理案例与理论构建研究论坛（2010）综述[J]. 管理世界，2011，27（2）：118–126.

［15］黄胜，刘洋，丁振阔. 如何动态把握国际机会以提升国际创业绩效[J]. 科学学研究，2018，36（10）：1817–1827.

［16］纪炀，周二华，李彩云，等. 创业者信息扫描与创新机会识别：直觉和环境动态性的调节作用[J]. 外国经济与管理，2019，41（8）：29–42.

［17］姜黎辉，张朋柱，龚毅. 企业环境扫描行为研究综述[J]. 经济管理，2008（Z1）：177–185.

［18］柯青，王秀峰. 认知风格与信息搜寻行为整合研究[J]. 情报理论与实践，2011，34（4）：35–39.

［19］李练军，曹小霞. 企业环境战略、环境绩效与成长绩效：文献综述与研究展望[J]. 特区经济，2016（7）：165–167.

［20］李宁娟，高山行，舒成利. 环境扫描对双元创新非线性影响机理的探讨：战略柔性的调节作用[J]. 管理评论，2018，30（4）：45–58.

［21］李珮璘. 新兴经济体跨国公司理论研究进展及演进趋势分析[J]. 商业经济与管理，2011（10）：68–76.

［22］李雪灵，景涛，任月峰. 创业者信息资源的形成及对机会识别的作用[J]. 情报科学，2009，27（7）：1089–1093.

[23] 李月琳，樊振佳，孙星明. 探索式搜索任务属性与信息搜索行为的关系研究[J]. 情报资料工作，2017（1）：54–61.

[24] 刘佳，李新春. 模仿还是创新：创业机会开发与创业绩效的实证研究[J]. 南方经济，2013（10）：20–32.

[25] 刘娟. 东道国制度环境、投资导向与中国跨国企业OFDI研究——基于“一带一路”沿线国家数据的Heckman模型分析[J]. 外国经济与管理，2018，40（4）：56–68.

[26] 刘萍，叶方倩. 基于认知观的信息搜寻行为研究综述[J]. 情报科学，2017，35（1）：161–168.

[27] 鲁喜凤. 机会创新性、知识获取对企业绩效的影响研究——以科技型企业为例[J]. 情报科学，2017，35（5）：160–164.

[28] 陆亚东，孙金云. 中国企业成长战略新视角：复合基础观的概念、内涵与方法[J]. 管理世界，2013（10）：106–117.

[29] 马浩. 组织韧性的机制与过程[J]. 清华管理评论，2020（6）：84–89.

[30] 马淑文. 家族社会资本、创业导向与初创期企业成长绩效关系研究[J]. 商业经济与管理，2011（2）：51–57.

[31] 毛基业，李亮. 管理学质性研究的回顾、反思与展望[J]. 南开管理评论，2018，21（6）：14–18.

[32] 彭秀青，蔡莉，陈娟艺，等. 从机会发现到机会创造：创业企业的战略选择[J]. 管理学报，2016，13（9）：1230–1312.

[33] 沈涛，赵树宽，李金津，等. 国内外环境扫描研究综述[J]. 图书情报工作，2015，59（23）：137–143+93.

[34] 史轩亚，杜义飞，薛敏，等. 创业机会视角下CMNEs国际化过程机制研究[J]. 管理学报，2019，19（9）：1353–1365.

[35] 斯晓夫，王颂，傅颖. 创业机会从何而来：发现，构建还是发现+构建——创业机会的理论前沿研究[J]. 管理世界，2016（3）：115–127.

[36] 汪涛，贾煜，王康，等. 中国企业的国际化战略：基于新兴经济体企业

的视角[J]. 中国工业经济，2018（5）：175–192.

[37] 王晗，陈传明，徐淋，等. 如何获得网络外的国际化机会？——基于投资者网络调节作用的研究[J]. 中国经济问题，2016（4）：98–108.

[38] 王倩. 社会网络对创业机会识别的影响：信息获取的中介作用[D]. 长春：吉林大学，2011.

[39] 魏江，潘秋玥，王诗翔. 制度型市场与技术追赶[J]. 中国工业经济，2016（9）：93–108.

[40] 魏江，王丁，刘洋. 来源国劣势与合法化战略：新兴经济企业跨国并购的案例研究[J]. 管理世界，2020，36（3）：116–135.

[41] 吴冰，阎海峰，杜子琳. 外来者劣势：理论拓展与实证分析[J]. 管理世界，2018，34（6）：110–126，187–188.

[42] 吴航，陈劲. 跨国并购动机与整合过程中的制度复杂性战略响应[J]. 科学学研究，2020，38（9）：1570–1578.

[43] 吴小节，谭晓霞，汪秀琼，等. 新兴市场跨国企业国际扩张：知识框架与研究综述[J]. 南开管理评论，2019，22（6）：99–113+199.

[44] 吴晓波，付亚男，吴东，等. 后发企业如何从追赶到超越：基于机会窗口视角的双案例纵向对比分析[J]. 管理世界，2019，35（2）：157–173.

[45] 吴晓云，陈怀超. 制度距离在国际商务中的应用：研究脉络梳理与未来展望[J]. 管理评论，2013，25（4）：12–22.

[46] 谢洪明，章俨，刘洋，等. 新兴经济体企业连续跨国并购中的价值创造：均胜集团的案例[J]. 管理世界，2019，35（5）：167–184.

[47] 谢瑜，杜义飞，万青松，等. EM–MNEs何以撬动国际化资产和机会：资源链接与交替主导[J]. 管理学季刊，2017，2（1）：45–68.

[48] 熊伟，奉小斌，陈丽琼. 国外跨界搜寻研究回顾与展望[J]. 外国经济与管理，2011，33（6）：18–26.

[49] 徐向龙，张杨勋. 企业信息搜寻：框架整合与策略选择[J]. 华南师范大学学报（社会科学版），2016（3）：118–126.

［50］许晖，单宇. 打破资源束缚的魔咒：新兴市场跨国企业机会识别与资源“巧”配策略选择[J]. 管理世界，2019，35（3）：127–141.

［51］许晖，张超敏，邓伟升，等. 民营企业制度机会捕获机制研究[J]. 管理学报，2020，17（3）：344–353.

［52］杨静，王重鸣. 创业机会研究前沿探析[J]. 外国经济与管理，2012，34（5）：9–17.

［53］杨林岩，赵驰. 企业成长理论综述：基于成长动因的观点[J]. 软科学，2010，24（7）：106–110.

［54］叶广宇，黄胜. 中国制度环境下的国际化战略[J]. 北大商业评论，2016（2）：46–53.

［55］叶江峰，陈珊，郝斌. 知识搜寻如何影响企业创新绩效：研究述评与展望[J]. 外国经济与管理，2020，42（3）：17–34.

［56］尹剑峰，叶广宇. 先前知识、国际知识吸收能力与国际机会识别研究[J]. 技术经济，2020，39（10）：99–111.

［57］禹献云，周青. 外部搜索策略、知识吸收能力与技术创新绩效[J]. 科研管理，2018，39（8）：11–18.

［58］张斌，陈详详，陶向明，等. 创业机会共创研究探析[J]. 外国经济与管理，2018，40（2）：18–34.

［59］张红，葛宝山. 创业机会识别研究现状述评及整合模型构建[J]. 外国经济与管理，2014，36（4）：15–24.

［60］张晓红，张秀娥，王超. 创业信息获取研究[J]. 图书馆学研究，2018（17）：84–86+79.

［61］张星，蔡淑琴，肖泉. 社会网络视角的企业市场机遇发现研究[J]. 科学学与科学技术管理，2008，29（6）：158–162.

［62］张玉利，薛红志，陈寒松，等. 创业管理[M]. 北京：机械工业出版社，2020.

［63］张玉利，杨俊. 组织生成过程研究：现状评价与未来趋势[J]. 研究与发

展管理，2008，20（3）：65–73.

［64］张玉利. 企业成长的非对称性问题[J]. 首都经济贸易大学学报，2004（6）：11–14.

［65］赵静杰，赵娜，王特，等. 高绩效创业者个体差异因素组态模型构建：基于信息搜寻行为视角[J]. 情报科学，2019，37（11）：144–153.

［66］周冬梅，鲁若愚. 创业网络中信息交互行为的协作博弈分析[J]. 技术经济，2014，33（7）：47–54+89.

［67］祝振铎，李新春. 新创企业成长战略：资源拼凑的研究综述与展望[J]. 外国经济与管理，2016，38（11）：71–82.

［68］ACEDO F，JONES M. Speed of internationalization and entrepreneurial cognition：insights and a comparison between international new ventures，exporters and domestic firms[J]. Journal of world business，2007，42（3）：236–252.

［69］AGNIESZKA ŻUR. Opportunity identification and creation as factors of firm internationalization[J]. Entrepreneurial business and economic review，2015，3（2）：25–39.

［70］AKBAR Y H，KISILOWSKI M. Managerial agency，risk，and strategic posture：nonmarket strategies in the transitional core and periphery[J]. International business review，2015，24（6）：984–996.

［71］Ãkerman N. International opportunity realization in firm internationalization：non–linear effects of market–specific knowledge and internationalization knowledge[J]. Journal of international entrepreneurship，2015，13（3）：242–259.

［72］ALIMADADI S，BENGTSON A，HADJIKHANI A. How does uncertainty impact opportunity development in internationalization？[J]. International business review，2018，27（1）：161–172.

［73］ALON I，ANDERSON J，MUNIM Z H，ALICE H. A review of the internationalization of Chinese enterprises[J]. Asia Pacific Journal of Management，2018，35（3）：573–605.

[74] ALVAREZ S A, BARNEY J B. Entrepreneurship and epistemology: the philosophical underpinnings of the study of entrepreneurial opportunities[J]. The academy of management annals, 2010, 4 (1): 557–583.

[75] Alvarez S A, Young S L, Woolley J L. Opportunities and institutions: a co-creation story of the king crab industry[J]. Journal of Business Venturing, 2015, 30 (1): 95–112.

[76] JOSEPH A A, DEBRAH Y A. Toward a construct of liability of origin[J]. Industrial and Corporate Change, 2016, 26 (2): 211–231.

[77] An W, Zhao X, Cao Z, Zhang J, et al. How bricolage drives corporate entrepreneurship: the roles of opportunity identification and learning orientation[J]. Journal of Product Innovation Management, 2018, 35 (1): 49–65.

[78] Ana Pérez–Luo a, C J W B, Ram ó n Valle Cabrera a. The dual nature of innovative activity: how entrepreneurial orientation influences innovation generation and adoption – ScienceDirect[J]. Journal of Business Venturing, 2011, 26 (5): 555–571.

[79] ANGELSBERGER M, KRAUS S, MAS–TUR A. International opportunity recognition: an overview [J]. Journal of Small Business Strategy, 2017 (27): 19–36.

[80] ANOKHIN S, WINCENT, AUTIO E. Operationalizing opportunities in entrepreneurship research: use of data envelopment analysis[J]. Small Business Economics, 2011, 37 (1): 39–57.

[81] ARDICHVILI A, CARDOZO R, RAY S. A theory of entrepreneurial opportunity identification and development[J]. Journal of Business Venturing, 2003, 18 (1): 105–123.

[82] ASEMOKHA A, MUSONA J, TORKKELI L, et al. Business model innovation and entrepreneurial orientation relationships in SMEs: Implications for international performance[J]. Journal of International Entrepreneurship, 2019, 17 (3): 425–453.

[83] AUTIO E, DAHLANDER L, FREDERIKSEN L. Information exposure, opportunity evaluation and entrepreneurial action: an empirical investigation of an online

user community[J]. Academy of Management Journal, 2013, 56 (3): 1348–1371.

[84] AWATE S, LARSEN M M, MUDAMBI R. Accessing vs sourcing knowledge: a comparative study of R&D internationalization between emerging and advanced economy firms[J]. Journal of International Business Studies, 2015, 46 (1): 63–86.

[85] AWATE S, LARSEN M M, MUDAMBI R. EMNE catch–up strategies in the wind turbine industry: is there a trade-off between output and innovation capabilities? [J]. Global Strategy Journal, 2012, 2 (3): 205–223.

[86] BAI W S, Holmström L C, JOHANSON M. The performance of international returnee ventures: the role of networking capability and the usefulness of international business knowledge[J]. Entrepreneurship & Regional Development, 2016, 28 (9/10): 657–680.

[87] BAI W, LIU R, ZHOU L. Enhancing the learning advantages of newness: the role of internal social capital in the international performance of young entrepreneurial firms[J]. Journal of International Management, 2020, 26 (2): 103–117.

[88] BANERJEE S, PRABHU J C, CHANDY R K. Indirect learning: how emerging–market firms grow in developed markets[J]. Journal of Marketing, 2015, 79 (1): 10–28.

[89] BARNEY J B. Resource–based theories of competitive advantage: a ten–year retrospective on the resource–based view[J]. Journal of Management, 2001, 27 (6): 643–650.

[90] BARON R A. Opportunity recognition as pattern recognition: how entrepreneurs connect the dots to identify new business opportunities[J]. Academy of Management Perspectives, 2006, 20 (1): 104–119.

[91] BARON R M, KENNY D A. The moderator–mediator variable distinction in social psychological research: conceptual, strategic, and statistical considerations[J]. Journal of Personality and Social Psychology, 1986, 51 (6): 1173–1181.

[92] BARRETO I. Solving the Entrepreneurial Puzzle: the role of entrepreneurial interpretation in opportunity formation and related processes[J]. Journal of Management

Studies, 2012, 49 (2): 356–380.

[93] BAT BATJARGAL, MICHAEL A HITT, ANNE S TSUI, Jean Luc Arregle, Justin W Webb, Toyah L Miller. Institutional polycentrism, entrepreneurs' social networks, and new venture growth[J]. Academy of Management Journal, 2013, 56 (4): 1024–1049.

[94] BAUM J R, BIRD B J, SINGH S. The practical intelligence of entrepreneurs: antecedents and a link with new venture growth[J]. Personnel Psychology, 2011, 64 (2): 397–425.

[95] BERGH D D, KETCHEN JR D J, ORLANDI I, et al. Information asymmetry in management research: past accomplishments and future opportunities[J]. Journal of Management, 2019, 45 (1): 122–158.

[96] BERTRAND O, BETSCHINGER M A, LAAMANEN T. Effects of subnational regional corruption on growth strategies in emerging economies: evidence from Russian domestic and international M&A activity[J]. Global Strategy Journal, 2019, 9 (2): 303–332.

[97] BHAGAVATULA S, ELFRING T, TILBURG A V, Van de Bunt G G. How social and human capital influence opportunity recognition and resource mobilization in India' s handloom industry[J]. Journal of Business Venturing, 2010, 25 (3): 245–260.

[98] BHAUMIK S K, DRIFFIELD N, ZHOU Y. Country specific advantage, firm specific advantage and multinationality–sources of competitive advantage in emerging markets: evidence from the electronics industry in china[J]. International Business Review, 2015, 25 (1): 165–176.

[99] BIANCHI C, CHARMAINE G, MATHEWS S. SME international performance in Latin America: the role of entrepreneurial and technological capabilities[J]. Journal of Small Business and Enterprise Development, 2017, 24 (1): 176–195.

[100] BOISOT M, MEYER M W. Which way through the open door? Reflections on the internationalization of Chinese firms[J]. Management & Organization Review, 2008, 4 (3): 349–365.

[101] BONAGLIA F, GOLDSTEIN A, MATHEWS J A. Accelerated Internationalization by emerging markets' multinationals: the case of the white goods sector[J]. Journal of World Business, 2007, 42 (4): 369–383.

[102] BONESSO S, COMACCHIO A, PIZZI C. Technology sourcing decisions in exploratory projects[J]. Technovation, 2011, 31 (10): 573–585.

[103] BRADBURN N, SUDMAN S, WANSINK B. Asking questions: the definitive guide to questionnaire design[M]. US: John Wiley & Sons, 2004.

[104] BROUTHERS K D, NAKOS G, DIMITRATOS P. SME entrepreneurial orientation, international performance, and the moderating role of strategic alliances[J]. Entrepreneurship Theory And Practice, 2014, 39 (5): 1161–1187.

[105] BUCKLEY P J, CHEN L, JEREMY C, Voss H. The role of endogenous and exogenous risk in FDI entry choices[J]. Journal of World Business, 2019, 55 (1): 1–11.

[106] BUCKLEY P J, CLEGG L J, VOSS H, et al. A retrospective and agenda for future research on Chinese outward foreign direct investment[J]. Journal of International Business Studies, 2018, 49 (1): 4–23.

[107] BYRNE B B. Structural equation modeling using AMOS: basic concepts, applications, and prgramming[M]. New York: Routledge, 2010.

[108] CASANOVA L, MIROUX A. Emerging market multinationals report[M]. New York: Cornell University, 2016.

[109] CHANDLER G N, HANKS S H. Measuring the performance of emerging businesses: a validation study[J]. Journal of Business Venturing, 1993, 8 (5): 391–408.

[110] CHANDRA, YANTO. A time–based process model of international entrepreneurial opportunity evaluation[J]. Journal of International Business Studies, 2017, 48 (4): 423–451.

[111] CHEN H L, CHANG C Y, HSU W T. Does board co–working experience influence directors' decisions toward internationalization? [J]. Management International Review, 2017, 57 (1): 65–92.

[112] CHEN L, ZOU S, XU H, et al. Entrepreneurial orientation in multinational corporations: antecedents and effects[J]. Management International Review, 2020, 60 (1): 123–148.

[113] CHILD J, RODRIGUES S. The internationalization of Chinese firms: a case for theoretical extension? [J]. Management and Organization Review, 2005, 1 (3): 381–410.

[114] CLARK D R, LI D, SHEPHERD D A. Country familiarity in the initial stage of foreign market selection[J]. Journal of International Business Studies, 2018, 49 (4): 442–472.

[115] COOPER A C, FOLTA T B, WOO C. Entrepreneurial information search[J]. Journal of Business Venturing, 1995, 10 (2): 107–120.

[116] CORBETT A C. Learning asymmetries and the discovery of entrepreneurial opportunities[J]. Journal of Business Venturing, 2007, 22 (1): 97–118.

[117] Cuervo–Cazurra A. Extending theory by analyzing developing country multinational companies: solving the goldilocks debate[J]. Global Strategy Journal, 2012, 2 (3): 153–167.

[118] CUI L, MEYER K E, HU H W. What drives firms' intent to seek strategic assets by foreign direct investment? A study of emerging economy firms[J]. Journal of World Business, 2014, 49 (4): 488–501.

[119] CYERT R M, MARCH J G. A behavioral theory of the firm[M]. Englewood Ciffs: Prentice–Hall, 1963.

[120] DACIN M T, GOODSTEIN J, SCOTT W R. Institutional theory and institutional change: introduction to the special research forum[J]. Academy of Management Journal, 2002, 45 (1): 43–56.

[121] DANNEELS E, SETHI R. New product exploration under environmental turbulence[J]. Organization Science, 2011, 22 (4): 1026–1039.

[122] DENG P. Chinese outward direct investment research: theoretical integration

and recommendations[J]. Management and Organization Review, 2013, 9 (3): 513–539.

[123] DIMAGGIO P J, POWELL W W. The iron cage revisited: institutional isomorphism and collective rationality in organizational fields[J]. American Sociological Review, 1983, 48 (2): 147–160.

[124] DRECHSLER W, NATTER M. Understanding a firm's openness decisions in innovation[J]. Journal of Business Research, 2012, 65 (3): 438–445.

[125] DUNNING J H. The eclectic paradigm of international production: a restatement and some possible extensions[J]. Journal of International Business Studies, 1988, 19 (1): 1–31.

[126] DUTTA D K, CROSSAN M M. The nature of entrepreneurial opportunities: understanding the process using the 4I organizational learning framework[J]. Entrepreneurship Theory and Practice, 2005, 29 (4): 425–449.

[127] ECKHARDT J T, SHANE S A. Opportunities and entrepreneurship[J]. Journal of Management, 2003, 29 (3): 333–349.

[128] ECKHARDT J T, SHANE S A. Response to the commentaries: the individual–opportunity (IO) nexus integrates objective and subjective aspects of entrepreneurship[J]. Academy of Management Review, 2013, 38 (1): 160–163.

[129] EISENHARDT K M, GRAEBNER M E. Theory building from cases: opportunities and challenges[J]. Academy of Management Journal, 2007, 50 (1): 25–32.

[130] ELANGO B, PATTNAIK C. Building capabilities for international operations through networks: a study of Indian firms[J]. Journal of International Business Studies, 2007, 38 (4): 541–555.

[131] ELIA S, SANTANGELO G D. The evolution of strategic asset–seeking acquisitions by emerging market multinationals[J]. International Business Review, 2017, 26 (5): 855–866.

[132] ESTRIN S, MEYER K E, PELLETIER A. Emerging economy MNEs: how does home country munificence matter? [J]. Journal of World Business, 2018, 53 (4):

514–528.

[133] FABRIZIO K R. Absorptive capacity and the search for innovation[J]. Research Policy, 2009, 38 (2): 255–267.

[134] FARH J L, CANNELLA A A, LEE C. Approaches to scale development in Chinese management research[J]. Management and Organization Review, 2006, 2 (3): 301–318.

[135] FIET J O. The informational basis of entrepreneurial discovery[J]. Small Business Economics, 1996, 8 (6): 419–430.

[136] FLETCHER M, HARRIS S. Knowledge acquisition for the internationalization of the smaller firm: content and sources[J]. International Business Review, 2012, 21 (4): 631–647.

[137] FORNELL C, LARCKER D F. Evaluating structural equation models with unobservable variables and measurement error[J]. Journal of Marketing Research, 1981, 18 (1): 39–50.

[138] FORNES G, CARDOZA G, XU S. The national and international expansion of Chinese SMEs: evidence from Anhui Province[J]. Journal of Chinese Entrepreneurship, 2012.

[139] FOSS N J, KLEIN P G. Organizing entrepreneurial judgment: a new approach to the firm[M]. London: Cambridge University Press, 2012.

[140] FREEMAN S, EDWARDS R, SCHRODER B. How smaller born–global firms use networks and alliances to overcome constraints to rapid internationalization[J]. Journal of International Marketing, 2006, 14 (3): 33–63.

[141] GARG V K, WALTERS B A, PRIEM R L. Chief executive scanning emphases, environmental dynamism, and manufacturing firm performance[J]. Strategic Management Journal, 2003, 24 (8): 725–744.

[142] GARUD R, GIULIANI A P. A narrative perspective on entrepreneurial opportunities[J]. Academy of Management Review, 2013, 38 (1): 157–160.

[143] GEIGER S W, MAKRI M. Exploration and exploitation innovation

processes: the role of organizational slack in R & D intensive firms[J]. The Journal of High Technology Management Research, 2006, 17 (1): 97–108.

[144] GIELNIK M M, KRÄMER A C, KAPPEL B, FRESE M. Antecedents of business opportunity identification and innovation: investigating the interplay of information processing and information acquisition[J]. Applied Psychology, 2014, 63 (2): 344–381.

[145] GREENWOOD R, HININGS C R, WHETTEN D. Rethinking institutions and organizations[J]. Journal of Management Studies, 2014, 51 (7): 1206–1220.

[146] GRÉGOIRE D A, BARR P S, SHEPHERD D A. Cognitive processes of opportunity recognition: the role of structural alignment[J]. Organization Science, 2010, 21 (2): 413–431.

[147] GRIMPE C, SOFKA W. Search patterns and absorptive capacity: low-and high-technology sectors in european countries[J]. Research Policy, 2009, 38 (3): 495–506.

[148] GUBBI S R, ELANGO B. Resource deepening vs. resource extension: impact on asset-seeking acquisition performance[J]. Management International Review, 2016, 56 (3): 353–384.

[149] HAFSI T, TIAN Z. Towards a theory of largescale institutional change: the transformation of the Chinese electricity industry[J]. Long Range Planning, 2005, 38 (6): 555–577.

[150] HAGEN B, ZUCCHELLA A. Born global or born to run? The long-term growth of born global firms[J]. Management International Review, 2014, 54 (4): 497–525.

[151] HAIR J F, TATHAM R L, ANDERSON R E., Black W. Multivariate data analysis with readings, 5thed[M]. Upper Saddle River, New Jersey: Prentice Hall, 1998.

[152] HAMEL G, PRAHALAD C K. Strategy as stretch and leverage[J]. Harvard Business Review, 1993, 71 (2): 75–84.

[153] HANSEN D J, SHRADER R, MONLLOR J. Defragmenting definitions of entrepreneurial opportunity[J]. Journal of Small Business Management, 2011, 49 (2):

283–304.

[154] HARIRI N. The impact of users' verbal/imagery cognitive styles on their web search behavior[J]. Asian Journal of Information Management, 2014, 66 (4): 401–423.

[155] HAWKINS M A. Knowledge boundary spanning process: synthesizing four spanning mechanisms[J]. Management Decision, 2012, 50 (10): 1800–1815.

[156] HITT M A, AHLSTROM D, DACIN M T, LEVITAS E, SVOBODINA L. The institutional effects on strategic alliance partner selection in transition economies: China vs. Russia[J]. Organization Science, 2004, 15 (2): 173–185.

[157] HOHENTHAL J, JOHANSON J, JOHANSON M. Market discovery and the international expansion of the firm[J]. International Business Review, 2003, 12 (6): 659–672.

[158] HOLMÉN M, MAGNUSSON M, MCKELVEY M. What are innovative opportunities? [J]. Industry and Innovation, 2007, 14 (1): 27–45.

[159] HOPE O K, THOMAS W, VYAS D. Financial credibility, ownership, and financing constraints in private firms[J]. Journal of International Business Studies, 2011, 42 (7): 935–957.

[160] HOSKISSON R E, EDEN L, LAU C M, WRIGHT L M. Strategy in emerging economies[J]. Academy of Management Journal, 2000, 43 (3): 249–267.

[161] HSIEH C, NICKERSON J A, ZENGER T R. Opportunity discovery, problem solving and a theory of the entrepreneurial firm[J]. Journal of Management Studies, 2007, 44 (7): 1255–1277.

[162] HSIEH R M, KELLEY D J. The role of cognition and information access in the recognition of innovative opportunities[J]. Journal of Small Business Management, 2016, 54 (S1): 297–311.

[163] HUTZSCHENREUTER T, VOLL J C, VERBEKE A. The impact of added cultural distance and cultural diversity on international expansion patterns: a Penrosean perspective[J]. Journal of Management Studies, 2011, 48 (2): 305–329.

[164] HYMER S. The international operations of national firms[M]. Cambridge, MA: MIT Press, 1960.

[165] HYYTINEN A, PAJARINEN M, ROUVINEN P. Does innovativeness reduce start-up survival rates? [J]. Journal of Business Venturing, 2015, 30 (4): 564-581.

[166] INGWERSEN P. Cognitive perspectives of information retrieval interaction: elements of a cognitive IR theory[J]. Journal of Documentation, 1996, 52 (1): 3-50.

[167] JACKSON D L, GILLASPY J A, PURC-STEPHENSON R. Reporting practices in confirmatory factor analysis: an overview and some recommendations[J]. Psychological Methods, 2009, 14 (1): 6-23.

[168] JANNEY J J, DESS G G. The risk concept for entrepreneurs reconsidered: new challenges to the conventional wisdom[J]. Journal of Business Venturing, 2006, 21 (3): 385-400.

[169] JANSEN B, NIEROP K G J, HAGEMAN J A, CLEEF A M, VERSTRATENA J M. The straight-chain lipid biomarker composition of plant species responsible for the dominant biomass production along two altitudinal transects in the Ecuadorian Andes[J]. Organic Geochemistry, 2006, 37 (11): 1514-1536.

[170] JANTUNEN A, NUMMELA N, PUUMALAINEN K, SAARENKETO S. Strategic orientations of born globals: do they really matter? [J]. Journal of World Business, 2008, 43 (2): 158-170.

[171] JENNINGS J E, EDWARDS T, JENNINGS P D, DELBRIDGE R. Emotional arousal and entrepreneurial outcomes: combining qualitative methods to elaborate theory[J]. Journal of Business Venturing, 2015, 30 (1): 113-130.

[172] JOHANSON J, VAHLNE J E. The internationalization process of the firm: a model of knowledge development and increasing foreign market commitments[J]. Journal of International Business Studies, 1977, 8 (1): 25-34.

[173] JOHANSON J, VAHLNE J E. The Uppsala internationalization process model revisited: from liability of foreignness to liability of outsidership[J]. Journal of

International Business Studies, 2009, 40 (9): 1411-1431.

[174] KAFOUROS M, ALIYEV M. Institutions and foreign subsidiary growth in transition economies: the role of intangible assets and capabilities[J]. Journal of Management Studies, 2016, 53 (4): 580-607.

[175] KAISER H F. An index of factorial simplicity[J]. Psychometrika, 1974, 39 (1): 31-36.

[176] KATILA R, CHEN E L. Effects of search timing on innovation: the value of not being in sync with rivals[J]. Administrative Science Quarterly, 2008, 53 (4): 593-625.

[177] KEMP F. Applied multiple regression/correlation analysis for the behavioral sciences[J]. Journal of the Royal Statal Society, 2010, 52 (4): 691-691.

[178] KICKUL J, LIAO J, GUNDRY L, IAKOVLEVA T. Firm resources, opportunity recognition, entrepreneurial orientation and performance: the case of Russian women-led family businesses[J]. International Journal of Entrepreneurship and Innovation Management, 2010, 12 (1): 52-69.

[179] KIM. The political economy of chinese investment in north korea: a preliminary assessment[J]. Asian Survey, 2006, 46 (6): 898-916.

[180] KINLEY K, TJONDRONEGORO D, PARTRIDGE H, EDWARDS S. Modeling users' web search behavior and their cognitive styles[J]. Journal of the Association for Information Science And Technology, 2014, 65 (6): 1107-1123.

[181] KIRCA A H, HULT G T M, ROTH K, et al. Firm-specific assets, multinationality, and financial performance: a meta-analytic review and theoretical integration[J]. Academy of Management Journal, 2011, 54 (1): 47-72.

[182] KIRZNER I M. Entrepreneurial discovery and the competitive market process: an Austrian approach[J]. Journal of Economic Literature, 1997, 35 (1): 60-85.

[183] KIRZNER, I. Competition and entrepreneurship[M]. Chicago: University of Chicago Press, 1973.

[184] KNIGHT G A, LIESCH P W. Internationalization: from incremental to born

global[J]. Journal of World Business, 2016, 51 (1): 93–102.

[185] KNOERICH J. Why some advanced economy firms prefer to be taken over by Chinese acquirers[J]. Columbia FDI Perspectives, 2016, 187 (2): 1 - 3.

[186] KOGUT B, ZANDER U. Knowledge of the firm, combinative capabilities, and the replication of technology[J]. Organization Science, 1992, 3 (3): 383–397.

[187] KÖHLER C, SOFKA W, GRIMPE C. Selective search, sectoral patterns, and the impact on product innovation performance[J]. Research Policy, 2012, 41 (8): 1344–1356.

[188] KOKLIC M K. The Consumer's perceived risk when buying a home: the role of subjective knowledge, perceived benefits of information search and information search behavior[J]. Privredna Kretanjua I Ekonomska Politika, 2011, 21 (126): 27–49.

[189] KONTINEN T, OJALA A. Network ties in the international opportunity recognition of family SMEs[J]. International Business Review, 2011, 20 (4): 440–453.

[190] KORYAK O, MOLE K F, LOCKETT A, UCBASARAN D, HODGKINSON G P, et al. Entrepreneurial leadership, capabilities and firm growth[J]. International Small Business Journal, 2015, 33 (1): 89–105.

[191] KOSTOVA T, HULT G T M. Meyer and Peng's 2005 article as a foundation for an expanded and refined international business research agenda: context, organizations, and theories[J]. Journal of International Business Studies, 2016, 47 (1): 23–32.

[192] KOTABE M, KOTHARI T. Emerging market multinational companies' evolutionary paths to building a competitive advantage from emerging markets to developed countries[J]. Journal of World Business, 2016, 51 (5): 729–743.

[193] KOTHARI T, KOTABE M, MURPHY P. Rules of the game for emerging market multinational companies from China and India[J]. Journal of International Management, 2013, 19 (3): 276–299.

[194] KOZHEVNIKOV M, EVANS C, KOSSLYN S M. Cognitive style as environmentally sensitive individual differences in cognition: a modern synthesis and

applications in education, business, and management[J]. Psychological Science in the Public Interest, 2014, 15 (1): 3–33.

[195] KREISER P M, MARINO L D, DICKSON P, et al. Cultural influences on entrepreneurial orientation: the impact of national culture on risk taking and proactiveness in SMEs[J]. Entrepreneurship Theory and Practice, 2010, 34 (5): 959–984.

[196] KYRIAKOPOULOS K, MOORMAN C. Tradeoffs in marketing exploitation and exploration strategies: the overlooked role of market orientation[J]. International Journal of Research in Marketing, 2004, 21 (3): 219–240.

[197] LAPERRIÈRE A, SPENCE M. Enacting international opportunities: the role of organizational learning in knowledge–intensive business services[J]. Journal of International Entrepreneurship, 2015, 13 (3): 212–241.

[198] LATTEMANN C, ALON I, CHANG J, FETSCHERIN M, MCINTYRE J. The globalization of Chinese enterprises[J]. Thunderbird International Business Review, 2012, 54 (2): 145–153.

[199] LAURSEN K, SALTER A. Open for innovation: the role of openness in explaining innovation performance among UK manufacturing firms[J]. Strategic Management Journal, 2006, 27 (2): 131–150.

[200] LEBEDEV S, PENG M W, XIE E, STEVENS C E. Mergers and acquisitions in and out of emerging economies[J]. Journal of World Business, 2015, 50 (4): 651–662.

[201] LEE H, CHUNG C C, BEAMISH P W. Configurational characteristics of mandate portfolios and their impact on foreign subsidiary survival[J]. Journal of World Business, 2019, 54 (5): 1–11.

[202] LETEN B, BELDERBOS R, LOOY B V. Entry and technological performance in new technology domains: technological opportunities, technology competition and technological relatedness[J]. Social Science Electronic Publishing, 2016, 53 (8): 1257–1291.

[203] LI J, OH C H. Research on emerging–market multinational enterprises:

extending alan rugman's critical contributions[J]. International Business Review, 2016, 25 (3): 776–784.

[204] LINDSTRAND A, HANELL S M. International and market-specific social capital effects on international opportunity exploitation in the internationalization process[J]. Journal of World Business, 2017, 52 (5): 653–663.

[205] LIU Q, ZOU X. Research on trust mechanism of cooperation innovation with big data processing based on blockchain[J]. EURASIP Journal on Wireless Communications and Networking, 2019, 2019 (1): 1–11.

[206] LUKSHA P. Niche construction: the process of opportunity creation in the environment[J]. Strategic Entrepreneurship Journal, 2008, 2 (4): 269–283.

[207] LUO X R, WANG D, ZHANG J. Whose call to answer: institutional complexity and firms' CSR reporting[J]. Academy of Management Journal, 2017, 60 (1): 321–344.

[208] LUO Y D, TUNG R L. International expansion of emerging market enterprises: a springboard perspective[J]. Journal of International Business Studies, 2007, 38 (4): 481–498.

[209] LUO Y, BU J. Contextualizing international strategy by emerging market firms: a composition-based approach[J]. Journal of World Business, 2018, 53 (3): 337–355.

[210] LUO Y, CHILD J. A composition-based view of firm growth[J]. Management and Organization Review, 2015, 11 (3): 379–411.

[211] LUO Y, SUN J, WANG S L. Emerging economy copycats: capability, environment, and strategy[J]. Academy of Management Perspectives, 2011, 25 (2): 37–56.

[212] LUO Y, ZHANG H. Emerging market MNEs: qualitative review and theoretical directions[J]. Journal of International Management, 2016, 22 (4): 333–350.

[213] MACKAY R B, CHIA R. Choice, chance, and unintended consequences in strategic change: a process understanding of the rise and fall of northco automotive[J].

Academy of Management Journal, 2013, 56 (1): 208-230.

[214] MADHOK A, KEYHANI M. Acquisitions as entrepreneurship: asymmetries, opportunities, and the internationalization of multinationals from emerging economies[J]. Global Strategy Journal, 2012, 2 (1): 26-40.

[215] MAINELA T, PUHAKKA V, SERVAIS P. Boundary crossing for international opportunities[J]. Journal of International Entrepreneurship, 2015, 13 (3): 173-185.

[216] MAINELA T, PUHAKKA V, SERVAIS P. The concept of international opportunity in international entrepreneurship: a review and a research agenda[J]. International Journal of Management Reviews, 2014, 16 (1): 105-129.

[217] MAKADOK R, BARNEY J B. Strategic factor market intelligence: an application of information economics to strategy formulation and competitor intelligence[J]. Management Science, 2001, 47 (12): 1621-1638.

[218] MARANO V, TASHMAN P, KOSTOVA T. Escaping the iron cage: liabilities of origin and CSR reporting of emerging market multinational enterprises[J]. Journal of International Business Studies, 2017, 48 (3): 386-408.

[219] MARCH J G. Exploration and exploitation in organizational learning[J]. Organization Science, 1991, 2 (1): 71-87.

[220] MARTINI A, NEIROTTI P, APPIO F P. Knowledge searching, integrating and performing: always a tuned trio for innovation? [J]. Long Range Planning, 2017, 50 (2): 200-220.

[221] MATEEV M, ANASTASOV Y. Determinants of small and medium sized fast growing enterprises in central and eastern Europe: a panel data analysis[J]. Financial Theory and Practice, 2010, 34 (3): 269-295.

[222] MATHEWS J A. Competitive advantages of the latecomer firm: a resource-based account of industrial catch-up strategies[J]. Asia Pacific Journal of Management, 2002, 19 (4): 467-488.

[223] MATHEWS J A. Dragon multinationals powered by linkage, leverage and

learning: a review and development[J]. Asia Pacific Journal of Management, 2017, 34 (4): 769–775.

[224] MATHEWS J A. Dragon multinationals: new players in 21st century globalization[J]. Asia Pacific Journal of Management, 2006, 23 (1): 5–27.

[225] MAYER M C J, STADLER C, HAUTZ J. The relationship between product and international diversification: the role of experience[J]. Strategic Management Journal, 2015, 36 (10): 1458–1468.

[226] MCGAUGHEY S L. Hidden ties in international new venturing: the case of portfolio entrepreneurship[J]. Journal of World Business, 2007, 42 (3): 307–321.

[227] MCKELVIE A, WIKLUND J. Advancing firm growth research: a focus on growth mode instead of growth rate[J]. Entrepreneurship Theory and Practice, 2010, 34 (2): 261–288.

[228] MEYER K E, MUDAMBI R, NARULA R. Multinational enterprises and local contexts: the opportunities and challenges of multiple embeddedness[J]. Journal of Management Studies, 2011, 48 (2): 235–252.

[229] MEYER K E, PENG M W. Theoretical foundations of emerging economy business research[J]. Journal of International Business Studies, 2016, 47 (1): 3–22.

[230] MILES M B, HUBERMAN A M. Qualitative data analysis: an expanded sourcebook[M]. California: Sage, 1994.

[231] MISHINA Y, POLLOCK T G, PORAC J F. Are more resources always better for growth? Resource stickiness in market and product expansion[J]. Strategic Management Journal, 2004, 25 (12): 1179–1197.

[232] MITCHELL J R, SHEPHERD D A. To thine own self be true: images of self, images of opportunity, and entrepreneurial action[J]. Journal of Business Venturing, 2010, 25 (1): 138–154.

[233] MOGHADDAM K, SETHI D, WEBER T, WU J. The smirk of emerging market firms: a modification of the dunning's typology of internationalization

motivations[J]. Journal of International Management, 2014, 20（3）: 359–374.

[234] MOON H C, ROEHL T W. Unconventional foreign direct investment and the imbalance theory[J]. International Business Review, 2001, 10（2）: 197–215.

[235] MOSEY S, WRIGHT M. From human capital to social capital: a longitudinal study of technology-based academic entrepreneurs[J]. Entrepreneurship Theory and Practice, 2007, 31（6）: 909–935.

[236] MUZYCHENKO O, LIESCH P W. International opportunity identification in the internationalisation of the firm[J]. Journal of World Business, 2015, 50（4）: 704–717.

[237] NACHUM L, SONG S. The MNE as a portfolio: interdependencies in MNE growth trajectory[J]. Journal of International Business Studies, 2011, 42（3）: 381 - 405.

[238] NASON R S, WIKLUND J. An assessment of resource-based theorizing on firm growth and suggestions for the future[J]. Journal of Management, 2018, 44（1）: 32 - 60.

[239] NÄTTI S, HURMELINNA-LAUKKANEN P J, JOHNSTON W. Absorptive capacity and network orchestration in innovation communities-promoting service innovation[J]. Journal of Business & Industrial Marketing, 2014, 29（2）: 173–184.

[240] NELSON R, WINTER S. Growth theory from an evolutionary perspective: the differential productivity puzzle[J]. American Economic Review, 1975, 65（2）: 338–344.

[241] NING L. China's leadership in the world ict industry: a successful story of its[J]. Pacific Affairs, 2009, 82（1）: 67–91.

[242] NORTH D C. Institutions, institutional change, and economic performance[M]. London: Cambridge University Press, 1990.

[243] O'REILLY C, TUSHMAN M. Organizational ambidexterity: past, present and future[J]. The Academy of Management Perspectives, 2013, 27（4）: 2013–2025.

[244] OEHMICHEN J, PUCK J. Embeddedness, ownership mode and dynamics, and the performance of MNE subsidiaries[J]. Journal of International Management, 2016,

22（1）: 17–28.

［245］OPARAOCHA, ONYEMA G. SMEs and international entrepreneurship: an institutional network perspective[J]. International Business Review, 2015, 24（5）: 861–873.

［246］OSTERLIND S J. What is constructing test items? [M]. Berlin: Springer Netherlands, 1989.

［247］OVERHOLM, HARALD. Collectively created opportunities in emerging ecosystems: the case of solar service ventures[J]. Technovation, 2015, 39 - 40（1）: 14–25.

［248］OYSON M J, WHITTAKER D H. Creativity and prospection: creating and exploiting opportunities for international entrepreneurship[J]. Acta Tech Corveniensis, 2010, 4: 125–131.

［249］OYSON M J, WHITTAKER H. Entrepreneurial cognition and behavior in the discovery and creation of international opportunities[J]. Journal of International Entrepreneurship, 2015, 13（3）: 1–34.

［250］OZGEN E, BARON R A. Social sources of information in opportunity recognition: effects of mentors, industry networks, and professional forums[J]. Journal of Business Venturing, 2007, 22（2）: 174–192.

［251］PAN B, TURNER G B. Tourist information search and acquisition: an extended framework[C]. Annual Conference of Atlantic Marketing Association, 2006.

［252］PANT A, RAMACHANDRAN J. Navigating identity duality in multinational subsidiaries: a paradox lens on identity claims at Hindustan Unilever 1959—2015[J]. Journal of International Business Studies, 2017, 48（6）: 664–692.

［253］PATEL P C, FIET J O. Systematic search and its relationship to firm founding[J]. Entrepreneurship Theory & Practice, 2010, 33（2）: 501–526.

［254］PEI S, MELLAHI K, THUN E. The dynamic value of MNE political embeddedness: the case of the Chinese automobile industry[J]. Journal of International

Business Studies, 2010, 41 (7): 1161–1182.

[255] PENG M W, AHLSTROM D, CARRAHER S M, SHI W. History and the debate over intellectual property[J]. Management and Organization Review, 2017, 13 (1): 15–38.

[256] PENG M W, LEBEDEV S, VLAS C O, WANG J C, SHAY J S. The growth of the firm in (and out of) emerging economies[J]. Asia Pacific Journal of Management, 2018, 35 (4): 829–857.

[257] PENG M W. The global strategy of emerging multinationals from China[J]. Global Strategy Journal, 2012, 2 (2): 97 - 107.

[258] PENROSE E T. the theory of the growth of the firm[M]. Oxford: Oxford University Press, 1959.

[259] LIESCH P W, WELCH L S, BUCKLEY P J, et al. Risk and uncertainty in internationalisation and international entrepreneurship studies review and conceptual development[J]. Management International Review, 2011, 51 (6): 851–873.

[260] PETERSON R A. A meta–analysis of cronbach's coefficient alpha[J]. Journal of Consumer Research, 1994, 94 (2): 381–391.

[261] PING D. The internationalization of Chinese firms: a critical review and future research[J]. International Journal of Management Reviews, 2012, 14 (4): 408–427.

[262] POWELL K S. Profitability and speed of foreign market entry[J]. Management International Review, 2014, 54 (1): 31–45.

[263] PRABHU J, JAIN S. Innovation and entrepreneurship in india: understanding jugaad[J]. Asia Pacific Journal of Management, 2015, 32 (4): 843–868.

[264] PROTCKO E, DORNBERGER U. The impact of market orientation on business performance–the case of tatarstan knowledge–intensive companies (Russia) [J]. Problems and Perspectives in Management, 2014, 12 (4): 225–231.

[265] PUFFER S M, MCCARTHY D J. Can russia's state–managed, network capitalism be competitive? Institutional push versus institutional push[J]. Journal of

World Business, 2007, 42 (1): 1 - 13.

[266] QIAN C, CAO Q, TAKEUCHI R. Top management team functional diversity and organizational innovation in China: the moderating effects of environment[J]. Strategic Management Journal, 2013, 34 (1): 110 - 120.

[267] RAMAMURTI R, WILLIAMSON P J. Rivalry between emerging-market MNEs and developed-country MNEs: capability holes and the race to the future[J]. Business Horizons, 2019, 62 (2): 157–169.

[268] RAMOGLOU S, TSANG E W K. A realistic perspective of entrepreneurship: opportunities as propensities[J]. Academy of Management Review, 2016, 41 (3): 410 - 434.

[269] RAUCH A, WIKLUND J, LUMPKIN G T, FRESE M. Entrepreneurial orientation and business performance: an assessment of past research and suggestions for the future[J]. Entrepreneurship Theory and Practice, 2009, 33 (3): 761–787.

[270] RAVEH H, ALON L, ELLA G. The bright side of social categorization: the role of global identity in reducing relational conflict in multicultural distributed teams[J]. Cross Cultural & Strategic Management, 2017, 9 (3): 1–55.

[271] REGNÉR P, EDMAN J. MNE institutional advantage: how subunits shape, transpose and evade host country institutions[J]. Journal of International Business Studies, 2014, 45 (3): 275–302.

[272] Reinecke J, Ansari S. When times collide: temporal brokerage at the intersection of markets and development[J]. Academy of Management Journal, 2015, 58 (2): 618 - 648.

[273] RENKO M, SHRADER R C, SIMON M. Perception of entrepreneurial opportunity: a general framework[J]. Social Science Electronic Publishing, 2012, 50 (7): 1233–1251.

[274] REUBER A R, KNIGHT G A, LIESCH P W, et al. International entrepreneurship: the pursuit of entrepreneurial opportunities across national borders[J]. Journal of International Business Studies, 2018, 49 (4): 395–406.

[275] ROMÁN C, CONGREGADO E, MILLÁN J M. Start-up incentives: entrepreneurship policy or active labour market programme? [J]. Journal of Business Venturing, 2013, 28 (1): 151-175.

[276] RUGMAN A M, LI J. Will China's multinationals succeed globally or regionally? [J]. European Management Journal, 2007, 25 (5): 333-343.

[277] SAMUELSSON M. Creating new ventures: a longitudinal investigation of the nascent venturing process[D]. Stockholm: Internationella Handelshögskolan, 2004.

[278] SARASON Y, DEAN T, DILLARD J F. Entrepreneurship as the nexus of individual and opportunity: a structuration view[J]. Journal of Business Venturing, 2006, 21 (3): 286-305.

[279] SARASVATHY S D, DEW N, VELAMURI S R, VENKATARAMAN, S. Three views of entrepreneurial opportunity[M]. New York: Springer, 2010.

[280] SARASVATHY S D. Causation and effectuation: toward a theoretical shift from economic inevitability to entrepreneurial contingency[J]. Academy of Management Review, 2001, 26 (2): 243-263.

[281] SARTA A, DURAND R, VERGNE J P. Organizational adaptation[J]. Journal of Management, 2020, 47 (1): 43-75.

[282] SAVOLAINEN R. Approaching the affective factors of information seeking: the viewpoint of the information search process model[J]. Information Research, 2015, 20 (1): 179-182.

[283] SCHMIDT J, KEIL T. What makes a resource valuable? Identifying the drivers of firm-idiosyncratic resource value[J]. Academy of Management Review, 2013, 38 (2): 206-228.

[284] SCOTT W R. Institutions and organizations: ideas, interests, and identities[M]. Sage Publications, 2014.

[285] SELDEN P D, FLETCHER D E. The entrepreneurial journey as an emergent hierarchical system of artifact-creating processes[J]. Journal of Business Venturing,

2015, 30 (4): 603–615.

[286] SHANE S, VENKATARAMAN S. The promise of entrepreneurship as a field of research[J]. Academy of Management Review, 2000, 25 (1): 217–226.

[287] SHANE S. Reflections on the 2010 AMR decade award: delivering on the promise of entrepreneurship as a field of research[J]. Academy of Management Review, 2012, 37 (1): 10 - 20.

[288] ALVAREZ S A, BARNEY J B, ANDERSON P. Forming and exploiting opportunities: the implications of discovery and creation processes for entrepreneurial and organizational research[J]. Organization Science, 2013, 24 (1): 301–317.

[289] ALVAREZ S A, BARNEY J B. Discovery and creation: alternative theories of entrepreneurial action[J]. Strategic Entrepreneurship Journal, 2007, 1 (1/2): 11–26.

[290] SHEPHERD D A, HAYNIE J M, MCMULLEN J S. Confirmatory search as a useful heuristic? Testing the veracity of entrepreneurial conjectures[J]. Journal of Business Venturing, 2012, 27 (6): 637–651.

[291] SHEPHERD D A, MCMULLEN J S, OCASIO W. Is that an opportunity? An attention model of top managers' opportunity beliefs for strategic action[J]. Strategic Management Journal, 2017, 38 (3): 626–644.

[292] SHORT J C, KETCHEN D J, SHOOK C L, IRELAND R D. The concept of "opportunity" in entrepreneurship research: past accomplishments and future challenges[J]. Journal of Management, 2010, 36 (1): 40 - 65.

[293] SIDHU S, VOLBERDA W, COMMANDEUR R. Exploring exploration orientation and its determinants: some empirical evidence[J] . Journal of Management Studies, 2004, 41 (6): 913–932.

[294] SIEGEL J. Contingent political capital and international alliances: evidence from south korea[J]. Administrative Science Quarterly, 2007, 52 (4): 621–666.

[295] SINGH S, CORNER P D, PAVLOVICH K. Failed, not finished: a narrative approach to understanding venture failure stigmatization[J]. Journal of Business Venturing,

2015, 30 (1): 150–166.

[296] SLEPTSOV A, ANAND J. Exercising entrepreneurial opportunities: the role of information–gathering and information – processing capabilities of the firm[J]. Strategic Entrepreneurship Journal, 2010, 2 (4): 357–375.

[297] SUDDABY R, BRUTON G D, SI S X. Entrepreneurship through a qualitative lens: insights on the construction and/or discovery of entrepreneurial opportunity[J]. Journal of Business Venturing, 2015, 30 (1): 1–10.

[298] SURDU I, MELLAHI K, GLAISTER K W, NARDELLA G. Why wait? Organizational learning, institutional quality and the speed of foreign market re–entry after initial entry and exit[J]. Journal of World Business, 2018, 53 (6): 911–929.

[299] TABACHNICK B G, FIDELL L S, ULLMAN J B. Using multivariate statistics[M]. Boston, MA: Pearson, 2007.

[300] TAN D, SU W, MAHONEY J T, KOR Y. A review of research on the growth of multinational enterprises: a penrosean lens[J]. Journal of International Business Studies, 2020, 51 (4): 498–537.

[301] TAN H, MATHEWS J A. Accelerated internationalization and resource leverage strategizing: the case of Chinese wind turbine manufacturers[J]. Journal of World Business, 2015, 50 (3): 417–427.

[302] TARTAGLIONE A M, FORMISANO V. A dynamic view of marketing capabilities for sems' export performance[J]. International Journal of Marketing Studies, 2018, 10 (1): 126–135.

[303] TEECE D J, PISANO G, SHUEN A. Dynamic capabilities and strategic management[J]. Strategic Management Journal, 1997, 18 (7): 509–533.

[304] TEECE D J. A dynamic capabilities–based entrepreneurial theory of the multinational enterprise[J]. Journal of International Business Studies, 2014, 45 (1): 8–37.

[305] Thompson b. Exploratory and confirmatory factor analysis: understanding

concepts and applications[M]. Washington: American Psychological Association, 2004.

[306] TOCHER N, OSWALD S L, HALL D J. Proposing social resources as the fundamental catalyst toward opportunity creation[J]. Strategic Entrepreneurship Journal, 2015, 9 (2): 119–135.

[307] UCBASARAN D, WESTHEAD P, WRIGHT M. The extent and nature of opportunity identification by experienced entrepreneurs[J]. Journal of Business Venturing, 2009, 24 (2): 99–115.

[308] UR A. Opportunity identification and creation as factors of firm internationalisation[J]. Entrepreneurial Business and Economics Review, 2015, 3 (2): 25–39.

[309] VAGHELY I P, VENKATARAMAN S. Are opportunities recognized or constructed? An information perspective on entrepreneurial opportunity identification[J]. Journal of Business Venturing, 2010, 25 (1): 73–86.

[310] VAHLNE J E, JOHANSON J. From internationalization to evolution: the uppsala model at 40 years[J]. Journal of International Business Studies, 2017, 48 (9): 1087–1102.

[311] VAHLNE J E, JOHANSON J. The uppsala model on evolution of the multinational business enterprise: from internalization to coordination of networks[J]. International Marketing Review, 2013, 30 (3): 189 - 210.

[312] VAN DE VRANDE V. Balancing your technology–sourcing portfolio: how sourcing mode diversity enhances innovative performance[J]. Strategic Management Journal, 2013, 34 (5): 610–621.

[313] VANHAVERBEKE W, DUYSTERS G, NOORDERHAVEN N. External technology sourcing through alliances or acquisitions: an analysis of the application–specific integrated circuits industry[J]. Organization Science, 2002, 13 (6): 714–733.

[314] VOGEL P. From venture idea to venture opportunity[J]. Entrepreneurship Theory & Practice, 2016, 41 (6): 113–122.

[315] VOSS G B, VOSS Z G. Strategic ambidexterity in small and medium-sized enterprises: implementing exploration and exploitation in product and market domains[J]. Organization Science, 2011, 22(6): 1517-1538.

[316] WALES W J. Entrepreneurial orientation: a review and synthesis of promising research directions[J]. International Small Business Journal, 2016, 34 (1): 3-15.

[317] WANG S L, LUO Y, LU X, SUN J, MAKSIMOV V. Autonomy delegation to foreign subsidiaries: an enabling mechanism for emerging-market multinationals[J]. Journal of International Business Studies, 2014, 45 (2): 111-130.

[318] WEBB J W, KISTRUCK G M, IRELAND R D, KETCHEN JR D J. The entrepreneurship process in base of the pyramid markets: the case of multinational enterprise/nongovernment organization alliances[J]. Entrepreneurship Theory and Practice, 2010, 34 (3): 555-581.

[319] WEI Y, ATUAHENE-GIMA K. The moderating role of reward systems in the relationship between market orientation and new product performance in China[J]. International Journal of Research In Marketing, 2009, 26 (2): 89-96.

[320] WERNERFELT B. The resource-based view of the firm: ten years after[J]. Strategic Management Journal, 1995, 16 (3): 171-174.

[321] WESTHEAD P, UCBASARAN D, WRIGHT M. Information search and opportunity identification: the importance of prior business ownership experience[J]. International Small Business Journal, 2009, 27 (6): 659-680.

[322] WILLIAMS D W, GRE´GOIRE D A. Seeking commonalities or avoiding differences? Re-conceptualizing distance and its effects on internationalization decisions[J]. Journal of International Business Studies, 2015, 46 (3): 253-284.

[323] WILSON T D. Exploring models of information behaviour: the "uncertainty" project[J]. Information Processing & Management, 1999, 35 (6): 839-849.

[324] WILSON T D. On user studies and information needs[J]. Journal of Documentation, 2006, 62 (6): 658-670.

[325] WOOD M S, MCKINLEY W. The production of entrepreneurial opportunity: a constructivist perspective[J]. Strategic Entrepreneurship Journal, 2010, 4 (1): 66–84.

[326] WRIGHT M, FILATOTCHEV I, HOSKISSON R E, PENG M W. Strategy research in emerging economies: challenging the conventional wisdom[J]. Journal of Management Studies, 2005, 42 (1): 1–33.

[327] WU W, LEUNG A. Does a micro–macro link exist between managerial value of reciprocity, social capital, and firm performance: the case of SMEs in China[J]. Asia Pacific Journal of Management, 2005, 22 (4): 445 - 463.

[328] YAMAKAWA Y, KHAVUL S, PENG M W, DEEDS D L. Venturing from emerging economies[J]. Strategic Entrepreneurship Journal, 2013, 7 (3): 181 - 196.

[329] YIN R K. Case study research: design and methods[M]. Thousand Oaks: Sage, 2009.

[330] YOO S J, SAWYERR O. The search for broad environmental information and new product development success in technology–based SMES[J]. Journal of Enterprising Culture, 2014, 22 (1): 27–55.

[331] YOUNG S L, WELTER C, CONGER M. Stability vs. flexibility: the effect of regulatory institutions on opportunity type[J]. Journal of International Business Studies, 2018, 49 (4): 407–441.

[332] YUAN L, QIAN X, PANGARKAR N. Market timing and internationalization decisions: a contingency perspective[J]. Journal of Management Studies, 2016, 53 (4): 497–519.

[333] YUHSIANG H, CHEN L F, CHANG C C, CHIU F H. Configurational path to customer satisfaction and stickiness for a restaurant chain using fuzzy set qualitative comparative analysis[J]. Journal of Business Research, 2016, 69 (8): 2939–2949.

[334] ZAHRA S A. A theory of international new ventures: a decade of research[J]. Journal of International Business Studies, 2005, 36 (1): 20–28.

[335] ZAHRA S A. The virtuous cycle of discovery and creation of entrepreneurial

opportunities[J]. Strategic Entrepreneurship Journal, 2008, 2（3）: 243 - 257.

[336] ZHANG G, OZER M. The formation of status asymmetric ties: a perspective of positive externality and empirical test[J]. Industry and Innovation, 2015, 22（7）: 625–647.

[337] ZHANG H, YOUNG M N, TAN J, SUN W. How chinese companies deal with a legitimacy imbalance when acquiring firms from developed economies[J]. Journal of World Business, 2018, 53（5）: 752–767.

[338] ZHAO H, LU J. Contingent value of political capital in bank loan acquisition: evidence from founder-controlled private enterprises in China[J]. Journal of Business Venturing, 2016, 31（2）: 153–174.

[339] ZHOU L X, WU A Q. Earliness of internationalization and performance outcomes: exploring the moderating effects of venture age and international commitment[J]. Journal of World Business, 2014, 49（1）: 132–142.

[340] ZHU H, MA X, SAUERWALD S, PENG M W. Home country institutions behind cross-border acquisition performance[J]. Journal of Management, 2019, 45（4）: 1315–1342.

[341] ZHU Y, SARDANA D. Multinational enterprises' risk mitigation strategies in emerging markets: a political coalition perspective[J]. Journal of World Business, 2020, 55（2）: 235–240.

后 记

本书是我博士阶段学术研究的凝练，谨以此书铭记这段刻骨铭心的岁月。

回想我的博士生涯以及本书的编写过程，最要感谢与感恩我的博士生导师许晖教授，使我在这四年半的时光里“脱胎换骨”，为此书的编写奠定了扎实的基础。自2017年入师门以来，导师许晖教授就结合课题研究，将我的研究领域定位在“机会”，主要涉及中国企业如何在海外市场识别、捕获或者开发市场机会。在经过几年的理论学习与企业实践调研后，尤其是2018—2019年这两年期间，在许教授带领和研究团队的配合下，对特变电工集团、海尔集团、海信集团、天士力制药集团股份公司、传音控股股份有限公司等典型的中国跨国企业进行实地调研或与海外负责人深度访谈，更加深刻察觉到这些企业在开辟海外市场过程中，由于自身国际化起步较晚，大部分优质市场资源早已被占据先发优势的欧美等发达市场跨国企业或者东道国的本土企业“锁定”，当海外市场出现新机会时，会直接被在市场上耕耘已久且资源丰富的先行者企业优先占据。然而值得关注的是，我国一些具有典型性的优秀跨国企业，它们并不完全遵循“机会发现—机会捕获”这一传统路径，而是通过主动“构建”机会的方式，激活已“锁定”的市场与客户资源或者创造新的市场需求，这成为中国企业在海外新兴市场实现快速成长的关键路径之一。

本书正是在此背景下展开相关研究，经过前期调研实践，本人及许晖教授带领的研究团队基于国际商务、战略管理以及创业管理等领域期刊，如Journal of International Business Studies、Management International Review、

Strategic Management Journal、Journal of Business Venturing等顶级期刊进行持续追踪，并结合近年来中国企业在海外市场投资区域选择偏好、重点领域等，最终将研究定位中国跨国企业在其他海外新兴市场的机会构建。本书最大的理论贡献在于立足于新兴市场情境，基于市场寻求动机提炼并检验了“信息搜寻—机会构建—国际化成长”的理论框架，从机会角度揭示了中国企业在其他海外新兴市场快速成长的内在机理。本书的特色创新之处在于基于“认知—行为”整合角度，剖析了中国企业海外机会构建内在机理，并基于构建特征将其分为套利机会和创新机会构建两种构建模式。此外，本书还从中国企业自身特质与新兴市场独特情境入手，研究并检验了相关变量对机会构建以及企业成长的影响机制。

在本书研究基础之上，我们认为，结合当下数字经济时代这一背景，未来中国跨国企业可能有以下几个重要探讨方向：第一，关注机会构建的前置变量，除了本书关注的“信息搜寻”之外，数字经济时代下，万物皆数据、万物皆信息，可以进一步探讨数字技术、信息技术应用对机会构建的影响；第二，进一步从“认知—行为”揭示机会构建的内在机理，由于研究时间限制，我们已有的研究仅仅从认知与行动的一个角度展开，并没有系统探讨，此外，还可以考虑机会构建的时间或者阶段性差异等，未来可以进一步深度挖掘；第三，进一步考量组织内、外部情境因素的影响，中国企业在海外市场运营过程中由于跨地理、文化以及心理边界等方面的差异性与特殊性，企业所具备的特定优势或特质表现是多方面的，其所面临的环境因素也是多维度的，未来的研究可以拓宽情境变量的范围抑或考量联合调节影响作用。

最后，在此感谢中国经济出版社、感谢编辑部老师们的认真负责、细致耐心的指导与帮助，使得此书得以完美呈现，在此衷心感谢！

张超敏

2022年5月10日